戦後日本外交史

入門講義

THE DIPLOMATIC HISTORY OF POSTWAR JAPAN

添谷芳秀

慶應義塾大学出版会

まえがき

本書は、一九四五年の敗戦から二〇一八年までの戦後日本外交の展開をたどった概説書である。戦後日本外交には、国際政治変動とアメリカの戦略への受け身の対応を余儀なくされた複雑なストーリーがあった。それは、一九四五年から五二年にかけての占領期に生まれた憲法九条と日米安全保障条約による制約のもとで展開された物語である。

しかしながら、それは決して日本の政治や社会のコンセンサスに基づく外交ではなかった。憲法九条と日米安全保障条約を前提とした日本外交は、その受け入れを決断した当時の首相吉田茂の名をとって吉田路線と呼ばれる。それは、国の主体性に対する制約とアメリカへの依存を前提とした外交路線であった。それゆえ、外交政策をめぐる国内政治において、吉田の選択に対して自立や主体性を希求するナショナリズムの反発が起きた。

その吉田路線の根源にあったのは、国際社会をほぼ全面的に敵にした戦争の歴史であった。その歴史が、戦後日本の非武装化を定めた憲法九条を生んだ。そして、戦争の歴史の重みゆえに、冷戦が勃発しても憲法九条は独自の生命力を維持し、軍事力を持たない日本の安全を担保する装置として日米安全保障条約が生まれたのであった。

したがって、吉田路線に反発するナショナリズムは、戦争の歴史を過ちとはみなさない信条と一体化する傾向にあった（本書では、そうした歴史認識に立ち、占領期の革新的な改革から脱却しようとする立場を「右」ないし「保守」と定義する）。そして、一九五〇年代に、戦前の流れを汲む保守的な政治指導者は、憲法の改正と日米安全保障条約の改定を重要な課題とした。

しかし、戦争の歴史に深く根を張る戦後憲法は簡単に変わらず、一九五四年に憲法九条を維持したまま自衛隊が誕生した。岸信介内閣が一九六〇年に実現した日米安全保障条約の改定も、防衛安全保障をめぐる日本の対米依存を一層制度化する結果となった。つまり、吉田路線は、ナショナリズムの挑戦に揺さぶられながらも継続することとなったのである。

そのことは、戦後の日本外交が大国間の権力政治（パワー・ポリティクス）に直接関与する術を失ったことを意味していた。その結果日本は、ソ連（後にロシア）との北方領土問題をほぼ唯一の例外として、領土問題や歴史問題等を外交上の争点とはしない姿勢を貫いた。「軽武装・日米基軸主義」とも呼ばれる吉田路線に徹することで経済大国の地位に昇りつめても、中ソ等距離外交（田中角栄）、全方位外交（福田赳夫）、総合安全保障（大平正芳）等々、むしろ大国間権力政治の契機を中和しようとする外交に努めた。日本の周辺地域には、米ソ冷戦、中ソ対立、台湾問題、朝鮮半島情勢等、地政学的な要因がむしろ豊穣であったにもかかわらず、である。だからこそ、日米基軸主義が揺らぐことはなかったのである。

また、日米関係が手放せないものであったがために、日本外交には、アメリカとは衝突しない領域やアメリカの関心が薄い分野において独自の役割を模索する傾向も生まれた。とりわけ、中国、朝鮮半島、東南アジア等の日本の近隣諸国との外交に、そうした傾向がみられた。その結果冷戦期の日本は、韓国や中国の近代化路線に大きな貢献を果たし、韓国と北朝鮮への等距離外交を模索し、東南アジア諸国の経済発展と地域統合の推進に寄与し、アジア太平洋の地域主義の発展を推進した。こうして戦後の日本は、東アジアやアジア太平洋地域、そして国際社会において「自由で開かれた国際秩序」のインフラ作りで強みを発揮してきた。

ところが、冷戦が終焉し一九九〇年代に入ると、歴史問題や近隣外交における融和的な日本政府の対応への保守派の反発が高まるなかで、中国の大国化、台湾問題、北朝鮮問題等を触媒として、戦後日本外交の様相に変化が生まれ始める。その流れは、二一世紀に入って、三年間の民主党政権期をはさみ、第一次および第二次安倍政権による「占領体制」からの脱却をめざす政治と外交へと展開した。安倍政権は、戦後憲法の改正を試み、歴史問題や領土問題では自己主張を強め、中国との対抗を軸に外交を組み立てるようになり、韓国や北朝鮮に対しても強硬路線をとるようになった。

他方で、安倍政権下の外交には、「自由で開かれた国際秩序」の重要性を唱える等、戦後日本外交の継続性を示す側面もみられる。当初は中国への対抗を意識して打ち出された「インド太平洋戦略」は、中国との関係改善の流れが明らかとなった二〇一八年には「インド太平洋構想」と呼ばれるようになった。今後の日本外交の展望を見通すには、連続性と変化のバランスに目配りしつつ引き続き注意深い観察が必要だろう。そのためにも、日本外交が現在抱える問題は、日本が敗戦直後から継続的に苦悩し試行錯誤を繰り返してきた問題でもあることを、本書から読み取っていただければありがたく思う次第である。

本書は、大学の教科書として書き下ろしたものである。執筆にあたっては、参考文献に記載した近年の概説書、その他の専門書、筆者のこれまでの研究等を参照した。概説書としての性格上、注での記載は行わなかったが、先駆的研究に取り組んでいる多くの同僚に尊敬と感謝の念を抱かずにはいられない。

年表の作成においては、草稿の記述から事項を拾い出しその日付を確認するという面倒な作業を、指導下の大学院生（車アルム、権素賢、李尚河、荒井淳志の各氏）にお願いした。また、慶應義塾大学出版会出版部の乗みどりさんには、本書の構想の段階から校了に至る過程全般において、熱意ある専門的なサポートを頂戴した。記して深く感謝申し上げたい。にもかかわらず本書に誤りや不備があるとすれば、それはひとえに筆者の責任であることはいうまでもない。

最後に、私事で恐縮だが、一九八八年に慶應義塾大学に職を得てから三〇年が過ぎた。その間、法学部政治学科で池井優先生から日本外交史の講義を引き継いだことは、大変名誉なことであった。改めて池井先生のご指導に拝謝申し上げるとともに、本書が少しでも先生から頂戴した学恩に報いるものであることを願うばかりである。

二〇一九年一月

添谷芳秀

目次

第三章　戦後体制の成立（一九五〇年代〈2〉）　61

第四章　経済大国日本の外交（一九六〇年代）　89

第五章　デタント下の日本外交（一九七〇年代）　123

【凡例】

・人名については、常用漢字での表記とした。
・引用文中の（ ）は原文、〔 〕は引用者による補足である。
・本文および関連年表の日付については、複数の資料を参考にしたが、必要に応じて当時の新聞で確認した。

【図版（各章扉）出典】

第一章　国立公文書館デジタルアーカイブ
第二章　朝日新聞社／時事通信フォト
第三章　時事通信フォト
第四章　沖縄県公文書館
第五章　朝日新聞社／時事通信フォト
第六章　ＡＦＰ＝時事
第七〜九章　時事通信フォト（代表撮影）

第一章

敗戦と占領（1945-50年）

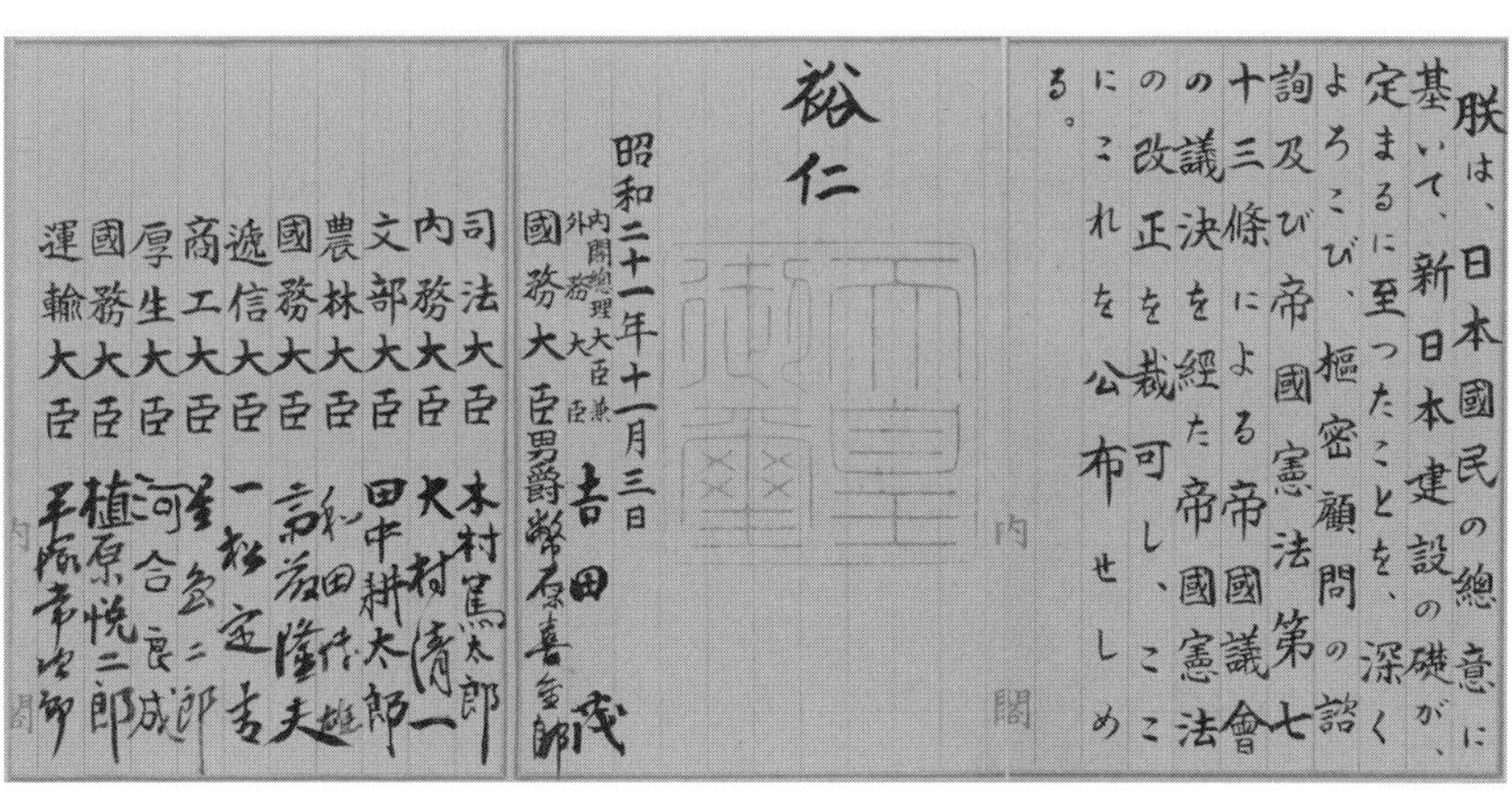
朕は、日本國民の總意に基いて、新日本建設の礎が、定まるに至つたことを、深くよろこび、樞密顧問の諮詢及び帝國憲法第七十三條による帝國議會の議決を經た帝國憲法の改正を裁可し、ここにこれを公布せしめる。

裕仁

昭和二十一年十一月三日

内閣總理大臣兼外務大臣 吉田茂

國務大臣 男爵 幣原喜重郎

司法大臣 木村篤太郎

内務大臣 大村清一

文部大臣 田中耕太郎

農林大臣 和田博雄

國務大臣 斎藤隆夫

逓信大臣 一松定吉

商工大臣 星島二郎

厚生大臣 河合良成

國務大臣 植原悦二郎

運輸大臣 平塚常次郎

日本国憲法・御署名原本より冒頭ページ（1946年）

一．アメリカの対日占領政策

（1）戦後構想

日本の戦争と敗戦

第二次世界大戦後の日本外交には、陰に陽に明治維新以降の歴史が投影されてきた。一般的には、一九〇五年に日露戦争に勝利するまでは「坂の上の雲」に向かって進んだ「集団的感動の時代」（司馬遼太郎）として描かれ、一九三〇年代以降は破滅に向かった下り坂とされる。その狭間の四半世紀は大正デモクラシーと国際協調の時代であった一方で、韓国併合（一九一〇年）や第一次世界大戦中の「対華二一カ条の要求」（一九一五年）等、拡張主義的な傾向も生まれ始めていた。こうした「上り坂」の歴史と「下り坂」の歴史に折り合いをつけることは簡単ではなく、そのどちらに重きを置くかによって、戦後の日本人の歴史観には深刻な亀裂が生まれた。

とりわけ、一九三〇年代以降の日本の軍事的拡張は、第二次世界大戦と一体化し、日本敗戦後のアメリカの戦後国際秩序構想と対日占領政策に直接的な影響を与えた。そして、占領改革に対する日本人の受け止め方には、それを受容する姿勢と拒絶する立場の対立が生まれた。そこに歴史認識をめぐる日本人の間の亀裂が生まれ、その対立が戦後日本外交を取り巻く内外の環境を複雑にした。

ここで、一九三〇年代以降の戦争の歴史を簡単に振り返っておこう。日本は、一九三一年九月一八日に南満洲鉄道の線路を爆破する柳条湖事件を起こし、一気に満洲全土を占領すると（満洲事変）、一九三二年三月一日に満洲国の建設を宣言した。しかし、国際連盟によって派遣されたリットン調査団の報告（一九三二年一〇月）は、満洲における日本の特殊な権益を認めながらも、満洲国の正統性を否認した。一九三三年二月に連盟総会がリットン調査団の報告を採決にかけると、唯一反対票を投じた日本代表団はその場で退場し、日本政府は三月に連盟事務局に脱退の通告を行った。国際社会で孤立を深めた日本は、一九三七年七月七日の盧溝橋事件以降、中国の主要都市へ戦闘を拡大させた（日中戦争）。

その後欧州では、一九三九年九月一日にナチス・ドイツがポーランドに侵攻し、三日にイギリスとフランスがドイツに宣戦布告することで、第二次世界大戦が始まった。一九四〇年六月にはドイツ軍がパリに無血入城し、フランスが降伏した。すると日本は、ドイツ支配下にあるフランスとの協定により、一九四〇年九月にフランス領インドシナへの進駐を開始した。そしてその直後の九月二七日に、日独伊三国間条約が締結され、枢軸国同盟が形成された。

一九四一年六月二二日、ドイツが突如ソ連に侵攻し独ソ戦が始まった。そして、一九四一年一二月八日（日本時間）、対米交渉に見切りをつけた日本は、真珠湾の奇襲攻撃を行うとともに、イギリス、フランス、オランダにも宣戦布告を行い、それらの植民地統治下にあった東南アジア諸国にも軍を進めた。日本が対米開戦に踏み切る際、時の首相東条英機は、「人間たまには清水の舞台から目をつぶって飛び降りることも必要だ」という心境を吐露していた。つまり、それは日本にほとんど勝ち目のない戦争であり、だからこそ奇襲によりハワイの真珠湾を母港とするアメリカの太平洋艦隊に打撃を与えることが計画されたのだった。

一九四四年六月六日のノルマンディー上陸作戦によるアメリカの対独参戦で、欧州とアジアの戦争がソ連とアメリカを巻き込んだ文字通りの世界大戦へと拡大した。結局、一九四五年五月八日にドイツが降伏し、七月二六日に日本に無条件降伏を求める「ポツダム宣言」が発せられた。鈴木貫太郎首相が「黙殺するのみ」と記者会見で述べると、八月六日と九日に広島と長崎に原子爆弾が投下され、一九四五年八月九日未明ソ連が対日参戦に踏み切った。ここにおいて日本は、東南アジアでヨーロッパ諸国と戦争状態にある一方で、米ソ中の三大国と同時に戦火を交えることとなった。万策尽きた日本は、軍部が本土決戦を主張するなか、八月一五日の天皇による玉音放送で降伏を日本国民に周知し、九月二日に降伏文書に調印した。

国際秩序構想

こうして戦争が終わったとき、米ソは枢軸国に勝利した「連合国（United Nations）」の中心国であった。アメリカのフランクリン・ローズベルト（Franklin D. Roosevelt）大統領は、戦後の国際秩序を設計するにあたり、米ソ両国にイギリスと中国を加えた「四人の警察官」構想を抱いていた。その構想は、戦後世界の平和と繁栄を担う国際組織である国際連合の中核的組織として、四カ国にフランスを加えた「五大国」を常任理事国とする安全保障理事会へと発展した。

こうして、一九四五年一〇月に国際連合が発足したとき、アジアを代表して安全保障理事会の常任理事国の席に座ったのは、国民党の中華民国であった。中国を軸とする戦後東アジア秩序の輪郭は、一九四五年二月のアメリカのローズベルト、イギリスのウィンストン・チャーチル（Winston L. Spencer-Churchill）首相、ソ連のヨシフ・スターリン（Joseph Stalin）書記長による戦時首脳会談、ヤルタ会談において描かれた。ヤルタ会談では、国際連合、ドイツ、ポーランド、極東等に関して戦後秩序のあり方を決める重要な合意が成立した。東アジアにとって重要な意味を持ったのは、ローズベルト、チャーチル、スターリンの三首脳がソ連の対日参戦で合意した「ソ連の対日参戦に関する協定」（「ヤルタ秘密協定」）であった。

米英の首脳はスターリンに対して、ドイツ降伏後二、三カ月後にソ連が対日参戦することの見返りに、①外蒙古の現状維持、②-(1) 樺太南部のソ連への返還、②-(2) 大連港におけるソ連の優先的利益の擁護と国際化、およびソ連の海軍基地としての旅順口の租借権の回復、②-(3) 東清鉄道と南満洲鉄道の中ソ合弁会社による共同運営およびソ連の優先的利益の保証、③千島列島のソ連への引渡し、という諸条件を約束した。ちなみに、②の三つの条件は、一九〇四—〇五年の日露戦争の結果ロシアが失った権益の回復を約束したものであった。

「ヤルタ秘密協定」は、中国の主権に関するものについて「蔣介石総帥の同意を要するものとす」とうたい、さらにソ連が中国との「友好同盟条約」を「中華民国国民政府と締結する用意あること」を表明していた。日本が敗北すると、それまで「国共合作」のもと日本軍に対して共闘関係にあった国民党と共産党との間で内戦が再発するが、すでにその前にスターリンが国民党の中華民国政府を認知したのである。

戦争中に蔣介石が参加した唯一の首脳会談は、一九四三年一一月二七日のローズベルトおよびチャーチルとの日本問題をテーマとするカイロ会談であった。三首脳が発表した「カイロ宣言」は、「満洲、台湾及澎湖島」を中華民国に返還すること、および三大国は「軈《やが》て朝鮮を自由且《かつ》独立のものたらしむるの決意を有す」ことをうたった。こうして、米ソ協調の原則のもと、中華民国を中心とする戦後アジアの輪郭が描かれた。

日本の植民地統治下にあった朝鮮半島に関して、「カイロ宣言」が「軈《やが》て」朝鮮を自由かつ独立のものにするとうたった背景には、ローズベルトが構想していた信託統治構想があった。すなわち、解放後朝鮮をすぐに独立させるのではなく、国際連盟の規定にもあった信託統治の仕組みを適用しようとしたのである。

ローズベルトは、カイロ会談の翌日、その内容を伝えるべくテヘランでスターリンと会談した。その際、両者は解放後の朝鮮半島に信託統治を敷くことで合意した。そして最終的に、一九四五年一二月にモスクワで開催された米英ソ外相会議で、中国を含めた四カ国と朝鮮臨時政府との間で五年間を期限とする信託統治協定を結ぶことで合意が成立した。

信託統治構想の背景には、解放後の朝鮮が周辺のいかなる大国にも従属せず、独立した民主主義国になることが、戦後の東アジアの安定にとって重要だという発想があった。すなわちそれは、日清戦争以来大国間権力闘争の犠牲になってきた朝鮮半島の地政学的特徴を反映した構想であった。

こうして戦後の東アジアは、中華民国を中核として、それを米ソ協調原則が支え、朝鮮半島を米英中ソの信託統治のもとに置くことで、安定的に管理されることが想定された。そして、日本に対する占領政策は、以上のような東アジア秩序の一部として構想された。

（2）日本の改革

民主化改革

日本との戦争は、アメリカからみても負ける戦いではなかった。アメリカは、早くも一九四二年夏に、日本と東アジアに対する戦後処理構想の検討に着手していた。一九四五年七月に発せられた米英中三国の首脳による「ポツダム宣言」は、日本に課した厳しい降伏条件以外の条件は一切認めないとするもの（いわゆる無条件降伏）であったが、アメリカはそれ以前に、占領改革への日本国民の協力を得るために何らかの形で天皇制を維持する方針を固めていた。

一九四五年八月一五日の玉音放送を受けて、八月三〇日、連合国最高司令官に任命されたダグラス・マッカーサー（Douglas MacArthur）元帥が厚木飛行場に到着した。そして九月二日、マッカーサーと重光葵《まもる》以下計一二名が、東京湾上の米戦艦ミズーリ号の甲板で「降伏文書」に調印し、日本は正式に降伏した。降伏文書は「一切の日本国軍隊及日本国の支配下に在る一切の軍隊の聯合国に対する無条件降伏を布告」し、「天皇及日本国政府の国家統治の権限は本降伏条項を実施する為適当と認むる措置を執る聯合国最高司令官の制限の下に置かるるものとす」として、マッカーサーに日本統治の全権を付与した。

アメリカは、国務・陸・海軍三省調整委員会で承認された「初期対日方針」（SWNCC一五〇―四）を、九月二二日に発表した。それは、非軍事化、民主化、平時の需要を充たす程度の経済的自立を基本方針として掲げ、連合国最高司令官は「天皇を含む日本政府機構及諸機関を通じて」権限を行使するという間接統治の方針を示した。非軍事化に関しては、「日本国は陸海空軍、秘密警察組織又は何等の民間航空をも保有することなし」とされ、徹底した非武装化の方針が示された。

アメリカの占領政策の概要が明らかになるなか、九月二七日に天皇がマッカーサーを訪ね日本国民を思う心情を伝えた。一〇月二日の占領軍司令部の改組により連合国軍最高司令官総司令部（GHQ）が正式に設立され、一時の離日から戻り一二月に民政局長に就任したコートニー・ホイットニー（Courtney Whitney）と次長に昇格したチャールズ・ケーディス（Charles L. Kades）のもと、非軍事化と民主化のための措置の実施を本格化させた。

GHQは、さっそく一〇月四日に、人権保護を目的とした「自由の指令」を発し、治安維持法や宗教団体法等の廃止、特別高等警察（特高警察）の解体、政治犯・思想犯の釈放、内務省・警察関係者の罷免等を求めた。鈴木貫太郎内閣の総辞職を受けて八月一七日に組閣したばかりの東久邇宮稔彦内閣は、対応に苦慮し一〇月五日に総辞職した。

一〇月九日に幣原喜重郎内閣が組閣されると、幣原は一一日にマッカーサーを訪ね会談した。その際に、幣原に対してマッカーサーは、①参政権の付与による婦人の解放、②労働組合の組織化奨励、③学校教育の自由主義化、④秘密尋問組織の撤廃、⑤経済制度の民主化の「五大改革指令」を伝えた。その後、選挙法、労働組合法、独占禁止法、地方自治法、警察法等が制定・改革され、内務省の解体、財閥解体、農地改革等が敢行された。

東京裁判と公職追放

アメリカは一九四四年夏から、戦犯の取り扱いに関して処刑方式と裁判方式のいずれをとるかについて検討を進めた。まずナチス・ドイツに対して戦犯裁判の方針を固め、後に日本に対しても同様の措置がとられた。ドイツに対しては、一九四五年八月八日にアメリカ、イギリス、フランス、ソ連が調印した国際軍事裁判所憲章に基づいて、ニュルンベルク裁判が開かれた。日本に対しては、一九四五年一二月にGHQのもとに国際検察局が設置され、マッカーサーの命により極東国際軍事裁判所条例が作成された。

日本の戦争犯罪に関しては、国際軍事裁判所憲章にならって、（A）「平和に対する罪」、（B）「通例の戦争犯罪」、（C）「人道に対する罪」の三つが定められた。極東国際軍事裁判所は、（A）「平和に対する罪」に関する追訴を審理し処罰する権限を持つとされ、（B）と（C）に関しては、「本裁判所の管轄に属する犯罪」と規定された。

こうして、一九四六年五月三日から四八年一一月一二日にかけて、「平和に対する罪」をめぐって極東国際軍事裁判（東京裁判）が開かれた。いわゆる「A級戦犯」に対する最終判決は、死刑七名、終身禁固刑一六名、禁固刑二〇年一名、禁固刑七年一名（起訴後の訴追免除一名、裁判中の死去二名）であった。（B）「通例の戦争犯罪」と（C）「人道に対する罪」は、日本が侵攻したアジア各地を中心に内外四九カ所で、日本の交戦国等七カ国による軍事裁判で裁かれ、一〇〇〇名弱の「BC級戦犯」が死刑判決を受けた。

その間、一九四六年一月四日に、マッカーサーによる覚書「公務従事に適しない者の公職からの除去に関する件」が発表され、それを受けて、二月二八日に「就職禁止、退官、退職等に関する件」、すなわち公職追放令が公布・施行された。それは、一九四七年一月四日に、「公職に関する就職禁止、退職等に関する勅令」として改正され、以後二〇万人に及ぶ戦時中の公職従事者が職を追われた。追放の対象とされたのは、（A）戦争犯罪者、（B）陸海職業軍人、（C）極端な国家主義者、（D）大政翼賛会・大日本政治会等の重要人物、（E）膨張政策を担った開発会社や金融機関の役員、（F）占領地長官、（G）その他の軍国主義者・極端な国家主義者、の七通りにわたった。

二 戦後日本の形

（1）非軍事化と憲法改正

徹底した非軍事化と天皇制

戦後憲法の骨格を示したものとして知られるのが、一九四六年二月三日の日曜日にホイットニー民政局長からケーディスらに示されたメモ、いわゆる「マッカーサー三原則」である。それは、第一に、「天皇は国の元首の地位」を与えられるが、その「職務と権限は、……国民の基本的意思に応える」ものであること、第二に、日本は「紛争解決の手段としての戦争」に加え「自国の安全確保の手段としての戦争」も放棄すること、第三に、封建制を廃止すること、以上の三点を新憲法の柱とすることを指示したものだった。さらにマッカーサーは、二月一三日に予定されている日本政府との会見に間に合うよう、「今週中」に草案を作成するよう指示した。

こうして、ケーディスのもとに七つの小委員会が設置され、二五名の民政局員の手で、憲法草案が実際に一週間で作成された。そのGHQ案で最も重要なことは、天皇制の存続と徹底した非軍事化がセットで考えられていたことであった。この点に関しては、病床から復帰した幣原首相が一九四六年一月二四日にマッカーサーを訪ねた際の両者の会談が注目されてきた。そこで幣原は、第一に天皇制の存続を訴え、あわせて侵略戦争を放棄する徹底した平和主義を論じたのである。マッカーサーは、このときの幣原の熱意に感銘したと回想している。しかし、その直後に示された「マッカーサー三原則」が自衛の戦争をも放棄するとしたのは、幣原の影響というよりはマッカーサーのそもそもの意向とする解釈が、研究者の間の主要な見方である。

二月一三日にGHQ草案を示されると、日本の指導者は幣原を含めみな驚愕したといわれる。しかし、徹底した非軍事化の方針を天皇制存続の条件とする理解は浸透していた。一九四六年一月には、松本烝治《じょうじ》国務相を長とする憲法問題調査委員会で日本政府による憲法改正案の検討が本格化していた。しかしそれは、君主としての天皇に統治権があるとする等、明治憲法の骨格が残されたものであり、GHQの受け入れるところとはならなかった。そこで急遽「マッカーサー三原則」が示され、民政局での起草作業が急ピッチで進められたのである。

それが一週間という短期間で行われた背景には、一九四五年一二月のモスクワ外相会議で日本管理のための極東委員会の構成国一一カ国が決定し、憲法改正権限が同委員会に付与されていたことがあった。戦争中に日本軍の統治下に置かれた極東委員会のメンバー国には、天皇制廃止を当然とみなす国が少なくなかった。その極東委員会は、一九四六年二月末に第一回目の会合を開催し、活動を開始することが予定されていた。そこで民政局は、極東委員会が活動を開始する前であれば連合軍最高司令官がすべての権限を持つとする解釈に立ち、新憲法の起草を急いだのである。事実、一九四六年二月二六日に開かれた第一回極東委員会では、GHQ案をめぐって日本再軍備に対する懸念が噴出した。

憲法九条の誕生

二月四日から七つの小委員会で集中的な起草作業が進むなか、戦争放棄条項はケーディスが起草した。ケーディスは、「マッカーサー三原則」が自衛のための戦争と軍備とを明確に否定していたことに危惧を抱き、「自己の安全を保持するための手段としての戦争」への言及を削除することで自衛のための再軍備への道筋を残そうとした。

日本政府がGHQ草案をベースにして起草し、三月六日に公表された「帝国憲法改正草案要綱」は、その第九条において以下のような規定を掲げた。

国の主権の発動として行ふ戦争及武力に依る威嚇又は武力の行使を他国との間の紛争の解決の具とすることは永久に之を抛棄すること

陸海空軍其の他の戦力の保持は之を許さず国の交戦権は之を認めざること

幣原喜重郎内閣の総辞職を受けて一九四六年五月二二日に首相に就任したばかりの吉田茂は、憲法改正草案を審議する五月二九日の枢密院審査委員会の場で、「日本としてはなるべく早く主権を回復し、進駐軍を引揚げてもらいたい」と語り、「九条は日本の再軍備に対する連合国側の懸念から生まれた規定で、修正することは困難である」と主張した。そして、六月二六日の衆議院特別委員会での憲法改正要綱提案説明において、「戦争抛棄に関する本案の規定は、直接には自衛権を否定はして居りませぬが、第九条第二項に於いて一切の軍備と国の交戦権を認めない結果、自衛権の発動としての戦争も、又交戦権も抛棄したものであります」と、明確に述べた。

また、その二日後の六月二八日の衆議院本会議において、共産党を再建し四月の衆議院議員選挙で当選したばかりの野坂参三が、戦争には不正の戦争と正しい戦争があることを指摘した上で「一体此の憲法草案に戦争一般抛棄と云う形でなしに、我々は之を侵略戦争の抛棄、斯《こ》うするのがもっと的確ではないか」と論じた。それに対して吉田は、「戦争抛棄に関する憲法草案の条項に於きまして、国家正当防衛権に依る戦争は正当なりとせらるるようであるが、私は斯《か》くの如きことを認むることが有害であると思うのであります」と、再度自衛の戦争をも否定する答弁を行った。

憲法改正草案は、政府の提出理由説明を受けて、芦田均を委員長とする憲法改正案特別委員会で審査された。そして、その過程で、芦田小委員会によって第九条に対する修正案が作成され、第九条第一項に「正義と秩序を基調とする国際平和を誠実に希求し」という一文を、さらに第二項の冒頭に「前項の目的を達するため」という文言を挿入した。そのことで、自衛のための武力の保持と行使は許されるという憲法解釈の余地が生まれた。

「芦田修正」案は、一九四六年八月二四日の衆議院本会議で、賛成四二一、反対八という圧倒的多数で可決された。

一九四六年一一月三日に公布された日本国憲法は、その第九条において次のように宣言した。

日本国民は、正義と秩序を基調とする国際平和を誠実に希求し、国権の発動たる戦争と、武力による威嚇又は武力の行使は、国際紛争を解決する手段としては、永久にこれを放棄する。
前項の目的を達するため、陸海空軍その他の戦力は、これを保持しない。国の交戦権は、これを認めない。

憲法九条が意味するもの

いうまでもなく、当時日本の戦争の記憶はすべての当事者のなかで鮮明であった。したがって、当時から、「芦田修正」による「前項の目的を達するため」が日本の再軍備の根拠になるのかどうかが政治的な焦点となった。そして、日本、アメリカ、極東委員会の構成国、すべての当事者が、「芦田修正」にその可能性を読み取っていた。芦田均自身は、憲法改正案特別委員会では多くを語らなかったが、一九四六年一一月の憲法公布と同時に刊行した著書（『新憲法解釈』ダイヤモンド社、一九四六年、三六頁）で、「自衛のための戦争と武力行使はこの條項によって放棄されたのではない」と述べていた。また、第九条案を示されたGHQ民政局のホイットニーとケーディスも、同様の理解から即座に了承したという。また、極東委員会もそこに日本再軍備の懸念を抱き、その結果一度は後退した「文民条項」（第六六条第二項「内閣総理大臣その他の国務大臣は、文民でなければならない」）が、極東委員会の意向により一〇月の貴族院と衆議院での決議で復活することになる。

こうして、憲法九条には、複合的な非軍事化の意味合いが内包されることとなった。国際政治の脈絡においては、日本の非軍事化は、アメリカが構想する戦後アジア秩序の中核的な要素であった。その原点には、自衛のための戦争をも放棄するとした「マッカーサー三原則」があった。日本の戦争の犠牲になった極東委員会の構成国の多くも、その原則から戦後日本の非軍事化をとらえていた。

しかし、憲法のGHQ案を起草したケーディスらには、常識的な国際法ないし国際政治的観点から、自衛の権利をも否定することへの違和感があった。日本の指導者も、天皇制を柱とする「国体護持」のために非軍事化の原則を受け入れたものの、当初の自衛の戦争をも否定する完全な非武装方針には大きな戸惑いを感じた。その意味では、前述のとおり、共産党の野坂参三も例外ではなかった。

さらに、占領の早期終了を願い、自衛権をも否定する答弁を行った吉田自身にも、自衛の兵力に関する常識的感覚があった。たとえば、吉田は、前記五月二九日の枢密院審査委員会で、「日本が独立後如何なる形をとるかについては不明であるが、やはり国家として兵力を持つようになるのではないか。それは今日は言えないことである。主権を回復すれば兵力を生ずるのではないかと想像する」と述べていた。

吉田は、連合国およびアジア諸国の日本再軍備への懸念が、比較的寛大なアメリカの占領政策と、それを前提にした早期独立の道筋を攪乱することを心配していた。したがって、自衛の戦争をも否定した初期の吉田の答弁は、いわば戦術的な対応であったと考えられるだろう。そのことは、吉田が当時の憲法の規定が永遠であるとは思っていなかったことを物語っている。

しかしながら、その後は、自衛のための再軍備の道を残そうとした「芦田修正」を背景に、憲法九条の規定を変えずに事実上の再軍備が進むこととなった（第二章）。

（2）早期講和論

日本の構想

占領期間をできるだけ短縮し早期に独立を達成することは、当然ながら日本の原則的立場であった。当初の吉田茂の憲法九条解釈にみられるように、アメリカ主導の占領改革をできるだけ受容しようとする姿勢には、戦争への内省とともに早期独立の願望が強く働いていた。したがって、占領初期の日本の対処方針には、連合国が構想する戦後国際秩序を前提とするなかで、可能な限り日本の主権と日本に対する公正な講和条件を確保しようとする苦悩の跡をみて取ることができる。

さっそく日本政府は、一九四五年一一月に外務省条約局長を幹事長とする「平和条約問題研究幹事会」を設置し、一九四六年五月に第一次研究報告（調書）をまとめた。それは、「出来得る限り早期に公正なる平和条約の締結を実現せしむること」を講和問題にのぞむ日本の根本方針として掲げ、日本が主張すべき原則として、主権の回復および独立の尊重、生存権および安全保障の確保、国際社会への復帰、国際正義の確立等を確認した。

安全保障に関しては、ＧＨＱ案をベースにした憲法改正草案の中身が明らかになると、「永世中立化」構想等、日本の非武装化を前提とした構想が練られた。その前提には国連の集団安全保障体制が想定された。西太平洋地域における集団的な安全保障体制により、非武装日本の安全を確保する構想も検討された。そのためにも、日本の早期の国連加盟も肝要であると考えられていた。

当時のもうひとつの重要な課題が、沖縄問題であった。「ポツダム宣言」は、日本の非武装化を監視し保障するために、連合国が日本の領域にとどまる「保障占領」を実施する方針を示していた。そこで日本政府は、保障占領のための沖縄の基地化は不可避と覚悟しながらも、領土主権は日本の手に残すべく構想を練った。するとＧＨＱは、一九四六年一月に、沖縄を含む北緯三〇度以南を日本から行政的に分離する訓令を発令した。その背景には、講和後の沖縄を信託統治のもとに置こうとするアメリカ統合参謀本部の意向があった。

一九四七年に入って早期講和の機運が生まれると、外務省は、沖縄を含め日本の主権をできるだけ毀損しないとの方針のもとに、独立後にアメリカと駐留協定を締結する構想を検討した。その目的は、独立後に軍事駐留の終了を確認することで従属関係を解消し、保障占領の任に当たる駐留軍の権利の範囲を明確化することであった。

いずれにせよ、時は未だ冷戦発生以前であった。当時のアメリカ主導の戦後秩序構想のもとでは、非軍事化された日本こそが、戦後アジアの平和と安定という目標のための重要な要件とされていた。もちろん、当時の日本にその秩序構想に刃向かう意図も力もなかった。それどころか、アメリカ主導の国際政治のもとで日本の復興と国益の確保を図ることが、日本政府の基本的発想であったのである。

対日早期講和と日本の経済自立化

日本の非軍事化と民主化の措置が順調に進むなかで、アメリカの意向は日本との早期講和に傾き出した。アメリカ政府は、国務省極東局北東アジア課長のヒュー・ボートン（Hugh Borton）を中心として、右に述べた戦後秩序構想を前提にした対日平和条約案、いわゆる「ボートン案」を準備していた。それは、日本にいるマッカーサーの対日早期講和論と歩調を合わせ、米ソ協調を含む国際協調主義の原則にのっとり、日本国憲法が体現する非軍事化され民主化された日本を前提とするものであった。

ボートンが日本との講和案を携えて一九四七年三月に来日すると、マッカーサーは三月一七日に、日本の非軍事化は完了し、民主化も達成されつつあると述べ、経済復興のためにも日本との講和に動くべきとの方針に触れた。マッカーサーの対日講和論と基調を同じくする「ボートン案」は、一九四七年八月に完成した。

マッカーサーが重視していたことは、日本に貿易を許し、経済的自立の道筋をつけることであった。そのためにこそ、早期に講和を実現し、日本と世界の関係を正常化すべきと考えたのである。一九四七年には、民政局は依然として公職追放のさらなる拡大を図っていた。しかし、一九四八年に入るとパージの勢いは衰え始め、六月には民政局の公職資格審査課は閉鎖された。そのころからＧＨＱ内で民政局の役割と人員は縮小され、代わって経済科学局が拡大された。ＧＨＱが、経済問題に対処する態勢を整え始めたのである。

そうしたさなか、後述するように、ワシントンでは対日占領政策の転換が図られようとしていた。その目的は、第一に、占領軍による統制を廃止し、国際経済のなかで日本経済を自立させることであった。第二は、ソ連との対立を基調とする国際政治的脈絡のもとで、日本をアメリカにとっての重要な戦略的拠点として確保することであった。第一の目的は、マッカーサーの目論見と変わらなかったが、ワシントンは第二の目的のために対日講和を延期すべきとの方針を固める。そこで、占領を継続しつつ日本経済の自立化を図ることが、占領後期の課題となったのである。

その課題に取り組んだのが、財界出身のウィリアム・ドレーパー（William H. Draper）陸軍次官であった。一九四八年三月に来日したドレーパーは、依然として早期講和論に立つマッカーサーの意向も確かめつつ、五月に日本の産業復興を最大の占領目的と位置づける「ドレーパー報告」を発表した。その方針に基づき年末には「経済安定九原則」がまとめられ、ドレーパーは、その実施のためにデトロイト銀行頭取のジョセフ・ドッジ（Joseph M. Dodge）を日本に派遣した。そして、一九四九年に「ドッジ・ライン」として知られる、財政金融引き締め策を柱とする一連の政策が実施された。

こうして、マッカーサーが早期講和により日本の占領改革の仕上げとして道筋をつけようとした日本の経済自立化は、出現しつつあった冷戦状況のもとで、新たな戦略的意義を与えられるようになるのである。

三　冷戦の発生と対日講和の延期

(1) 冷戦と朝鮮半島の分断

ヨーロッパでの冷戦構造の出現

マッカーサーが対日早期講和の方針を打ち出し、その方針に沿った「ボートン案」が作成されたちょうどそのころ、ヨーロッパでは冷戦状況が出現しつつあった。その転機となったのは、ギリシャとトルコへの介入を続けられなくなったイギリスがアメリカに援助の肩代わりを要請してきたことであった。そのことは、終戦後急速に動員解除を進めていたアメリカが、全く新しい論理で再びヨーロッパの政治に関与することを意味した。

トルーマン大統領は、一九四七年三月一二日の議会における演説で、ギリシャとトルコへの援助の必要性を訴えた。その際にトルーマンは、「ギリシャが自由な国として生き残るために」援助が不可欠であり、「世界の自由を愛する諸国民にとって」トルコの将来もギリシャに劣らず重要であることを主張した。そして、ギリシャとトルコのケースを、世界のすべての国にとっての「異なった生活様式の選択」の問題であると強調したのである。

このトルーマンの議会演説は、その二元論的対立の論理が後の冷戦をイメージさせたことから、後知恵的に「冷戦の宣戦布告」と呼ばれることも多く、「トルーマン・ドクトリン」として知られるようになる。

一九四七年六月五日、ハーバード大学の学位授与式でのスピーチでジョージ・マーシャル（George C. Marshall, Jr.）国務長官が発表した「マーシャル・プラン」（欧州復興計画）は、「トルーマン・ドクトリン」と同様の論理から、復興援助をヨーロッパ全体に拡大する計画であった。それは、ソ連の影響力下に置かれた東欧諸国が復興援助計画への参加を拒むであろうことを見越して、全ヨーロッパを対象としていた。そして、アメリカの思惑通り、ソ連が「マーシャル・プラン」への東欧諸国の参加を阻止したことが、ヨーロッパの分断を構造化させるさきがけとなった。

こうして始まったヨーロッパの分裂により、ドイツも分断されることとなった。ヨーロッパでの戦争は、拡張したドイツを東からソ連が、西からアメリカを中心とする連合国が押し戻すことで終了した。その結果、ドイツの東部をソ連が、西部をアメリカが武装解除することとなった。東部にあった首都のベルリンは、ソ連、アメリカ、イギリス、フランスの四カ国による共同統治下に置かれた。そしてその後、そもそもは戦争終結時の軍事的論理から引かれたドイツの分割線は、冷戦の発生によってドイツ国土とベルリンの分断線へと姿を変えたのである。

重要な転機は、一九四八年六月に西ドイツ側で貨幣改革が行われたことであった。そのとき、すでにドイツの分裂は予定されていたといえる。それに反発したソ連は、ベルリン西部への空路以外の通路を遮断する「ベルリン封鎖」を断行した。アメリカは、陸の孤島と化した西ベルリンに対して大規模な空輸作戦によって封鎖の無力化を図った。翌一九四九年四月には、アメリカと西ヨーロッパ諸国による軍事組織、北大西洋条約機構（ＮＡＴＯ）が設立された。

ベルリン封鎖は一年後の一九四九年五月に解除されたが、ドイツの分断は決定的になった。そして、九月にドイツ連邦共和国（西ドイツ）、一〇月にドイツ民主共和国（東ドイツ）がそれぞれ樹立された。その間九月には、ソ連が八月末に原爆実験を成功させ、核保有国となったことが明らかとなった。こうして、ヨーロッパとドイツの分断が固定化し、ヨーロッパに冷戦構造が出現したのである。

朝鮮半島の信託統治構想とその挫折

ヨーロッパに生まれた冷戦構造がアジアに拡大するには、若干の時差があった。それは、アジアの秩序の中心に中国がいたからである。中国では日本の敗戦後内戦が再発し、一九四九年一〇月に中国共産党が中華人民共和国を樹立した。するとアメリカは、その直前に台湾に逃避した国民党政権への支援を放棄して、共産党政権との外交関係の樹立を考えるのである。中国を軸とする情勢については以下でみるが、それは、まさに終戦から冷戦発生に至る過渡期の現象であった。

しかし朝鮮半島は、ヨーロッパの冷戦構造の源泉であった米ソ対立の影響を直接に受けて、ドイツより一年早く分断された。その背景には、前述のとおり、日本から解放された朝鮮に、当面の間連合国による信託統治を敷き、民主主義を育ててから独立へ導くという構想があった。米ソの協調を前提とした朝鮮の信託統治構想が、米ソ対立のあおりを受けて崩壊した結果、朝鮮は南北に分断されるのである。

米ソ両国には、朝鮮半島の戦後処理で決定的に対立するつもりはなかった。一九四五年八月上旬に対日参戦したソ連は、はやくも日本降伏前後に朝鮮半島の三八度線に達した。三八度線は、朝鮮半島占領のための軍事境界線としてアメリカが提案し、ソ連もそれを受け入れていた。そしてソ連は、信託統治構想の実施を前提に、三八度線以北にとどまり、九月上旬に米軍が首都ソウルを含め三八度線以南に到着するのを待った。

その間、一九四五年一二月にモスクワにつどった米英ソの外相は、五年間を期限とする朝鮮信託統治を実施することで合意し、一九四六年三月に、朝鮮の臨時政府樹立を協議するために米ソ共同委員会が開かれた。しかし、同委員会は、開催されるやいなや、委員会に招くべき朝鮮の団体の資格問題をめぐって行き詰まった。翌四七年五月に再開されたときには、すでに「トルーマン・ドクトリン」が表明されており、米ソ協調の前提は崩れかけていた。こうして朝鮮半島の信託統治構想は、臨時政府の樹立にも至らず挫折した。

その間米ソ両国は、朝鮮半島からの軍の撤退を急速に進めた。米ソ共同委員会が決裂すると、米ソ両国は、三八度線をはさんで、勢力圏を分割する動きをみせたのである。ソ連は、北において金日成《キムイルソン》を指導者とする体制固めを着実に進め、アメリカは、一九四七年九月に朝鮮問題を国連の場に上程することで事態の収拾を図ろうとした。

その結果、一一月の国連総会決議によって「国連臨時朝鮮委員会」の監視のもとで選挙が実施されることとなった。金日成とソ連が一九四八年一月から活動を開始した同委員会の三八度線以北への立ち入りを拒否すると、アメリカは国連で三八度線以南での選挙実施案を通した。そして、一九四八年五月に三八度線以南で国連監視下の総選挙が行われ、八月一五日に李承晩《イスンマン》を大統領とする大韓民国政府が樹立された。それを受けて、北側では、九月九日に金日成を首班とする朝鮮民主主義人民共和国の樹立が宣言された。

こうして、当初は日本軍の武装解除のための境界線として引かれた三八度線が、朝鮮半島を分断させる国境線へと姿を変えた。それは、米ソ協調を前提にした信託統治構想が、ヨーロッパで顕在化した米ソ対立の影響を受けて崩壊する過程であった。ただし、ここで留意すべきなのは、この時点での朝鮮半島の分断は、アジアで冷戦構造が出現する以前の出来事であったことである。米ソ両国は、むしろ朝鮮半島で対立を深めることを避け、それゆえに信託統治構想崩壊後の処理を急いだともいえる。

とりわけアメリカが、ヨーロッパの冷戦構造をアジアにまで拡大することに慎重であったことは、同時期の対中政策に明瞭に表れていた。

(2) 中国の共産化とアメリカの対応

『中国白書』と中華人民共和国の樹立

アメリカの戦後秩序構想には、日本の軍国主義を打破した後のアジアの秩序を、中国を軸として再編しようとする計画があった。それゆえに、国際連合の発足時には、安全保障理事会で拒否権を持つ「五大国」の一角として中国(国民党の中華民国)が迎え入れられた。

その中国では、日本の敗戦直後に、国民党と共産党の間で内戦が再発した。トルーマン大統領は、一九四五年一二月に、戦争中は陸軍参謀総長を務め、後に国務長官に就任するマーシャルを中国に派遣し、国民党と共産党の間の仲介を試みた。しかしマーシャルは、早くも一九四七年のはじめには、共産党の優位を認め調停の試みを放棄せざるを得なかった。

その後アメリカは、「中国の喪失」を予定の事実として受け入れるようになる。一九四七年一月、中国から帰国するや国務長官に就任したマーシャルは、さっそく中国の内政に関して対処不可能な責任を負う事態を回避すべきであり、国民党政府への援助は純粋に経済的なものにとどめるという方針を、駐華アメリカ大使に伝えた。

中国の内戦は、一九四八年秋ごろから共産党人民解放軍の勝利が続き、共産党は一九四九年一月末に北京への無血入城を果たした。その後人民解放軍は国民党軍への総攻撃をしかけ、国民党は支配地域を一気に喪失していった。一九四九年四月には国民党政府の首都南京が、五月には上海が、六月には青島が共産党の手に陥落した。

中国内戦で共産党の勝利を確信したアメリカは、一九四九年八月五日に『中国白書』を公表し、それまでの対中政策の清算を図った。マーシャルの後任として一九四九年一月に国務長官に就任したディーン・アチソン（Dean G. Acheson）は、『中国白書』をトルーマン大統領に提出する際に添付された七月三〇日付の「伝達書」で、中国の事態はアメリカ政府の統制の範囲を超えていたとし、国民党は自ら崩壊したと指摘した。そして、共産党が支配する中国を実質的に認める方針を示したのである。

そしてついに一九四九年一〇月一日、毛沢東が北京の天安門広場で中華人民共和国の樹立を宣言した。その後中国共産党の人民解放軍は、広州、重慶、成都と、国民党の拠点を次々と制圧した。撤退に撤退を続ける国民党政府は、一九四九年一二月に政府機構を台湾に移し、台北を中華民国の臨時首都に定めた。人民解放軍の次の照準は、台湾への軍事侵攻に定められた。そしてアメリカは、『中国白書』が総括した方針に従い、その展開を座視する予定であった。

中国「チトー化」

台湾に逃げた国民党政府を見放し、成立したばかりの中華人民共和国政府を承認しようとするアメリカの中国政策は、中国「チトー化」と呼ばれる。ユーゴスラビアのチトー大統領が、社会主義政権を打ち立てながらもソ連陣営に加わらずに独自の路線を歩み始めていたことにちなんで、共産党政権のもとにある中国であっても、ソ連陣営に加わらなければ次善のものとして受け入れようとする政策である。

この方針は、『中国白書』の公表に先立つ一九四八年一〇月一三日付の国家安全保障会議文書「アメリカの中国政策」が明確に打ち出していた。それは、「中国がアメリカにとって由々しき意味を持つのはソ連の潜在的手先としてである」と論じ、その可能性を封じるために中国の内戦への軍事的介入は避けるべきであると述べていた。

そのためにアメリカは、台湾に逃避した国民党政府を見放した。一九五〇年一月五日にトルーマン大統領自らが、予想される人民解放軍による台湾への軍事侵攻を座視する方針、すなわち事実上の「台湾放棄」を宣言した。トルーマンは、「アメリカを中国の国内紛争に巻き込むことになるような道をたどることはない」と述べ、「台湾にいる中国軍に軍事援助や軍事上の助言を与えるつもりもない」と断言したのである。

さらにその一週間後の一月一二日に、アチソン国務長官が、アジアにおけるアメリカの不後退防衛線を発表した。それは、「アリューシャン列島に沿って日本へと延び、そして沖縄諸島にいたる」とされ、さらに「沖縄諸島からフィリピンに延びる」と宣言された。後に「アチソン・ライン」として知られるようになる防衛線は、日本の軍事的防衛と太平洋地域の安全保障という観点から打ち出されたものである。そこには、ソ連の拡張主義に対する警戒心が働いていた。

しかし同時に、アチソンはスピーチのかなりの部分を、中国情勢および中国とソ連との関係の考察に費やしていた。アチソンは、アメリカにとって共産主義が重要なのは、ソ連の勢力拡張の道具であるからであると述べ、ソ連が中国の東北地区に勢力を拡張していることこそ、アメリカのアジア政策を決定する最も重要な現実であると論じた。そしてアチソンは、「中国の民衆が必ずや募らせるに違いない正当な怒り、憤激、憎悪を、ソ連から我々の方に向けさせることをしてはならない」と主張したのである。

「アチソン・ライン」の発表は、そこに南北に分断された朝鮮半島の韓国が含まれていなかったことから、半年後の北朝鮮の南侵、朝鮮戦争を誘発したとして、後に問題視されるようになる。しかし、一月の時点で朝鮮半島での事態は切迫した危機であるとはみなされておらず、むしろ当時重要であったのは、「アチソン・ライン」から台湾が除外されていたことであった。すなわち、「アチソン・ライン」の発表は、トルーマン大統領による事実上の「台湾放棄」宣言に続く、中国「チトー化」政策の具体的実行としての意味を持っていたのである。

しかし、中国「チトー化」政策は、急速に動揺するアジア秩序下での過渡期ならではの対応でもあった。すなわち、一方では、台湾の武力による解放を座視することで共産党下の中国との関係を築こうとする方針は、アジアにおける中核的安定勢力としての「中国大国論」の延長線上に、冷戦発生以前の戦後秩序構想を反映していた。しかし、他方で、「アチソン・ライン」がアジアにおける不後退防衛線として宣言されたことは、ソ連や共産主義への危機意識を前提とした冷戦状況下でのアメリカの新たな対応であった。次章でみるように、その後の展開は、朝鮮戦争によって一気に後者の論理に飲み込まれていくことになる。

(3) 対日講和の延期

対日占領政策の転換

冷戦の発生にともなうアメリカの対日占領政策の変化は、対日早期講和方針の転換となって表れた。前述のとおり、まさに冷戦が発生しようとしていた最中、アメリカ政府は、懲罰的で日本の非軍事化を前提とした平和条約案(「ボートン案」)を策定した。すると「ボートン案」は、国務省政策企画室長として、一九四七年六月に発表された「マーシャル・プラン」の策定を終えたばかりのジョージ・ケナン(George F. Kennan)の目にとまった。またケナンは、権威ある外交雑誌『フォーリン・アフェアーズ』(一九四七年七月号)に、Xという匿名で「ソ連の行動の源泉」と題する論文を発表していた。それは、ソ連の拡張主義的行動は自国の安全保障に対する本能的な不安感から生じているものであり、ソ連に通常の外交交渉による譲歩を求めることがそもそも不可能であることを論じ、アメリカ国民に長期的で辛抱強い対ソ「封じ込め」が必要であることを説いた。

まさにケナンは、ロシアを専門とする外交官としてソ連との対抗を軸に外交戦略を構想しようとしていたのである。そのケナンにとって、米ソ協調を前提にしている「ボートン案」は全く現実的ではなかった。ケナンは、さっそく一九四七年八月下旬から、自ら率いる政策企画室で対日占領政策の再検討を始めた。

ケナンは、アメリカ、ソ連、イギリス、ドイツとともに日本を国際政治の帰趨を左右する五つの「パワーの中枢」として位置づけ、ソ連に対抗するために日本に対する影響力を確保することが決定的に重要であるとの認識に立っていた。しかし、そのときマッカーサーは早期講和と日本の中立化を唱え、GHQは平和条約後の日本の防衛については何も構想していなかった。後にケナンは、当時の世界に「日本を独力で放り出そうなどと考えるのは狂気の沙汰としかいいようがなかった」と回想している。

ケナンは一九四八年三月に視察のために訪日し、マッカーサーとも会談した。当然ながら両者の間の溝は深かった。ソ連の脅威が日本に及ぶことを否定するマッカーサーに対して、ケナンは、講和は非懲罰的でなければならず、日本が脆弱なうちは平和条約を延期すべきであることを主張した。以上の観点から対日政策の転換を図る一連の作業は、国家安全保障会議文書、NSC一三―二「アメリカの対日政策に関する勧告」として結実し、一九四八年一〇月七日付でトルーマン大統領の決裁を得た。

それは、平和条約は非懲罰的でできるだけ簡潔にすべきこと、日本の安全保障体制に関するアメリカの立場は講和の時点まで決めるべきではないこと、横須賀や沖縄の海軍基地としての保有があり得ること、沿岸警備隊を含む日本の警察機構を強化すること、日本の政治的・経済的改革の圧力を弱めること、追放や戦争犯罪裁判は早急に終了すること、日本の経済復興をアメリカの対日政策の主要目的とすべきこと、等をうたった。

それでもマッカーサーは、依然として日本の非武装化にこだわり続けた。一九四九年三月のイギリスの新聞『デイリー・メール』とのインタビューでも、米ソ対立のもとでの日本の中立化を望み、日本を「太平洋のスイス」に例える発言をしていた。ワシントンとマッカーサーの間の亀裂は深刻であった。結局、トルーマン大統領は一九五一年四月にマッカーサーを解任する。その直接的な契機は前年六月に勃発した朝鮮戦争の戦い方をめぐる亀裂であったが、日本占領をめぐるマッカーサーの強烈なエゴも遠因として作用していた。

日米安全保障条約の萌芽

以上のとおり、アメリカのアジア政策は、中国に対しては冷戦以前の戦後構想の流れをくむ「チトー化」政策を実施しながら、日本に対する政策は、新たな冷戦下で日本を東アジア戦略における要として位置づける視点から転換が図られた。同時に日本でも、米ソ対立の顕在化にともない戦後構想の再検討が進んだ。

ヨーロッパで冷戦状況が出現しつつあったとき、日本の政策を担ったのは片山哲内閣（一九四七年五月二四日〜四八年三月一〇日）であった。片山内閣の外務大臣に就任した芦田均は、外務省内で講和後の日本の安全保障の検討を行った。とりわけ、日本が戦後憲法を抱えたまま国際連合が機能しなくなった場合に、日本の安全を担保する方策がなくなることが懸念された。そこで生まれたのが、アメリカの手による日本の防衛という発想であった。

芦田は、一九四七年九月、日本との戦争および占領を指揮したロバート・アイケルバーガー（Robert L. Eichelberger）第八軍司令官に提出したいわゆる「芦田書簡」で、米ソ対立を前提とした日本の安全保障の手段として、次の二つの方策を示した。ひとつは、「米国の軍隊が平和条約の実効の監視に関連し日本国内に駐屯する」こと、二つめに、「米国と日本との間に特別の協定を結び日本の防備を米国の手に委ねること」であった。ひとつめの方策は、いわゆる保障占領の論理の延長線上にあるものであった。二つめの案には、後の日米安全保障条約につながる発想が示されていた。

芦田は、第二の方策に関して、日本の独立が脅かされる場合「米国側は日本政府との合議の上何時《いつ》にても日本の国内に軍隊を駐留するとともにその軍事基地を使用できる」、「かかる協定は平素において日本の独立を保全する方法であり且《かつ》万一の場合は米国側が十分に日本の基地を利用し得る」と述べていた。それは、非武装日本を前提にした有事駐留案であった。さらに、日本の自助努力に関しては、同じく非武装原則に立った警察力の向上を唱えていた。

こうして、ヨーロッパにおける冷戦発生直後の時期は、日本の非軍事化という占領当初の構想が引き続き存続していながら、日米両国の構想が米ソ対立を背景に変化し始める、過渡期としての性格を帯びていた。対日講和が当面延期されるなかで、アメリカは、講和後も沖縄の基地を長期保有する方針に傾き始め、沖縄の領土主権の帰属先についての決定を先送りした。そこで沖縄の米軍基地には、保障占領の拠点という役割に加え、冷戦下での対日防衛の拠点という新たな意味が与えられるようになった。

冷戦によって保障占領とは異なる論理が出現することで、沖縄米軍基地を講和後も長期的に保有するアメリカの方針が固まっていった。その結果アメリカは、日本本土における米軍基地確保も企図するようになる。すなわち、沖縄の米軍基地と本土における米軍基地が、アメリカのアジア戦略上同等の条件のもとに置かれることとなるのである。前述の国家安全保障会議文書NSC一三―二が、横須賀と沖縄の海軍基地としての確保に触れていたのは、そのはしりといえるだろう。

そして、時の吉田茂内閣も、国際政治の大勢とそのもとでのアメリカの対日政策と歩調を合わせることとなる。

全面講和か多数講和か

冷戦の発生にともなって生じたもうひとつの難問が、平和条約の問題であった。それまではすべての関係国との間の講和が当然のこととして想定されていたが、米ソ対立の激化にともなって、アメリカを中心とする多数の国との講和が現実的であるとの見方が生まれたのである。その背景に冷戦があったがために、それまで当然視されていた全面講和の主張には、アメリカの冷戦政策への反発という異質の問題が混入されることとなった。

すると、全面講和論は、自ずと現実から遊離したあるべき姿を論じるものにならざるを得なかった。たとえば、学者を中心に結成された「平和問題懇話会」は、一九五〇年一月に発表した声明で、講和が「形式内容共に完全なもの」でなければ、「実質は却《かえ》って新たに戦争の危機を増大する」と論じ、「わが憲法の平和的精神を忠実に守る限り、」「われわれは……進んで二つの世界の調和を図るという積極的態度を以《もっ》て当ることが要求せられる」と主張していた。

平和憲法に反戦の思いを注入しようとする思想に、一九三〇年代以降の日本の軍事拡張の歴史に対する深い反省の念が込められていたことはいうまでもない。またそこには、民主化改革の手綱をゆるめ非軍事化方針を見直す等、後に「逆コース」と呼ばれるようになるアメリカの方針転換に対する反発や、多数講和になればアメリカへの依存が不可避になることへの恐れもあった。

こうした民間の理想主義に対して、政府の現実主義も明確だった。一九四八年一〇月に政権に復帰した吉田茂首相は、最善の講和をできるだけ早く獲得するために多数講和の決意を固め、一九五〇年四月に訪米した池田勇人《はやと》蔵相にその方針の対米伝達を託した。前年に「ドッジ・ライン」を指揮し帰国していたドッジと再会した池田は、できるだけ早期の平和条約締結という希望と、講和後は「アメリカの軍隊を日本に駐留させる必要があるであろうが、……日本政府としては、日本側からそれをオファするような持ち出し方を研究してもよろしい」という吉田の意向を伝えた。

こうして、ヨーロッパでの冷戦状況の出現に歩調を合わせて、対日講和と日米安全保障関係をセットでとらえる構想の原型が生まれた。しかし、日本の再軍備、日本の安全保障と憲法の整合性、講和と安全保障問題をめぐり分裂した国論等の問題は、先送りされた。その後、一九五〇年六月に突如勃発した朝鮮戦争を契機として、アジアにも冷戦構造が出現する。そして、それらの先送りされた問題をめぐる新たな展開が、深刻なねじれを内在化させる戦後体制の形成を促していくことになるのである。

第二章

冷戦下の講和と日本外交（1950年代〈1〉）

日米安全保障条約に日本側を代表しひとりで署名する吉田茂全権
（1951年9月、サンフランシスコ・米第6兵団駐屯地）

一 朝鮮戦争から講和へ

(1) 朝鮮戦争と日本

冷戦のアジアへの拡大

一九四七年後半以降ヨーロッパで冷戦状況が出現したとき、アメリカの中国政策は中国「チトー化」を基調としていた。それは、アメリカに、ヨーロッパと同様の冷戦的な対立構造をアジアにまで拡大させる用意がなかったことを意味していた。その現実主義は、「封じ込め」を唱えた際のジョージ・ケナンの基本的発想でもあった。すなわち、ケナンのいう「封じ込め」は、「線」でソ連を包囲することを意味しているのではなく、ソ連の影響力の拡張がみられる「点」において、断固とした対抗措置をとることを唱えるものであった。アチソン国務長官が一九五〇年一月に述べたように、中国の東北地区へのソ連の影響力拡張に対しては、中国自らが立ち向かうだろうという判断もあった。

しかし、アメリカが期待した中国「チトー化」の可能性は、一九五〇年六月二五日に突如勃発した朝鮮戦争によって一気に吹き飛んでしまった。アメリカは、韓国への軍事侵攻を始めた北朝鮮の背後にソ連と中国がいることを疑わず、文字通り反射的に軍事介入に踏み切った。同時に当時フィリピンを母港としていた第七艦隊の戦艦を台湾海峡に派遣し、予定されていた人民解放軍による台湾への軍事行動を阻止する行動をとった。

朝鮮戦争直前には、アメリカ政府内部でソ連との対立への危機意識が着実に高まりつつあった。一九四九年八月末にソ連が原爆実験を行い核保有国となると、トルーマン大統領は一九五〇年一月末に、アメリカの対外政策の全面的再検討と水爆開発に関する総合的分析を指令した。その作業を担ったのが、一月に国務省政策企画室長に就任したばかりの、冷戦タカ派として知られるポール・ニッツェ（Paul H. Nitze）であった。

ちょうどそのとき、毛沢東が一九四九年末にモスクワを訪れ、ソ連側と交渉を開始していた。前章でみたように、ソ連のスターリンは、ヤルタにおける英米首脳との秘密協定で、対日参戦の代償として中国東北地区の旧利権を取り戻すにあたって、蒋介石の中華民国政府と交渉することを約束していた。そして実際に、一九四五年八月にそのための協定が中華民国とソ連の間に締結された。「アチソン・ライン」の宣言で知られる一九五〇年一月一二日のアチソン国務長官の演説は、中国東北地区におけるソ連の勢力拡大に焦点をあてて、中国「チトー化」、つまり中ソ離間への期待を強調した。

そのことが、モスクワでの中ソ交渉に影響を与えた。交渉が終盤を迎える一月二〇日に周恩来がモスクワ入りし、二二日の毛沢東、周恩来、スターリンの会談で、中国東北地区におけるソ連の利権の返還を含む中ソ条約の骨子が定まった。そして、一九五〇年二月一四日に「中ソ友好同盟相互援助条約」が締結されたのである。ソ連が一九四五年に国民党政府から獲得した利権は、別途締結された新協定によっておおむね共産中国に返還された。そして中ソ友好同盟相互援助条約は、中ソいずれかが「日本国又はこれと同盟している他の国から攻撃を受け」た場合には、相互に「すべての手段をもって軍事的及び他の援助を与える」とうたった。アメリカのみならず世界が、それを中ソ「一枚岩」を示すものと受け止めたのは自然であった。

まさにその最中に、アメリカの世界戦略の本格的な再検討が進んだのである。その結果、一九五〇年四月にまとめられたのが、国家安全保障会議文書NSC六八であった。NSC六八は、「ソ連の努力はユーラシア大陸の支配に向けられている」と断じ、「もし一九五〇年に戦争が起こったら」、すぐにでも「西ヨーロッパを転覆し、中近東の油田地域に進攻し、極東における共産主義勢力を強化する」のに十分な準備がソ連にはある、と断定した。同報告は、アメリカおよび同盟国の政治、経済、軍事を含む総合的な国力増強を唱えながら、とりわけアメリカの核戦力を含む軍事力および軍事費の大幅な増強を提言した。

NSC六八が、世界的な次元でソ連の軍事的脅威を誇張気味に唱えたことに関しては、アメリカ政府内部でも、ケナンをはじめとして冷ややかな受け止め方が少なくなかった。しかし、その直後に起こった朝鮮戦争は、そうしたソ連の脅威への慎重な見方を一瞬にして吹き飛ばした。そして、アメリカ政府は、北朝鮮の南進の背後に中ソ「一枚岩」を確信した。そうなれば、そのわずか半年前にトルーマン大統領自らが宣言した「台湾放棄」方針は、全く意味を持たなくなる。事実アメリカは、六月二五日（アメリカ時間）に海空軍の朝鮮への派遣を決めるや、二七日には台湾海峡に第七艦隊を派遣し、予定されていた人民解放軍による台湾解放を実力で阻止する意思を示した。
こうして、朝鮮戦争は、一気にアジアに冷戦を拡大させることになった。

朝鮮戦争の日本への影響

一九五〇年六月二五日に朝鮮戦争が勃発すると、同日（アメリカ時間）国連安全保障理事会決議第八二号が北朝鮮の攻撃を「平和への侵害」と認定した。その後七月七日の同決議第八四号に基づいて、マッカーサーを司令官に国連加盟国による多国籍軍が国連軍の名のもとに結成され、東京に朝鮮国連軍司令部が設立された。戦争勃発当初は北朝鮮軍が優位で、米韓を軸とする国連軍は釜山の防衛線にまで追いつめられた。しかし、当時は成功の可能性が低い冒険といわれた九月一五日の仁川上陸作戦により戦況が変わり、国連軍は九月末にソウルを奪回した。

ここで、現地のマッカーサーの強い意向もあり、国連軍は原状回復という当初の目的を変えて、南から半島の統一をめざした。そして、一〇月一九日には平壌を占領し、中朝国境の鴨緑江にまで迫った。すると、三八度線を越えれば事態を座視しないと警告していた中国が、一〇月下旬に中国人民義勇軍による介入に踏み切った。国連軍は一二月に退却を余儀なくされ、翌一九五一年一月にはソウルが再び中朝軍により占領された。国連軍の反撃で三月にソウルを再度奪還すると、その後戦況は三八度線を挟んで膠着状態となった。

そこでマッカーサーが、原爆使用も排除しない中国東北地区への軍事作戦を進言すると、トルーマン大統領は四月一一日にマッカーサーの解任を決断した。それは、日本占領を担う連合軍最高司令官の解任をも意味し、その後任にはマシュー・リッジウェイ（Matthew B. Ridgway）が任命された。その直後一九五一年五月はじめに休戦に向けての接触が米ソ間で始まり、七月一〇日にアメリカと中朝連合の代表との間で休戦交渉が始まった。交渉はその後断続的に続き、一九五三年七月二七日に休戦協定が結ばれた。

国連軍としての日本駐留米軍の出動が決まると、一九五〇年七月八日、マッカーサーは吉田に対して、日本における治安上の空白を埋めるために、七万五〇〇〇人の国家警察予備隊の創設と海上保安庁定員の八〇〇〇名増加を「許可する」という、事実上の指令を伝えた。そして、八月に警察予備隊令が公布された。通常の警察以上の重装備となった警察予備隊の発足は、その後自衛隊の創設へとつながり、事実上日本の再軍備の第一歩を記すものとなった。

さらに、朝鮮戦争休戦後の一九五四年二月に「日本国における国際連合の軍隊の地位に関する協定」が署名され（六月発効）、朝鮮国連軍は、日本政府の同意により日本における施設および在日米軍の施設・区域を使用できることとなった。そして、一九五七年七月に朝鮮国連軍司令部がソウルに移転され、日本の米軍キャンプ座間に朝鮮国連軍後方司令部が設立された（二〇〇七年一一月に横田基地に移転）。

また、朝鮮戦争中の特需によって、繊維業種を中心とする関連産業の業績は好転し、アメリカからの技術とノウハウの移転も進んだ。また、サンフランシスコ平和条約が発効する直前、一九五二年三月に日本企業による兵器や砲弾の製造が許可され、警察予備隊の装備の生産も開始された。特需によってもその効果が日本経済全般に及んだわけではなく、その後しばらく日本はインフレと貿易赤字に苦しんだが、一九五〇年代後半に始まる高度経済成長のひとつの礎になったことは確かであった。

（2）日本の安全保障と再軍備問題

日本政府の準備作業

前章でみたとおり、吉田茂首相は、一九五〇年四月に訪米した池田勇人蔵相に託して、講和後の米軍の日本駐留に関して「日本側からそれをオファするような持ち出し方を研究してもよろしい」という意向をアメリカ側に伝えた。それから間もなく、一九五〇年六月に、対日講和問題担当国務省顧問のジョン・ダレス（John F. Dulles）が来日して吉田茂らと会談した。そして、その直後に勃発した朝鮮戦争によって、アメリカの早期の対日講和方針が決定的になった。トルーマン大統領は、同年九月に、米軍の日本駐留を可能にするような二国間協定の締結と日本の再軍備を促すという対日政策の基本方針を承認し、極東委員会との検討開始を指示した。

そこで日本政府は、外務省を中心にAからDまで四つの作業案を準備した。外務省がまず作成した「A作業」は、米軍の日本駐留は受け入れながらも、その正当性の根源を国際連合（できれば総会の承認）に求めようとするものであった。吉田の反応は芳しくなく、外務省にさらなる検討を指示した。そこで外務省は、米軍への基地提供を軸とする日米協定案（「B作業」）と、日本の再軍備を拒否するための地域安全保障の構想をまとめた「理想案」（「C作業」）を作成した。後者は、平和条約ができるまではアメリカによる再軍備要求を拒否する腹を固めていた吉田が、その方針を貫くための理論武装の材料として準備されたが、アメリカ側に提示されることはなかった。

「A作業」に替わるものとして外務省が再度検討を重ねたものが「D作業」であり、それが、一九五一年一月二五日に再び来日したダレスとの交渉方針となった。「D作業」は、早期の講和が困難な場合はアメリカ一国とだけでも平和条約を締結する意向を示し、「極東の安全保障のための取極を両国間に締結することに異存ない」とした。そして、日本の再武装については、講和後に「日本人によって自主的に決定されるべき問題」とし、それ以前の再武装は「日本の希望しないところである」とされた。

吉田・ダレス会談

吉田のダレスとの交渉は、おおむね以上の「B作業」と「D作業」の方針に従って進められた。講和に関しては、ダレスは一九五〇年一一月に「講和七原則」を極東委員会のメンバー国に提示していた。それは日本に対する懲罰的性格が消えた寛大なものであり、日本政府を勇気づける内容であった。

ほぼ唯一日本が懸念したのが、沖縄と小笠原諸島が信託統治のもとに置かれるとされていたことであった。この件については、吉田がダレスに異議を唱えたが、ダレスは取り合わなかった。具体的に吉田は、沖縄の領土主権問題に関して、日米二国間での租借方式を検討するよう要請した。日本はまだ信託統治の可能性が高いものと判断しており、租借方式の方が租借終了後の主権返還の論理が明確であるという理由によるものであった。しかしダレスは、信託統治が既定路線だとして、吉田の申し出に取り合わなかった。実はこのとき、沖縄の領土主権問題に柔軟な国務省と、信託統治による沖縄支配に積極的な軍部との間の対立は解消していなかった。ダレスは、表向き「既定路線」と答えその場をしのいだのである。

吉田は、日本の再軍備問題に関して、経済再建の障害となること、近隣諸国の反発が予想されること、日本国内における旧軍復活の可能性があること等を理由に、ダレスの要求をかわそうとした。しかし吉田は、事務レベルの協議において、講和後の事実上の再武装案をアメリカ側に提示していた。二月三日の協議でアメリカ側に秘密裏に示された「再軍備計画のための当初措置」は、新たに五万人規模の保安隊を創設し、それをもって「日本に再建される民主的軍隊の発足」としたい旨を述べていたのである。

後の日米安全保障条約に関しても、この会談で大枠が定まった。アメリカは、日米間の安全保障取り決めを、日本再軍備への圧力にする意図を持っていた。後述するように、日米安全保障条約は、日本の非武装化を前提にしながら、再軍備が実現すればより対等な安全保障条約へと発展する論理を内在化させていた。吉田がダレスに「再軍備計画のための当初措置」を示したことが、そうした論理構成を支えたのである。

さらに、日本側が「再軍備計画のための当初措置」を示し、防衛力整備の意志を示したことは、ダレス帰国後のサンフランシスコ平和条約草案の検討過程にも影響を与えた。すなわち、それを手にしたダレスと国務省は、軍部を説得し、事実上日本に沖縄の「残存主権」(「潜在主権」ともいわれる)があることを認めるサンフランシスコ平和条約第三条を起草するのである(後述)。

二　対日平和条約と日米安全保障条約の締結

(1) サンフランシスコ講和

「戦後」と「冷戦」の交錯

一九五一年一月終わりから二月はじめにかけてのダレス訪日による交渉を経て、アメリカは三月二七日に平和条約草案を日本側に提示した。前年一一月の「講和七原則」でも示されていたとおり、すべての当事国は請求権を放棄するとされ、日本は賠償を免除されることとされた。日本政府は内容には異存のない旨を回答したが、連合国の多くには不満と不安が残った。オーストラリアやニュージーランドは、日本の非軍事化が保証されていないことに危惧を抱き、フィリピンは、それに加えて賠償が放棄されることに不満を表明した。

さらに、英連邦諸国の意向も反映しアメリカ案に異議を唱えるイギリスは、四月に独自の平和条約草案を準備した。それは、日本に対するきわめて厳格な政治的および経済的制限を課す内容であった。イギリスは一九五〇年一月に中華人民共和国政府を承認しており、講和会議に国民党政府と共産党政府のいずれを招くかに関しても、英米両国には立場の違いがあった。

一九五一年四月一六日、マッカーサー解任直後に再び日本を訪れたダレスは、平和条約に関するアメリカ政府の政策には変更がない旨を明らかにし、イギリスの平和条約案に対する日本政府の見解を聴取した。その後アメリカは、英米両国の草案の検討を進め、六月にはダレス自らが訪英し合意形成を図った。

それを受けて六月末にアメリカから日本に提示された平和条約案は、その第一四条で、日本の経済状況への配慮を示しつつも賠償免除が撤回され、講和後の二国間交渉に委ねられるとしていた。日本は困惑したが、日本の要望は聞き入れられなかった。こうして、アメリカ案を基本としながらもイギリス案へも配慮を示した平和条約案が、七月一二日に公表された。その後の最終調整を経て、平和条約の最終案が八月一六日に確定した。

平和条約案第一四条によって、賠償問題に関するフィリピンの不満はいくばくか和らいだが、日本の再軍備を制限する規定の欠如に対するオーストラリアやニュージーランドの懸念は解消されずにいた。オーストラリアとニュージーランドは、「講和七原則」が示されると、講和に参加する条件として、日本の再軍備の可能性に対する何らかの安全保障措置をアメリカに対して強く求めた。その結果、一九五一年二月にアメリカ、オーストラリア、ニュージーランドの外相会議で、三国による安全保障協力の条約案が合意された。その後の協議を経て、七月一二日の対日平和条約案公表の直前に三カ国間のＡＮＺＵＳ条約案が公表された。そして、サンフランシスコ平和会議が開催される三日前の九月一日に、ＡＮＺＵＳ条約が調印された。

ANZUS条約の交渉過程ではフィリピンの加入問題も討議されたが、結局はアメリカとフィリピンの間の二国間条約を締結することに落ち着いた。ANZUS条約調印の二日前、八月三〇日に成立した米比相互防衛条約は、前文で「両国の国民が前戦争の間同情及び相互の理想の共通のきずなによってともに帝国主義者の侵略に対抗して戦うため結束するに至った歴史的関係を相互に誇りをもって想起し」とうたい、第四条が「各締約国は、太平洋地域におけるいずれか一方の締約国に対する武力攻撃が、自国の平和及び安全を危うくするものであることを認め、自国の憲法上の手続に従って共通の危険に対処するように行動することを宣言する」と、集団的自衛の関係を規定した。ちなみにその第四条は、ANZUS条約第四条と全く同じ表現であった。

アメリカからみれば、対日講和をめぐる過程で最も重要だったのは、共産主義の脅威に備える冷戦戦略であった。しかし、アジア太平洋地域で日本の戦争の犠牲になった国々の国民感情は、日本に対して寛大な講和に強い懸念を抱いた。オーストラリア、ニュージーランド、フィリピンとの安全保障条約をめぐる交渉で、アメリカは日本の脅威への対抗の論理や軍事色を薄めようと試みた。その結果、サンフランシスコ平和条約と同様、ANZUS条約や米比相互防衛条約にも、「戦後処理」と「冷戦」の論理が混在することとなったといえる。二つの条約はともに無期限とされ、その後今日に至るまで、脅威の対象を変えつつ機能し続けている。

サンフランシスコ平和条約

一九五一年九月四日にサンフランシスコのオペラハウスで開幕した講和会議には、日本全権として、吉田茂（総理大臣）、池田勇人（大蔵大臣）、一万田尚登《いちまだひさと》（日本銀行総裁）、星島二郎《にろう》（自由党）、苫米地義三《とまべちぎぞう》（国民民主党）、徳川宗敬《むねよし》（参議院緑風会）が参加し、その六名が平和条約に署名した。

そもそもは戦勝国と敗戦国間の戦後処理の取り決めであったはずの対日講和は、途中から当初は予期されていなかった冷戦が作用することで、「戦後処理」と「冷戦」の論理が交錯するものとなった。それがイギリスとアメリカの平和条約案の相違となって表れたことは、右でみたとおりである。その論理の摩擦は、講和会議の場でも表出した。

日本による戦争の講和である以上、アジア諸国の参加が重要視されたが、インドとビルマは不参加を表明した。アメリカとイギリスが対立したため、中国からは国民党政府と共産党政府のいずれも招聘されなかった。アジアから参加し条約に署名したのは、カンボジア、セイロン、インドネシア、フィリピン、ベトナムであった。会議には五二カ国が参加したが、社会主義圏から参加したソ連、ポーランド、チェコスロバキアは調印式を欠席し、九月八日に条約に署名したのは四九カ国であった。

アジア諸国との最大の争点は、賠償問題であった。賠償の請求権に関しては平和条約の第一四条が、以下のとおり定めた。

（a）日本国は、戦争中に生じさせた損害及び苦痛に対して、連合国に賠償を支払うべきことが承認される。しかし、また、存立可能な経済を維持すべきものとすれば、日本国の資源は、日本国がすべての前記の損害又は苦痛に対して完全な賠償を行い且つ同時に他の債務を履行するためには現在充分でないことが承認される。

よって、……日本国は、現在の領域が日本国軍隊によって占領され、且つ、日本国によって損害を与えられた連合国が希望するときは、生産、沈船引揚げその他の作業における日本人の役務を当該連合国の利用に供することによって、与えた損害を修復する費用をこれらの国に補償することに資するために、当該連合国とすみやかに交渉を開始するものとする。（略）

（b）この条約に別段の定がある場合を除き、連合国は、連合国のすべての賠償請求権、戦争の遂行中に日本国及びその国民がとった行動から生じた連合国及びその国民の他の請求権並びに占領の直接軍事費に関する連合国の請求権を放棄する。

つまり、基本的に連合国は賠償の請求権を放棄するが、戦争の被害を受けた連合国が希望する場合には、日本の役務による支払について交渉することができる、という内容である。

この条項に対するフィリピンとインドネシアの不満は大きかった。フィリピン代表のカルロス・ロムロ（Carlos P. Romulo）外相は、アジアで最も大きな惨禍を受けたフィリピンの国民の精神的傷は未だに癒されていないと述べ、

「われわれが許しと友情の手をさしのべる前にあなた方から精神的悔悟と再生の証拠を示してもらわねばならない」と訴えた。インドネシアの代表も演説のなかで、日本政府はインドネシアとの賠償協定を結ぶ意思があるのか、と問いかけた。しかし、九月八日の条約調印式では、参加国がアルファベット順に呼ばれるなか、両国とも躊躇なくペンをとった。

日本が日清戦争以降獲得した領域に関しては、第二条が以下のとおり定めた。

(a) 日本国は、朝鮮の独立を承認して、済州島、巨文島及び鬱陵島《うつりょうとう》を含む朝鮮に対するすべての権利、権原及び請求権を放棄する。

(b) 日本国は、台湾及び澎湖《ほうこ》諸島に対するすべての権利、権原及び請求権を放棄する。

(c) 日本国は、千島列島並びに日本国が千九百五年九月五日のポーツマス条約の結果として主権を獲得した樺太の一部及びこれに近接する諸島に対するすべての権利、権原及び請求権を放棄する。

朝鮮に関する項目に竹島(独島)の記載がないことが、後の日韓の領土紛争を複雑化させるひとつの要因となった。台湾に関する記述は一九四三年のカイロ宣言およびそれに言及したポツダム宣言第八項に基づいており、一九七二年の日中国交正常化の際に争点として浮上する。千島列島等に関する規定は、ヤルタ秘密協定に基づいて米英がソ連に約束したものであり、後に日ソ間の北方領土問題を複雑化させた。

続いて第三条が、アメリカによる沖縄と小笠原諸島の領有に関して、次のようにうたった。

日本国は、北緯二十九度以南の南西諸島(琉球諸島及び大東諸島を含む。)孀婦岩《そうふがん》の南の南方諸島(小笠原群島、西之島及び火山列島を含む。)並びに沖の鳥島及び南鳥島を合衆国を唯一の施政権者とする信託統治制度の下におくこととする国際連合に対する合衆国のいかなる提案にも同意する。このような提案が行われ且つ可決されるまで、合衆国は、領水を含むこれらの諸島の領域及び住民に対して、行政、立法及び司法上の権力の全部及び一部を行使する権利を有するものとする。

この時期、アメリカの軍部が望んだ信託統治が実現する可能性はほとんどなくなっていた。ただ、この時期には沖縄の米軍基地はアメリカの冷戦戦略に明確に組み込まれており、その後約二〇年間アメリカによる沖縄と小笠原諸島の領有が続くこととなった。しかし、アメリカに「行政、立法及び司法上の権力の全部及び一部を行使する権利」があるとうたったことは、アメリカの領有が続く間も日本にそれら以外の「残存主権」があることを認めたものであった。

日本の「安全」に関しては、以下の二つの規定が、日米安全保障条約に正当性を与えることとなった。

第五条

(c) 連合国としては、日本国が主権国として国際連合憲章第五十一条に掲げる個別的又は集団的自衛の固有の権利を有すること及び日本国が集団的安全保障取極を自発的に締結することができることを承認する。

第六条

(a) 連合国のすべての占領軍は、この条約の効力発生の後なるべくすみやかに、且つ、いかなる場合にもその後九十日以内に、日本国から撤退しなければならない。但し、この規定は、一又は二以上の連合国を一方とし、日本国を他方として双方の間に締結された若しくは締結される二国間若しくは多数国間の協定に基く、又はその結果としての外国軍隊の日本国の領域における駐とん又は駐留を妨げるものではない。

この規定を裏づけとして、一九五一年九月八日、サンフランシスコ平和条約に調印した吉田は、第六兵団駐屯地に場所を移し、ひとりで「日本国とアメリカ合衆国との間の安全保障条約」に署名するのである。

(2) 日米安全保障条約(旧)

「バンデンバーグ決議」と片務性

アメリカ政府内では、一九四八年春から、翌一九四九年四月に調印される北大西洋条約に関する議論が起きていた。その過程で、一九四八年六月一一日、アーサー・バンデンバーグ(Arthur H. Vandenberg)上院外交委員長のもとで、通称「バンデンバーグ決議」(上院決議二三九)が採択された。それは、アメリカが集団的自衛の仕組みに加わるに際して国連憲章に準ずることの重要性を強調した決議であった。そのために六つの目的を掲げ、その三番目で「持続的で効果的な自助と相互援助に基づき、かつアメリカの国家安全保障に資するような地域的およびその他の集団的仕組みとの提携」を挙げた。

朝鮮戦争後アメリカは、対日講和に向けて本格的に動き出すとともに、日米安全保障条約締結に至る交渉過程で、「バンデンバーグ決議」のこの項目を持ち出すようになった。すなわち、日本との集団的自衛の関係に入るにあたり、日本に自助も相互援助も行う態勢が整っていないことを問題視したのである。

その結果、アメリカが日本防衛に明確にコミットすべきという日本の要求は受け入れられなかった。日本は、日米両国が国連憲章第五一条による集団的自衛の関係にあるとの前提で、日本を守ることは太平洋地域とアメリカを守ることであるという論理を立て、米軍の日本駐留を正当化しようとした。しかし、自助努力も共同防衛もなし得ない日本とは、対等の集団的自衛の関係に入れないというのが、「バンデンバーグ決議」を盾にしたアメリカの主張であった。

日米安全保障条約の前文は、「自衛権を行使する有効な手段をもたない」日本が、「防衛のための暫定措置として」「日本国内及びその附近にアメリカ合衆国がその軍隊を維持することを希望する」と記した。そして、アメリカは「現在、若干の自国軍隊を日本国内及びその附近に維持する意思がある」と、日本の希望を受け入れるとともに、日本が「直接及び間接の侵略に対する自国の防衛のため漸増的に自ら責任を負うことを期待する」と述べた。

すなわち、日米安全保障条約は、日本の自助努力の欠如を前提にした、事実上の基地協定だったといえる。そのことは、以下の第四条の文意にも明らかであった。

この条約は、国際連合又はその他による日本区域における国際の平和と安全の維持のため充分な定をする国際連合の措置又はこれに代る個別的若しくは集団的の安全保障措置が効力を生じたと日本国及びアメリカ合衆国の政府が認めた時はいつでも効力を失うものとする。

すなわち、「日本区域における」「個別的若しくは集団的の安全保障措置」とは、実質的には、日本が十分な自衛力を備えた上での日米間の相互性を備えた集団的自衛の仕組みを指すと読むことができる。そのときには、事実上の基地協定である片務的な現条約は効力を失うということである。そこには、日本の自衛力整備（そして可能であれば憲法九条の改正）が片務性解消の条件であるとの論理が示されていた。

吉田茂が、早期独立を獲得するために憲法九条を受け入れながら、独立後の日本は軍隊を持つことになるという見通しを持っていたことは前述したとおりである。すると、国内の反対を覚悟してひとり日米安全保障条約に署名したときの心境も、同様の見通しに支えられていたものと考えられる。まさに日米安全保障条約には、日本が再軍備した際には失効するという論理が内在していたのである。

沖縄への含意と極東条項

さらに日米安全保障条約第四条からは、沖縄に関する重要な含意を読み取ることができる。そもそも「日本区域」とは、沖縄の扱いをめぐる交渉のなかで「日本本土」と区別されて使われるようになった用語であった。すなわち、「日本区域」とはアメリカが領有することになった沖縄や小笠原諸島を含む地理的概念であり、その表現には沖縄や小笠原諸島に対する日本の「残存主権」を認める意味合いが込められていたのである。

したがって、第四条のいう「日本区域」における効果的な安全保障措置は、沖縄にまで及ぶことが想定されていた。そこには、日本が十分な防衛力を備えアメリカとの対等な相互安全保障関係に入ることによって、沖縄の返還も可能になるという論理が潜んでいたのである。こうして日米安全保障条約には、条約自体が暫定的なものであったのと同じ意味で、アメリカによる沖縄保有も永遠のものではないということが示唆されていた。

さらに日米安全保障条約には、在日米軍が「極東における国際の平和と安全の維持に寄与」するという、いわゆる「極東条項」が存在した。アメリカが、それまでの協議にはなかった「極東条項」を日本に提案したのは、朝鮮戦争の休戦会談が始まり（一九五一年七月一〇日）、対日平和条約案が提示された（七月一二日）直後の七月三〇日であった。つまり、対日講和に向けてアメリカの態勢が整ったなかでの新たな提案であった。それは、沖縄の本格的確保も視野に入れた、講和後のアメリカの極東戦略を示すものであったといえる。日本政府はこの条項を受け入れ、八月二〇日に日米安全保障条約の最終案文が確定した。

一九五一年九月八日に吉田が署名し、翌一九五二年四月二八日に発効した「日本国とアメリカ合衆国との間の安全保障条約」の第一条は、以下のとおりアメリカの権利を規定した。


平和条約及びこの条約の効力発生と同時に、アメリカ合衆国の陸軍、空軍及び海軍を日本国内及びその附近に配備する権利を、日本国は、許与し、アメリカ合衆国は、これを受諾する。この軍隊は、極東における国際の平和と安全の維持に寄与し、並びに、一又は二以上の外部の国による教唆又は干渉によって引き起された日本国における大規模の内乱及び騒じょうを鎮圧するため日本国政府の明示の要請に応じて与えられる援助を含めて、外部からの武力攻撃に対する日本国の安全に寄与するために使用することができる。


こうして調印された日米安全保障条約において、対日防衛義務の規定が不在で、内乱への介入が正当化されている点は、後に吉田に対抗する鳩山一郎や岸信介《のぶすけ》による条約改正への欲求を高めた。条約に期限の規定がないことも問題とされたが、条約の失効条件を規定した第四条は、日本が十分な再軍備をすれば条約は発展的に解消されることを定めていた。そのためにも憲法九条の改正が必要なことは、論理的には明らかであった。

しかしその後、憲法改正がタブー視されていくなかで、歴代政府は、憲法九条には触れずに日米関係の「対等化」

を求めるという、当初は想定されていなかった、容易ではない外交課題を背負うこととなる（第三章）。

三　中国の「喪失」と対中外交

（1）国民党政府の選択

吉田書簡（一九五一年）

アメリカとイギリスが、ダレスとハーバート・モリソン（Herbert S. Morrison）外相の間で、サンフランシスコ講和会議にはいずれの中国代表をも招聘しないとの了解を交わしたのは、一九五一年六月一九日であった。吉田茂は、対中関係に関する選択肢はできるだけ柔軟に保っておきたいと考えていたが、英米の対立には困惑した。吉田は、ソ連と中国の文明や国民性は相容れず、中ソ離間は可能であると考えていたが、アメリカの意向に反して共産中国を承認する意図はなかった。しかし、性急に国民党政府（以下、国府とも表記）との平和条約を結ぶことにも慎重だった。また、戦後日本の経済復興の観点から、中国市場が持つ意味が決定的に大きいことも自明だった。

しかしアメリカは、吉田および日本政府のどっちつかずにみえる中国政策に懸念を深めた。アメリカ上院では、日本の中国政策にサンフランシスコ平和条約の批准問題をからめる動きが顕在化していた。そこでダレスは、有力な上院議員二名をともなって、一九五一年一二月に来日した。懸案はもっぱら中国問題であった。

吉田はダレスに対して、国民党政府と交渉を開始する用意はあるが、二国間の平和条約については中国問題が国際的に解決するまで待ちたい旨を主張した。しかしダレスの姿勢は頑なで、サンフランシスコ平和条約の批准をめぐる上院の空気が「必ずしも楽観を許さない」ことを強調した。そしてダレスは、吉田との会談および事務方のやりとりを経て、ダレス自らに宛てた書簡案を起草し、一二月一八日の会談で、署名の後アメリカ側に送付するよう吉田に要請した。そして、その後若干の調整を経た「吉田書簡」が、一二月二四日付でダレス宛に送付された。

吉田書簡は、日本が国民党政府を選択する意思を、以下のとおり述べた。

わが政府は、法律的に可能となり次第、中国国民政府が希望するならば、これとの間に、かの多数国間平和条約に示された諸原則に従って両政府の間に正常な関係を再開する条約を締結する用意があります。この二国間条約の条項は、中華民国に関しては、中華民国国民政府の支配下に現にあり又は今後入るべきすべての領域に適用があるものであります。

そして書簡は、「わたくしは、日本政府が中国の共産政権と二国間条約を締結する意図を有しないことを確信することができます」という一文で締めくくられていた。

こうして、朝鮮戦争を契機として米中対立が決定的になるなかで、アメリカは台北を臨時の首都と定めた中華民国政府を擁護することとなり、日本も歩調を合わせた。一九五三年七月二七日に朝鮮戦争休戦協定が結ばれると、アメリカは、同年一〇月に韓国との間で米韓相互防衛条約を、一九五四年一二月には国府と米華相互防衛条約を締結した。戦後日本のアジア外交は、こうしてアジアが引き裂かれるなかで船出をすることとなったのである。

日華平和条約の締結

日本は、サンフランシスコ平和条約が発効した一九五二年四月二八日、すなわち占領期から独立を果たしたその日に、中華民国政府との間で日華平和条約に調印した。サンフランシスコ平和条約は、アメリカ時間午前九時三〇分(日本時間夜一〇時三〇分)に、アチソン国務長官が国務省法律顧問に条約批准書を寄託したときに、その発効が宣言された。日華平和条約は、その六時間ほど前に台北で調印されたのである。

そこには、サンフランシスコ平和条約によって日本との講和条件が制約されることを嫌った国府の意向があった。サンフランシスコ平和条約の第二六条は、日本は「この条約の署名国でないものと、この条約に定めるところと同一の又は実質的に同一の条件で二国間の平和条約を締結する用意を有す」と定めていた。一九五〇年一月に中華人民共和国政府を承認していたイギリスとアメリカの対立により、サンフランシスコ講和会議に中国の代表は参加しておらず、講和後どちらの中国政府と交渉するかは日本の選択とされていた。既述のとおり、サンフランシスコ平和条約で日本に賠償義務があることが定められたが、存立可能な経済を維持するためには、日本の資源は完全な賠償を行うには充分でないことも明記されていた。右に述べた経緯で日本は国府との平和条約交渉を行うのであるが、その際に国府はサンフランシスコ平和条約の規定からは自由でありたいと願ったのである。

日華平和条約は、第一条で「日本と中華民国との間の戦争状態」の終了をうたい、第二条で日本は「台湾及び澎湖諸島並びに新南群島及び西沙群島に対するすべての権利、権原及び請求権を放棄」した。また、戦争補償に関しては、日華平和条約と並行して締結された議定書において、中華民国が、サンフランシスコ平和条約が定めた役務による補償を、「日本国民に対する寛厚と善意の表徴として、……自発的に放棄」することがうたわれた。

ちなみに、中華民国は日中戦争の最中から調査を行い、対日賠償請求の金額を算出していた。それを日華平和条約で「自発的に放棄」した背景には、国際法的にはサンフランシスコ平和条約との整合性、戦略的には国府の対米関係の重視、そして対日外交上の配慮という三つの側面があった。蒋介石による寛大な対日配慮として知られる「以徳報怨」は、一九五〇年代終盤以降日華関係が悪化した際に、国府側が政治的スローガンとして流布させ始めたものであった。

（2）共産中国との関係

日中民間貿易の開始

国府と平和条約を結び外交関係を樹立した後の日本政府の共産中国（以下、中国とも表記）との外交は、政治と経済を分ける「政経分離」の原則で展開した。具体的には、アメリカと国府との政治的関係を害さない範囲で、貿易関係（および人的、文化的交流）を構築しようとするものである。日本政府が事実上北京政府を中国を代表する正統政府とみなすことになる措置はとれなかったので、民間や政府を代表しない準政府的なアクターによる（およびそれを通した中国の）働きかけに、日本政府がどう対応するのかが課題であり争点だった。

中国との間の最初の民間貿易協定は、一九五二年六月一日に締結された。そのきっかけは、一九五二年四月に開催されたモスクワ国際経済会議への招待状が数名の日本の政治家と経済人に届いたことであった。しかし、日本政府はそのためのパスポートの発行を拒否した。結局は野党系議員三名（高良《こうら》とみ、帆足計《ほあしけい》、宮腰喜助《きすけ》）が、第三国経由でモスクワそして北京に入り、貿易協定の交渉にのぞんだ。協定には、右の三名が、それぞれモスクワ国際経済会議日本代表、日中貿易促進会代表、日中貿易促進議員連盟理事として署名した。貿易形式は、バーター方式、すなわち物々交換であった。

一九五三年九月三〇日に、日本自由党の池田正之輔《まさのすけ》を代表とする日中貿易促進議員連盟が訪中すると、中国側は突如として第二次日中民間貿易協定の締結を提案してきた。池田は副団長として代表団に加わっていた帆足計に交渉を一任し、一〇月二九日に第二次日中民間貿易協定がまとまり池田が署名した。一次協定と同様バーター取引であったが、付属覚書で日中両国に貿易代表機関を設立する旨がうたわれ、日本政府の対応をうながすことになった。

そうしたなか、一九五四年九月に、中国をはじめとする共産圏との貿易促進を目的として、財界の有力者を中核とする日本国際貿易促進協会（国貿促）が設立され、会長には大阪商船会長の村田省蔵が就任した。村田は、さっそく翌一九五五年一月に訪中し、周恩来とも四時間以上に及ぶ会談を行った。そして、中国国際貿易促進委員会との間で、第三次日中民間貿易協定の締結交渉を東京で行うこと、日中物産展を開催すること、相互に貿易代表部を設置するよう努力すること等について合意した。

一九五四年一二月に組閣したばかりの鳩山一郎内閣は、中国代表団の訪日を認めた。三月末に来日した中国国際貿易促進委員会の代表団は、日本国際貿易促進協会および日中貿易促進議員連盟との間で、一九五五年五月四日、第三次日中民間貿易協定に調印した。そこには、従来にはないいくつかの新しい合意内容があった。

まず、バーター取引が姿を消し、日本銀行と中国人民銀行の間で支払い協定を締結する旨がうたわれ、協定締結までは英ポンドによる現金決済とされた。中央銀行間の支払い協定締結が実現する可能性はなかったが、明らかに日本政府に対する政治的圧力であった。また、両国が相手国において見本市を開催することで合意され、一〇月と一二月に東京と大阪で開かれた中国商品展覧会には合計二〇〇万人近くが訪れた。翌一九五六年一〇月に北京で開催された日本商品博覧会にも、一二〇万人が詰めかけた。

さらに第三次日中民間貿易協定は、相手国の首都に常駐の通商代表部を設置し、代表部と駐在員には「外交官待遇としての権利」が与えられるよう、双方が努力することをうたった。この合意も、日本政府の許容範囲を超えていた。それでも鳩山首相は、協定調印に先立つ四月二七日の池田正之輔との会談で、日中民間貿易協定に対して「支持と協力を与える」旨を口頭で伝え、その内容が池田と村田省蔵による連名の書簡で中国側に伝達された。

当時日中貿易に対して、日本政府のなかでもとりわけ通商産業省（通産省）が積極的であった。そもそも日本政府は、日中貿易に反体制的な人々を含め複数の民間団体が関与していることを快くは思っていなかった。そこで日中貿易が活発になると、通産省が日中貿易の窓口の一本化を図ろうとした。そこで既存の団体を吸収することも目論んで、一九五五年一一月に、外郭団体として日中輸出入組合を設立した。しかし、当然ながらその動きを中国側は歓迎せず、日中輸出入組合は、他の貿易団体と対等の地位に置かれることになった。

吉田の親米主義に対抗する意欲を示していた鳩山にとって、ソ連や中国との関係改善は、「対米自主」の意味合いを持つ重要な外交課題であった。しかし、一九五五年一月に、鳩山が進めようとしていた日ソ国交回復に反対することは困難だが、現状での日本の中国承認には反対するとするアメリカの方針が伝わったこともあり、鳩山は中国よりもソ連との国交正常化に努力を傾けることとなる（第三章）。

中国の対日攻勢

この時期、中国が政治的な対日攻勢を仕掛けてきた背景には、一九五四年一二月の吉田茂内閣の退陣と中国に対して柔軟であると思われていた鳩山内閣の誕生という機をとらえて、中国が新たな対日方針を打ち出したことがあった。一九五五年三月一日に中国共産党中央委員会直属の対外連絡部で「対日政策と対日活動に関する方針と計画」が決定され、「外交関係の正常化」を目的に「日本政府に中国政策の変更を迫る」という基本方針が定められた。具体的には、中日貿易、漁業問題、文化友好往来、両国議員の往来、中国残留日本人と戦犯問題、両国関係の正常化問題、世論工作、という七つの活動計画が立てられた。

事実、一九五〇年代後半には、以上の領域において、中国からの対日攻勢が立て続けに起き、両国関係は外交関係が不在であるにもかかわらずきわめて活発な展開をみせた。それらの活動を展開するにあたり、中国は、日本の「少数の軍国主義者」と「多数の人民」を区別し、「日本人民」との友好関係を積み上げることにより「政府」への圧力を強めていくというアプローチをとった。実際に、中国との関係促進に力を入れた日本人の多くは、保守や革新、財界や中小企業を問わずに、中国への侵略戦争に対する贖罪意識に突き動かされていた。

鳩山が日ソ国交回復を花道に一九五六年一二月に退陣すると、日中積極論者である石橋湛山が首相に就任した。石橋は、「政経分離」を政府の公式の方針として打ち出し、日中経済関係を積極的に拡大する意向を示した。しかし、健康問題によりわずか二カ月で辞任し、一九五七年二月に岸信介内閣が誕生した。岸は、首相として戦後はじめて東南アジアを訪問し、その帰途、六月二日に台湾にも立ち寄った。

反共イメージの強い岸ではあったが、岸の使命感は、憲法改正によって占領体制を修正し、「独立の完成」を果たすことにあった。そのためには国会で多数が必要であり、対中外交もその政治目的から割り出されたところがあった。そして、石橋内閣の「政経分離」を踏襲し、日中貿易を推進する姿勢を示した。岸内閣は、対中禁輸品目をソ連東欧圏と同水準にまで緩和し、通商代表部問題についても前向きに検討を始めた。

しかし、岸が台湾を訪問し、しかも蔣介石との会談で「大陸の自由回復」を支持したことは、中国を強く刺激した。一九五七年九月に新たな貿易協定交渉のために訪中した代表団は、中国の強硬な政治的要求の前に、交渉妥結を断念して帰国した。最大の障害は、通商代表部の性格、および国旗掲揚の問題であった。日本政府としては、その措置が共産中国の承認と解釈されないことが重要であり、中国側との溝は深かった。

それでも、日本政府の方針を確認した上で、池田正之輔を団長とする交渉団は、一九五八年二月末に再び北京に向かった。結局、無協定状態は避けたいという思いから、日本側がほぼ中国側に譲歩する形で、一九五八年三月五日に第四次日中民間貿易協定が調印された。同協定は、通商代表部およびその所属員の安全保障、旅行の自由、国旗掲揚の権利等を具体的に要求した。そして、協定に調印した日本国際貿易促進協会、日中貿易促進議員連盟、日中輸出入組合、および中国国際貿易促進委員会が、両国政府に対して、日中貿易の政府間交渉と貿易協定の締結を働きかけることもうたわれた。

それに対して岸内閣は、四月九日に、「わが国国内諸法令の範囲内で、かつ政府を承認していないことにもとづき、……支持と協力を与える」との書簡を日本側三団体に対して送付した。その同日、愛知揆一《きいち》官房長官が、通商代表部の設置は事実上の中国承認となることはなく、「中共のいわゆる国旗を民間通商代表部に掲げることを権利として認めることはできない」とする声明を発表した。

一九五八年五月二日に、長崎市のデパートで開催中の中国展覧会場で日本の青年が中国国旗を引きずり下ろした事件（長崎国旗事件）が起きると、中国は、軽犯罪として処理した岸内閣の対応への不満を理由に、その後二年半にわたって日中貿易を全面的に断絶した。

四　賠償とアジア外交

（1）日韓交渉の始まり

韓国の対日請求権問題

日本から解放された朝鮮には、三八度線をはさんで北にソ連軍、南に米軍が進駐した。当時は冷戦発生以前であり、一九四五年八月前半に朝鮮半島の三八度線まで達したソ連は、八月一五日の日本降伏後、九月上旬に米軍が三八度線以南に上陸するのを待った。

トルーマン大統領は、賠償問題担当の責任者として、石油で成功した実業家のエドウィン・ポーレー（Edwin W. Pauley）を指名した。ポーレー使節団は、第一回目の極東調査を一九四五年一一月はじめから一二月半ばまで行い、南朝鮮に軍政を敷く米軍政庁とも協議した。その結果、一二月の米軍政令第三三号により南朝鮮に残る日本財産の米軍政庁への移転処分が行われ、一九四八年に成立した大韓民国へ引き渡された。

その後講和に向かう過程で、賠償に関する規定が修正されていったことは、右でみたとおりである。サンフランシスコ平和条約は、第一四条と第一五条で、自国における日本財産および日本国内にある自国財産に対する連合国の請求権を認めていた。したがって韓国にとって、韓国が希望した戦争賠償までは無理にしても、財産の請求権問題のためにも、韓国が対日講和会議に参加できるかどうかはきわめて重要であった。

アメリカも一時期韓国の講和参加の可能性を検討し、日本政府とも相談したが、結局韓国は招かれないこととなった。そして、一九五一年七月に公表された平和条約案の第四条には、請求権問題を日本と韓国の間の「特別取極の主題とする」という規定が盛り込まれていた。事実上、アメリカに様々に働きかけてきた韓国に対する配慮であった。それに対して日本政府は、第四条に請求権を相殺する規定を設けるよう要請したが、叶わなかった。韓国も日本も、自国の望みに沿って平和条約で請求権問題に決着をつけようとしていたものを、アメリカは講和後の両国の交渉に委ねたのである。

以上を背景として、サンフランシスコ平和条約調印の翌月、ＧＨＱの仲介により一九五一年一〇月に日韓予備会談が東京で開催された。韓国側の冒頭発言は、日本の植民地統治に対する厳しい批判に満ちたものだった。戸惑った日本側は、会談の目的を再検討するために休会を申し出た。しかし、ＧＨＱ外交局長のウィリアム・シーボルト（William J. Sebald）の仲介もあり、国交正常化問題、請求権問題、李承晩ライン（竹島／独島問題）と漁業問題、在日韓国人問題、文化財引き渡し問題等にひととおり触れて、本格的協議は本会談に引き継がれることとなった。

李承晩ラインと竹島問題

日韓国交正常化交渉において、請求権問題に加えて、日韓がなかなか折り合いをつけられなかった困難な問題は、竹島（韓国名、独島《ドクト》。以下、竹島）を取り込んだ李承晩ラインの設定に端を発する領土問題、およびそれと密接に関連した漁業問題であった。問題を複雑化させた背景には、占領中のアメリカの指令の曖昧さもあった。

まず一九四六年一月、連合国総司令部覚書（SCAPIN）六七七号は、日本が政治上・行政上の権力を行使し得る地域に「含まない」地域として、鬱陵島や済州島、伊豆諸島、小笠原群島等に加え、竹島も列挙した。しかしそれは、権力行使の暫定的停止指令であり、同時に、「この指令中のいかなる規定も、ポツダム宣言の第八項に述べられている諸小島の最終的決定に関する連合国の政策を示すものと解釈されてはならない」と明記されていた。

続いて、一九四六年六月のSCAPIN一〇三三号は、日本の漁業および捕鯨許可区域を指定したいわゆる「マッカーサー・ライン」（一九四五年九月設定）を拡大し、「日本船舶又はその乗組員は竹島から一二マイル以内に近づいてはならず、またこの島との一切の接触は許されない」と明記した。しかしここでも、「この許可は、当該区域又はその他のいかなる区域に関しても、国家統治権、国境線又は漁業権についての最終的決定に関する連合国の政策の表明ではない」と付記されていた。

一九五一年七月、韓国はアメリカに対してサンフランシスコ平和条約での「マッカーサー・ライン」の継続確約を要請したが、アメリカ政府は平和条約発効後「マッカーサー・ライン」は効力を失う旨を回答した。すると一九五二年一月、韓国の李承晩大統領は、「大韓民国隣接海洋の主権に対する大統領の宣言」を発表し、韓国と周辺国との間の主権水域を区分する海洋境界線、いわゆる「李承晩ライン」を設定し、そこに竹島を取り込んだ。

アメリカ政府は、平和条約発効三日前の一九五二年四月二五日に「マッカーサー・ライン」の廃止を指令し、四月二八日の平和条約発効をもって右のSCAPIN指令も効力を失った。サンフランシスコ平和条約第二条（a）は、「日本国は、朝鮮の独立を承認して、済州島、巨文島及び鬱陵島を含む朝鮮に対するすべての権利、権原及び請求権を放棄する」と述べ、そこに竹島への言及はなかった。

以上の経緯から、国際法的に日本の立場の優位性を確信する日本政府は、一九五四年九月に竹島の領有権に関する紛争を国際司法裁判所（ICJ）に付託することを韓国に提案し、一九六二年三月の日韓外相会談の際にも同様の提案を行ったが、いずれも韓国側は拒否した。

ちなみに、韓国の立場の原点には、そもそも一九〇五年の明治政府による竹島の島根県への編入が朝鮮植民地化の事実上の第一歩であり、その意味で不当であるという歴史認識がある。日本政府は、竹島編入の過程を当時の国際法と国際政治の現実に照らし合わせて正当であるとの主張に立っており、その意味で竹島問題には歴史認識問題の側面が色濃く反映されている。それは、請求権問題にも影を落とし、日韓国交正常化交渉を長引かせた本質的な要因でもあった。

日韓国交正常化交渉――第一次〜第五次会談

右で述べた予備交渉を経て一九五二年二月に開催された第一次日韓会談では、さっそく日韓の相互不信が表面化した。日本側は、日本にも請求権があると主張し、植民地時代の日本人財産の返還を要求した。植民地支配はそもそも不法であり無効であるとの立場に立つ韓国側は、猛烈に反発した。一九五一年一月に設定された李承晩ラインをめぐっても日韓の主張は平行線をたどり、四月二五日に第一次会談は決裂した。

一九五三年一月、マーク・クラーク（Mark W. Clark）国連軍司令官の招聘により李承晩大統領が来日し吉田茂首相と会談した。クラークとともにロバート・マーフィー（Robert Murphy）駐日アメリカ大使も同席した会談は、日韓の反共協力も主要な話題となり比較的友好的に進んだ。その後、アメリカ側の進言もあり、日本側から再開を申し出るという形で、四月に第二次日韓会談が再開された。しかしそれも、日韓の溝に絶望するばかりであった日本側の提案により、七月二三日に休会となった。

その直後の七月二七日に朝鮮戦争の休戦協定が締結されると、李承晩ライン付近での日本漁船の活動も活発化し、韓国による日本漁船・漁民の拿捕が相次いだ。そうしたなかで一〇月六日に再開された第三次日韓会談は、相変わらず非難の応酬に終始した。とりわけ、一〇月一五日の久保田貫一郎首席代表による、朝鮮総督の統治が韓国に一定の利益をもたらしたとする発言に、韓国側が文字通り激昂した。一〇月二七日の参議院水産委員会での久保田自身の説明によると、いわゆる「久保田発言」の文脈と内容は以下のようなものであった。久保田は、日本が対韓請求権を主張するのがわかっていれば、韓国は植民地統治の賠償を要求したのではないかと述べ、続いて次のように論じた。

そこで私どもとしましては韓国側がそういうふうな朝鮮総督政治に対する賠償というふうな、それほど政治的な要求をいたさなかったことは賢明であったと思う、若し韓国側のほうでそういう要求を出しておったなれば、日本側のほうでは総督政治のよかった面、例えば禿山が緑の山に変った。鉄道が敷かれた。港湾が築かれた、又米田……米を作る米田が非常に殖えたというふうなことを反対し要求しまして、韓国側の要求と相殺したであろうと答えたわけでございます。

つまり、日本の対韓請求権をめぐる対立のなかの、一種の売り言葉に買い言葉のやりとりであった。韓国側は久保田の発言の撤回を求め、久保田がそれを拒否し、一〇月二一日に日韓会談は再び決裂し、四年間の中断期を迎えた。その後日韓国交正常化交渉は、一九五七年二月の岸信介内閣の誕生とともに再び動き出した。その間の中断期においても、岸の側近の石井光次郎《みつじろう》や矢次《やつぎ》一夫を通した日韓の非公式の接触が続いていた。岸は、四月三〇日の衆議院予算委員会で、久保田発言を撤回し、財産請求権は従来の解釈にとらわれないとする柔軟な方針を表明し、五月から日韓会談再開のための予備交渉が始まった。その結果、一九五七年一二月三一日付の日韓共同発表で、韓国に抑留されている日本人漁夫の送還、久保田発言の撤回、日本の対韓請求権主張の撤回がうたわれ、日韓会談が一九五八年三月一日に再開されることが発表された。

しかしその後、日本にいる朝鮮人の北朝鮮への送還問題で日韓対立が深まり、第四次日韓会談の開催は四月一五日にずれ込んだ。第四次日韓会談は、引き続き、日本の入国者収容所に収容されている朝鮮人の送還問題、および朝鮮総連による一般朝鮮人の北朝鮮への帰国運動をめぐり難航した。それに加え、一〇月からは漁業委員会での交渉が始まり、李承晩ラインをめぐる対立も繰り返された。そうしたなか岸内閣は、一九五九年二月、北朝鮮への帰国事業の実施を閣議決定し、八月にカルカッタにおいて日本と北朝鮮の間で帰国協定が調印された。

膠着状態に陥った第四次日韓会談は、一九六〇年四月一五日の会談をもって幕を閉じた。三月一五日に行われた大統領選挙の不正に反発した民衆デモが拡大し、最も大規模なデモが発生した四月一九日を経て、二六日に李承晩が辞任したのである（四月革命）。そして、八月一九日に議員内閣制のもと首相に就任した張勉《チャンミョン》による内閣が発足した。

張勉内閣は日韓交渉に前向きの姿勢を示し、一九六〇年七月一九日に発足した池田内閣との間で、一〇月二五日に第五次日韓会談がスタートし、専門家会議で文化財返還問題等が議論された。しかし、一九六一年五月一六日に朴《パク》正熙《チョンヒ》による軍事クーデタが発生し、再び日韓会談は中断されることとなる。

(2) 賠償から援助へ

賠償によるアジア復帰

前述のとおり、日本との講和にあたり戦争賠償を課さないとするアメリカの方針は、戦争被害の甚大だったアジア諸国の反発を招き、賠償問題は講和後の日本との二国間交渉に委ねられることとなった。当時の日本社会では、日本の東南アジアでの戦争は植民地を「解放」する戦いだったというイデオロギー色の強い記憶が鮮明で、アジア諸国への賠償に後ろ向きの空気が強かった。日本政府にも、謝罪や反省の表明というよりは、賠償を日本の東南アジア復帰への足掛かりにしようとする発想が強かった。

そうした日本の姿勢は、当然ながら東南アジア諸国の反発を招き、賠償交渉を長引かせる一因となった。賠償額の見積もりをめぐる開きも、交渉難航の重要な要因であった。吉田内閣は、一九五三年一〇月の閣議決定で、日本の支払い能力をGNPの一%、総額五億ドルに設定した。内訳は、フィリピン、インドネシア、ビルマへの賠償が四対二対一の比率とされ、それぞれ二億五〇〇〇万ドル、一億二五〇〇万ドル、六〇〇〇万ドルに設定された。それに対して、フィリピンの当初の要求額は八〇億ドルであった。

フィリピンは、国内の強い反日感情への配慮もあって、サンフランシスコ平和条約に調印したものの、賠償交渉が妥結した後に平和条約を批准するという方針で対日交渉にのぞんだ。一九五二年一月から始まった交渉は難航し、アメリカの説得もありいったんは一九五四年に四億ドルで合意が成立したものの、その後フィリピン上院が難色を示した。再交渉の結果、一九五六年に、二〇年間で五億五〇〇〇万ドル、さらに経済協力として二〇年分割の借款二億五〇〇〇万ドル、総額八億ドルで決着した。賠償を役務だけで提供するのは無理であり、船舶供与等の物資賠償が中心となった。

インドネシアはサンフランシスコ平和条約への不満が強く、条約を批准しなかった。賠償交渉は、フィリピンより早く一九五一年一二月から始まった。インドネシアの賠償要求額は、一七五億ドルから始まった。一九五五年のバンドン会議の際には一〇億ドルまで要求は下がったが、フィリピンとの交渉が妥結すると、同額の八億ドルを要求するようになった。結局、一九五七年の岸信介首相のインドネシア訪問時に、賠償として一二年払いの二億二三〇〇万ドル、経済協力として二〇年分割の借款四億ドル、焦げ付き債務の放棄一億八〇〇〇万ドル、総計でフィリピンとほぼ同額での妥結となった。インドネシアに対しても、船舶供与やダムやホテルの建設が中心となった。賠償・経済協力協定と同時に二国間平和条約も締結され、外交関係が樹立された。南ベトナムとは、一九五九年五月に、五年間三九〇〇万ドルの賠償、借款総計一六六〇万ドルで妥結した。

その間、サンフランシスコ講和会議に不参加のビルマとは一カ月で交渉がまとまり、一九五四年一一月に、一〇年二億ドルの賠償と一〇年五〇〇〇万ドルの経済協力を内容とする「賠償及び経済協力に関する協定」が締結され、支払いは役務と生産物とされた。ただ、同時に調印された「日本とビルマ連邦との間の平和条約」には、他国の賠償額によっては見直しを提起できる条項が含まれており、ビルマ政府は一九五九年に無償供与二億ドルを追加要求した。その後一九六二年の軍事クーデタで成立したネ・ウィン（Ne Win）政権との間で、一九六三年三月に無償一億四〇〇〇万ドルと有償三〇〇〇万ドルで決着し、「日本国とビルマ連邦との間の経済及び技術協力に関する協定」が締結された。

ラオス、カンボジア、インドは賠償請求を放棄した。日本はラオスとは一九五八年に無償援助一〇億円の経済協力協定、カンボジアとは一九五九年に同じく無償一五億円規模の協定を締結した。サンフランシスコ講和会議に参加しなかったインドとは、一九五二年六月に東京で日印平和条約が成立し、八月にニューデリーで批准書が交換され発効した。

戦争状態になかったタイとは、一九五五年に特別円処理協定を締結し、五四億円の支払いと九六億円を上限とする投資と信用供与でいったん合意がなされた。その後タイ政府が九六億円分についても無償供与を要求し、交渉は難航した。結局、一九六一年一一月にタイを訪れた際の池田勇人首相の決断により、八年九六億円分の無償供与を日本からの生産物・役務の調達にあてることで決着した。

開発援助の始動

以上のとおり、戦争賠償が基本的に役務や物品による支払いとされたことで、日本の東南アジアへの経済進出の礎となった。具体的には日本企業が、ダムやインフラ整備等日本政府の支出による賠償事業を請け負うことで、東南アジア進出の足掛かりを得ることになった。それは、日本の商社や企業間の激烈な競争を生み、現地政府の汚職の温床ともなった。さらに多くの賠償事業は、後に始まる日本の円借款事業のいわゆる「ひも付き」援助の先駆けでもあった。

もっとも、戦後賠償は役務中心とされたため、資金援助は例外的ケースにとどまった。もちろん、日本にはまだそれだけの資金力もなかった。しかし戦後の日本は、東南アジア開発への関与を足掛かりにして、再びアジアの舞台に復帰したいという願望を抱いていた。本格的対中外交の機会を奪われ、韓国との交渉も難航するなかで、東南アジアや南アジアの重要性が相対的に高まった。そのことで、日本の経済復興の道筋が描かれると同時に、東南アジアの経済成長と安定も期待されたのであった。

東南アジア諸国との賠償交渉と並行して、日本は、一九五一年に発足したコロンボ・プランに一九五四年に加盟した。コロンボ・プランは、イギリス、オーストラリア、ニュージーランド、インド、スリランカ、パキスタン等の英連邦の国々によって、英領マラヤを含め低開発の国々への資金協力や技術援助を行う目的で設立された。日本の加盟と同じころ、インドネシア、フィリピン、タイ等も加盟し、コロンボ・プランはアジアの広域をカバーする援助機関へと拡大していった。

日本は一九五五年に、外務省アジア局に賠償部とアジア経済協力室を設置し、同年から、コロンボ・プランの枠組みで研修生の受け入れや専門家の派遣といった技術援助を開始した。こうして、賠償の枠組みとは異なった日本の対外援助は、技術支援から始まった。さらに日本は、一九五八年にインドに対してはじめての円借款を供与し、本格的な政府開発援助（ODA）がスタートした。そして一九六一年に、円借款の実施機関として海外経済協力基金（OECF）が発足するのである。

ちなみに、一九五七年二月に首相の座に就いた岸信介は、六月の訪米を控えた五月に、最初の外遊として東南アジア諸国を歴訪した。その主要な目的は、「東南アジア開発基金」構想の可能性を探ることであった。それは、コロンボ・プランの参加国を対象として、アメリカからの拠出も得て低利・長期間の資金を供与しようとするものであった。岸は、そのことでアジアにおける日本の立場を強化し、その勢いでアメリカと対等に渡り合いたいと考えたのである。しかしながら、アメリカを含めアジア各国の反応は消極的で、結局構想の実現には至らなかった。

（3）バンドン会議と日本

平和十原則

日本が賠償と初期の経済援助を足掛かりにアジアへの復帰の道を歩み出すなか、一九五五年四月一八日～二四日にインドネシアのバンドンで、「アジア・アフリカ会議（バンドン会議）」が開催された。戦後一〇年が経ち、独立を獲得したアジア・アフリカ諸国はナショナリズムの高揚感に満ちており、戦後の世界における団結を演出しようとしたのである。

しかし、バンドン会議の背景には複雑な思惑が絡み合っていた。各国間の最も基本的な共通項は、植民地支配からの独立であり、植民地主義復活への反対であった。したがって、一九四七年八月にイギリスからの独立を果たしたインドや、日本敗戦後に旧宗主国のオランダとの独立戦争を経て一九四九年一二月に独立を獲得したインドネシアが、バンドン会議の招集で中心的役割を果たしたのは自然だった。

さらに、冷戦がアジアに波及するなかで、その流れに対抗して中立主義を保とうとすることでも、インドとインドネシアは共通の立場に立っていた。日本敗戦後のベトナムでは、旧宗主国フランスとベトミン（ベトナム独立同盟会）の間で戦闘が勃発していた（第一次インドシナ戦争）。一九五四年三月から五月にかけてのディエンビエンフーの戦いでフランスが壊滅的な敗北を喫すると、フランスの敗北が明白になっていった。そうした最中、一九五四年九月八日に、アメリカ、オーストラリア、フランス、イギリス、ニュージーランド、パキスタン、フィリピン、タイの八カ国が、マニラにおいて東南アジア集団防衛条約に調印し、反共軍事組織の色彩の強い東南アジア条約機構（SEATO）が結成された。こうして冷戦的な対立構造が東南アジアに押し寄せてきたことに、インドやインドネシアは危機感を募らせたのである。

バンドン会議のもうひとつの重要な背景は、中国の参加問題であった。中国の招聘については、一九五四年に中国との間で平和五原則を打ち立てたインドのジャワハルラール・ネルー（Jawaharlal Nehru）首相が熱心であった。平和五原則（領土・主権の相互尊重、相互不可侵、相互内政不干渉、平等互恵、平和共存）は、一九五四年四月に締結されたチベットとインドの通商関係に関する協定の前文にうたわれ、同年六月二五～二七日にニューデリーを訪問した周恩来とネルーによる共同声明で改めて確認された。

以上を背景として、一九五五年四月二四日に採択された「アジア・アフリカ会議最終コミュニケ」は、平和十原則を以下のとおりうたった。

一、基本的人権及び国際連合憲章の諸目的並びに諸原則の尊重
二、凡ての国家の主権並びに領土保全の尊重
三、凡ての人種の平等並びに大小を問わずすべての国家の平等の承認
四、他国の内政に対する不介入及び不干渉
五、国際連合憲章に則った各国家の単独のないし集団的自衛権の尊重
六、（a）いづれかの大国の特殊利益に奉仕するが如き集団防衛取極利用の回避

（b）いかなる国によるを問わず他国に対する圧力行使の回避
七、侵略行為ないしその脅威及び各国の領土保全ないし政治的独立に対する実力行使の控制
八、あらゆる国際紛争の国際連合憲章に則った交渉、和解、仲裁、司法的解決及びその他当事者の選択する平和的手段による解決
九、相互利益及び協力の促進
一〇、正義と国際義務の尊重

陰の主役、日本と中国

アジアやアフリカの新興独立国による国際会議に招かれた日本の立ち位置は微妙であった。当初日本は、招聘の対象ではなかった。右のとおり、インドのネルーにとっては中国の参加が重要であったが、インドとともにイギリス領から分離独立したパキスタンは、中国の招聘に強く反対した。そして、中国の参加が決まった際にパキスタンが日本の招聘を主張したのである。

こうして、一九五四年の末に、発足したばかりの鳩山一郎内閣のもとにバンドン会議への招聘状が届いた。中国を警戒するアメリカは、反共の立場から日本が会議で影響力を行使することを望み、重光葵外相も同調した。それに対して対米自主の意欲を持つ鳩山首相は、経済協力や文化交流に力点を置くことでアジア復帰の道筋をつけたいとの方針から、経済審議庁長官の高碕達之助を日本政府代表に選んだ。

高碕は、各国間の開発計画の調整や「アジア・アフリカ文化賞」の創設等を訴えたが、アジア・アフリカ諸国の協力関係は、反植民地主義や中立主義で結束を示すことはできても、実質的な多国間協力で合意できる段階には達していなかった。

そうしたなか、バンドン会議のひとつのハイライトは、陰の主役ともいえる日本と中国の指導者間の会談であった。日中間の事前の打ち合わせで、中国から参加していた周恩来と高碕がホテルのロビーで「偶然に」遭遇する場面が演

出され、そこで二人が正式に会談することが合意されたのである。その四日後に実現した会談で、高碕は、中国での戦争に関する謝罪とともに、日中貿易に対する思いを述べ、周恩来も好意的に返答した。こうして、一九六〇年代に日中貿易の拡大に取り組んだ高碕と周恩来のパイプができたのであった。

第三章

戦後体制の成立（1950年代〈2〉）

日米安保条約（新）に調印、会話を交わす日米政府首脳（1960年1月、ワシントン・ホワイトハウス）

一．自衛隊の誕生

（1）憲法と再軍備問題をめぐるねじれ

アメリカの論理と日本の動機

前章でみたとおり、片務的な日米安全保障条約には、日本が本格的に再軍備すれば駐留米軍の縮小・撤退が考慮され、条約も対等なものに発展するという論理が潜んでいた。そして、論理的には、そうした変化が完結するためには憲法九条の改正が必要であった。ただし、この日本再軍備と駐留米軍ないしは日米安全保障条約との関連は、アメリカの冷戦戦略からみた場合の、アメリカの論理に他ならなかった。

いうまでもなくその前提には、日本をアメリカの冷戦戦略上の重要な拠点としてとらえる視点が存在した。日米安全保障条約が事実上の基地提供協定といわれるのは、再軍備前の日本に対米協力のための軍事的手段がない状況で、アメリカが日本を拠点として東アジアの安全保障の任務を一手に担うことを意味していた。そうしたアメリカの論理からすれば、日本の再軍備問題は、本質的にはアメリカの冷戦戦略のもとでの日米間の軍事協力の問題であった。したがって、駐留米軍の縮小・撤退は、日本の再軍備と並行して日本の対米軍事協力の程度によって決まる問題であった。

他方、アメリカとの安全保障関係を屋台骨としつつ独立した戦後の日本に、日米安全保障関係に関するアメリカの戦略的視角を受容する自発的で明確な構想と意思があったかと問えば、答えは否だろう。戦後憲法の制定過程で第九条に「芦田修正」を施し、戦後日本に再軍備の可能性を残すことで重要な役割を果たした芦田均には、国際情勢を視野に入れつつ日本の選択を熟慮する国際主義があった。以下でみるように、芦田は日本の再軍備の過程で再び重要な役割を果たした。しかしながら、再軍備や憲法改正に注力した保守党の少なからぬ政治指導者は、日本の主体性や自立を重視する観点から、憲法九条の改正を唱え、駐留米軍の撤退を望んだ。

ところが、実際の日本の再軍備は、憲法九条を変えることなく進んだ。そして、実現した一定の再軍備は、憲法改正論者であった鳩山一郎の内閣により、憲法九条の枠内で自衛の手段として解釈され、正当化された。そしてその後、日米対等化のための鍵であった集団的自衛権の行使や集団安全保障への参加は、憲法九条の枠を超えるものとする解釈が定着する。

その結果、当初日本の為政者が望んだ日米安全保障関係の対等化は遠のき、日本の再軍備後も、片務的な関係がその基本的な構図として継続することとなった。鳩山内閣から岸信介内閣にかけて保守政治家が取り組んだ日米安全保障条約の改定は、日米対等化による片務性の解消を動機としていた。しかしながら、その結果改定された日米安全保障条約は、マクロにみれば片務的な基本構図をより制度化することとなったのである。

国内の対立構図

こうして実際には、日本の再軍備や憲法問題は、アメリカの冷戦戦略を基点とする枠組みのもとで展開した。アメリカの戦略や意向を前提にしなければ、そもそも日本の戦後設計は成立しなかった。しかしそのことは、当時日本の為政者や政治家が、日本の再軍備や憲法改正をアメリカの戦略への貢献という観点からとらえていたことを意味しなかった。それ以上に日本の政治勢力は、アメリカの冷戦戦略の受け止め方と、憲法や再軍備問題に関する姿勢をめぐって分裂していた。

立場と主張が最も明瞭だったのは、護憲の立場から再軍備と日米安保条約に反対する、いわゆる「左」の革新勢力であった。「左」の立場の根底には、冷戦戦略に基づくアメリカの対日政策への反発があった。すなわち、冷戦戦略の一環として憲法九条の改正と日本の再軍備を求めるアメリカへの反発である。それゆえに、日本再軍備の論理を内在化させた日米安全保障条約も当然ながら反対運動の対象となった。

そうした「左」の衝動が本能的に懸念していたことは、占領初期の対日政策が冷戦の発生以降軌道修正され、その結果日本の政治にいわゆる「戦前回帰」の流れが生じたことであった。占領初期のアメリカの対日政策は文字通り「革新的」であったものの、その後アメリカの冷戦戦略に後押しされて戦前の流れを汲む政治勢力が「保守」に回帰しようとするなかで、「左」が「革新」路線に踏みとどまろうとしたものともいえる。そうした一連の闘争を支える原点に据えられたのが、憲法九条であった。

したがって、問題意識が日本国内の民主主義のあり方に向けられていた護憲の主張が、冷戦状況にあった国際政治の現実から遊離したことは、論理的に自然であった。「左」が唱えた「非武装中立」は、国際政治の観察から割り出されたものではなく、国内政治における主張を原点にしたひとつの理想論であった。

では、それに対する保守派の再軍備論が国際主義的な外交論に支えられていたかと問えば、必ずしもそうとはいえなかった。とりわけ、「左」と対照的な「右」は、日本の戦争を必ずしも国が道を誤ったものとは認識せず、明治憲法体制への愛着を断ち切れないでいた。そして、重光葵や岸信介ら、戦時内閣の流れを汲む政治家による憲法改正や再軍備の主張には、国際政治の場においてアメリカの冷戦戦略に積極的に貢献するという発想は薄かった。「右」は、憲法改正や再軍備問題を、自立や主体性回復が自己目的化した内向きの衝動からとらえる傾向にあり、自立を獲得した後の日本の国際戦略についての明確な方針はなかったのである。

こうして共に内向きの論理に立つ「右」と「左」の対立から、意味のある外交論争が生まれるはずもなかった。そうしたなかで、政権を担っていた吉田茂は、戦後日本の経済復興と国際社会への復帰に重きを置き、憲法九条の改正や本格的な再軍備には慎重であった。そこには、自立やナショナリズムを強調する精神主義には禁欲的で、英米主導の国際秩序のもとで現実的に国家再生の道筋をつけようとする感性があった。結局のところその吉田が、再軍備の過程で主導的な役割を果たすこととなったのは、戦争認識と憲法や再軍備問題をめぐり日本の政治が左右に分裂するなかで、吉田が戦後日本を「中庸」の道に導いたことを意味していた。

(2) 自衛隊と憲法

相互安全保障法(MSA)と吉田・重光合意

冷戦が軍事化の様相を強めるようになると、アメリカは「マーシャル・プラン」(欧州復興援助計画)を徐々に収束させ、西側諸国に対する軍事援助に力点を移し始めた。そのためにアメリカは、一九五一年一〇月に、相互安全保障法（MSA）を成立させ相互安全保障庁を設立した。MSAは、被援助国に「自国の防衛能力を発展させるために必要なすべての妥当な措置をとること」を義務づけていた。

そのころ日本は、一九五一年二月の「再軍備計画のための当初措置」で吉田がダレスに約束していた保安隊の創設に取り組んでいた。サンフランシスコ平和条約が発効し独立を果たした日本は、一九五二年七月三一日に保安庁法を成立させ、朝鮮戦争勃発直後の一九五〇年八月に発足した警察予備隊をその管轄下に置いた。その後警察予備隊が改変され、一九五二年一〇月に、警察機能や治安維持を超えた「平和と秩序」の維持を目的とする保安隊が発足した。

すると、一九五三年一月に誕生したドワイト・アイゼンハワー（Dwight D. Eisenhower）政権の国務長官に就任したダレスが、同年五月、MSAに基づく対日援助を行う用意があることを正式に発表した。ダレスは、警察予備隊から保安隊へと発展した日本の兵力を、三五万人程度にまで増強する構想を明らかにした。

そうしたなかで吉田内閣は、MSA援助を受ける方針を固めた。日本の防衛力増強に関しては、アメリカから日米安全保障条約のもとでの義務を履行することで足りるとする方針が伝えられた。そこで吉田は、アメリカとの交渉に入る前に保守陣営の政策協調を図るべく、約一カ月間の水面下の接触を経て、一九五三年九月二七日に改進党総裁重光葵と会談した。そして両者は、長期の防衛計画を立て自衛力を増強する方針と、直接侵略にも対抗できる自衛隊の創設で合意した。

その直後に訪米した池田勇人自由党政調会長は、一九五三年一〇月はじめから月末にかけて、ウォルター・ロバートソン（Walter S. Robertson）国務次官補と、MSA援助のための日米協定をめぐる一連の困難な会談にのぞんだ。とりわけ日本の再軍備問題に関しては、この会談で池田が提示した「防衛五カ年計画池田私案」が重要な意味を持った。吉田・重光会談で合意された自衛隊の兵力に関して、アメリカ側は陸上三十数万人規模を要求した。それに対して池田は、私案として、陸上兵力一八万人、海上兵力三万一三〇〇人、航空兵力七六〇〇人という数字を提示したのである。

池田私案は保安庁との調整を経ていないものであり、池田・ロバートソン会談は必ずしも再軍備の規模に関する正式な日米交渉の性格を持ったものではなかった。しかも、日本の保安庁当局は、アメリカの要求はいうに及ばず、陸上兵力一八万人という数字ですら達成困難であるという判断をしていた。しかし、吉田首相の特使として訪米した池田の提案は、その後事実上の対米公約としての重みを持つこととなった。

防衛二法の成立

当時日本で、再軍備問題に本格的に取り組んでいたのは、一九五二年二月に国民民主党を母体に設立された改進党であった。その中心には国際主義者の芦田均がいた。改進党は一九五三年七月に、芦田を委員長とする防衛特別委員会を設置し、再軍備問題を集中的に討議した。そして九月に、「国家防衛に関する基本法」を制定すること、および保安庁法を二分して「防衛に関する独立防衛官庁の設置法」と「自衛軍に関する組織法」の二法として改正するという方針を決定した。

吉田・重光会談の実現に向けて折衝にあたった吉田側近の池田勇人や宮沢喜一《きいち》は、「直接侵略にも対抗できる」自衛隊創設という改進党主導の案に吉田が躊躇するのではないかと懸念していた。その意味では、吉田・重光会談での合意には、吉田が改進党に譲歩した側面があった。しかし、改進党の方針も、MSA対日援助を申し出たアメリカの姿勢も、いずれも現行憲法の改正を前提とはしなかった。それは、国内政治的にも対外関係上も、戦後間もない時期に憲法九条の改正は事実上不可能であったという現実を考慮したものに他ならなかった。すなわち、吉田・重光会談は、日米安全保障条約をいわば背骨として、憲法九条を変えずに漸進的に事実上の再軍備が進むという、戦後日本の防衛政策の原型を確認したこととなったのである。

吉田・重光会談での合意に基づく保守三党（自由党・改進党・日本自由党）による交渉は、一九五三年一二月に始まった。議論をリードしたのは改進党であった。自衛隊を明確な軍事組織として位置づけようとする改進党に対して、吉田の自由党は基本的に「警察的任務に直接侵略に対する防衛を付加する」という保安隊の延長線上の緩やかな改変を求め、両者は対立した。結局は自由党が譲歩し、自衛隊の任務は、「直接侵略及び間接侵略に対しわが国を防衛することを主たる任務とし、必要に応じ、公共の秩序の維持に当たる」と規定された。

防衛法制に関しては、改進党が、党内で決定した方針通り二本立てとすること、および防衛官庁として独立した「国防省」の設置を主張した。それに対して自由党は、保安庁法の改正でよしとする立場であり、独立した省の設置には反対を貫いた。結局、防衛官庁は総理府の外局とすることで改進党が譲歩し、法制は「防衛庁設置法」と「自衛隊法」の二法（防衛二法）となった。

三党の折衝は一九五四年三月八日にまとまり、防衛二法は翌日閣議決定された。三月一一日に国会提出された防衛二法は、五月七日に衆議院、六月二日に参議院で採択された。そして、七月一日に施行され、内閣総理大臣に「最高の指揮監督権」を付与した自衛隊が発足した。自衛隊法は、陸上自衛隊、海上自衛隊、航空自衛隊の設立を定めた。発足時のそれぞれの兵力は、一三万人、一万五八〇八人、六二八七人であった。

池田私案による事実上の対米公約には及ばない規模であったが、一九五四年に入ると、アメリカの対日再軍備要求はトーンダウンしていた。当時アメリカは、再軍備要求で日本の中立主義を刺激することへの懸念を抱くようになり、日本の政治や経済の安定を優先する方針へと傾斜し始めていた。当時日本経済は、一九五三年七月に朝鮮戦争の休戦協定が成立し特需効果が急速に後退していた上に、緊縮財政の影響もあり、ますます困難な事態を迎えていた。一九五四年三月一日には、焼津の漁船第五福竜丸がビキニ環礁でのアメリカの水爆実験で被曝する事件が起こり、日本の反核感情が爆発した。

憲法解釈に関する政府統一見解

防衛二法が成立したとき、吉田内閣は末期を迎えていた。防衛二法を審議した国会は、当時「逆コース」と呼ばれた一連の法案や、「造船疑惑」による佐藤栄作自由党幹事長の逮捕を法務大臣が指揮権発動で阻止した事態等をめぐって、大荒れであった。吉田は、左右の社会党からも保守勢力内部でも信任を失っていた。

そうしたなか、一九五四年一一月二四日に、改進党を中心とした勢力に鳩山一郎が合流し、鳩山を総裁とする日本民主党が結成された。民主党と左右社会党が内閣不信任案を共同提出すると、吉田は一二月七日に退陣した。一二月一〇日、選挙管理内閣との了解のもとで左右社会党の支持を得て、鳩山一郎内閣が誕生した。その鳩山内閣の最初の大仕事が、七月に誕生した自衛隊と憲法の関係を整理した政府統一見解の作成であった。

そもそも鳩山一郎は、憲法改正による再軍備を志向する政治家であった。しかしながら、防衛二法が成立し防衛庁と自衛隊が誕生すると、改憲によって再軍備を図ろうとする主張は曖昧になり、政権を担う立場からは自衛隊を合憲であると解釈せざるを得なくなった。

こうして鳩山内閣は、発足早々それまでの改憲の主張と自衛隊合憲論の矛盾を整理すべく、政府統一見解の発表を迫られた。それは、一二月二二日の衆議院予算委員会で、大村清一《せいいち》防衛庁長官によって以下のとおり発表された。

第一に、憲法は自衛権を否定していない。自衛権は国が独立国である以上、その国が当然に保有する権利である。憲法はこれを否定していない。従って現行憲法のもとで、わが国が自衛権を持っていることはきわめて明白である。

第二に、憲法は戦争を放棄したが、自衛のための抗争は放棄していない。（1）戦争と武力の威嚇、武力の行使が放棄されるのは、「国際紛争を解決する手段としては」ということである。（2）他国から武力攻撃があった場合に、武力攻撃そのものを阻止することは、自己防衛そのものであって、国際紛争を解決することとは本質が違う。従って自国に対して武力攻撃が加えられた場合に、国土を防衛する手段として武力を行使することは、憲法に違反しない。

この政府統一見解が、その後憲法九条解釈の公理として定着していく。

二　日米安全保障条約の改定

（1）改定の申し入れ

重光私案

自立志向の強い重光葵や岸信介らにとって、占領期にアメリカ主導で成立した憲法九条や日米安全保障条約は、日本の自立を妨げ自尊心を傷つけるものでもあった。しかし、自衛隊が憲法九条を変えることなく誕生したことによって、憲法改正の気運は後退した。そこで日本の保守派が次に課題としたのが、日米安全保障条約の改定であった。

吉田茂が締結した日米安全保障条約は、日本が自ら基地提供を申し出る形になっていながらアメリカに日本の防衛義務が規定されておらず、在日米軍の使用はアメリカの意思に委ねられていた。さらに、条約に期限の規定がなく、在日米軍による日本の内乱への介入が可能である等、かなり一方的な内容であった。前章でみたとおり、アメリカの主張は日本に防衛力が不在である点に立脚しており、日米安全保障条約は事実上日本の再軍備を促す装置でもあった。しかし、実現した日本の再軍備は、自衛隊を合憲論で「専守防衛」の手段として位置づけるものであった。それは、アメリカが望む日米軍事協力の姿にはほど遠いものであった。そもそも日本の保守派には、アメリカの冷戦戦略に対等なパートナーとして貢献するという発想は乏しく、日本の再軍備を駐留米軍撤退の条件としてとらえる思いが強かった。日米安全保障条約の改定にのぞむ日米両国間の溝は深かった。

その構図が明確に示されたのが、以下に述べる一九五五年八月の重光葵外相とダレス国務長官の会談であった。会談にのぞむ重光の思いは、訪米に先立って東京のアメリカ大使館に提出した日米安保条約改定の私案が存分に語っていた。重光私案は、日本が「集団的自衛能力」を持ち、西太平洋で相互防衛にあたることをうたっていた。さらに重光私案は、以下の四つからなる補助的な取り決めを提示していた。

一、米地上軍を六年以内に撤退させる。

二、地上軍の撤退完了から六年以内に米海空軍を撤退させる。
三、日本国内の米軍基地と米軍は相互防衛のためだけに使用される。
四、在日米軍支援のための防衛分担金は廃止する。

このうち、とりわけ二と三の提案は、「極東における国際の平和と安全の維持に寄与」する日米安全保障条約の根幹を揺るがすものであった。結局のところ、重光にとっての日米安全保障条約の改定は、アメリカの束縛から自立することに根本的な衝動があったと解釈できるだろう。日本の「集団的自衛能力」に基づく日米相互防衛の提案は、日本の戦略論というよりは、アメリカ主導の枠組みのなかで対米自立を獲得するための方便としての色彩が強かったのである。

重光・ダレス会談

一九五五年八月の重光・ダレス会談は、日米間の本質的なすれ違いを露呈させるものであった。三日間の会談を経て八月三一日に発表された日米共同声明は、「日本が、できるだけすみやかにその国土の防衛のための第一次的責任を執ることができ、かくて西太平洋における国際の平和と安全の維持に寄与することができるような諸条件を確立する」よう努力し、「このような諸条件が実現された場合には、現行の安全保障条約をより相互性の強い条約に置き代えることを適当とすべき」ことで重光とダレスの意見が一致したことをうたった。

しかしながら、以上の文言の裏には、重光とダレスの間に横たわる溝が存在していた。重光はダレスに対して、「相互主義を基礎とする対等者間の同盟」に改定すべきことを主張した。それが、意気込みの表明に過ぎないことは明らかだった。ダレスは、日本の防衛力増強に応じて米軍撤退が可能になるという日米安全保障条約に内在化された論理を繰り返しながらも、日本にまだその準備がないことも明確に述べていた。

たとえば、八月三〇日の第二回目の重光・ダレス会談で、ダレスが相互防衛条約を求める重光に対して「日本は米国を守ることができるか。たとえばグアムが攻撃された場合はどうか」と尋ねると、重光は「兵力の使用につき「自衛である限り協議ができる」と答えている。一見、日本による集団的自衛権の行使について協議できる、といっているように読める。しかし、ダレスが「それは全く新しい話」であり、「知らなかった」と皮肉っぽく答えているように、アメリカ側がその可能性を全く感じていなかったことは明白であった。

重光にそこまでいわせた根本的な衝動は、やはり対米従属感であったと思われる。重光はダレスに対して、「我々は平等を欲する」と明確に論じた。それに対してダレスは、日米安全保障条約は日本の「半独立」や「従属性」を意味するものではないと反論し、日本がアメリカの防衛を担うことができるまでは真の平等はないと明確に述べた。アメリカは、日本の保守勢力からアメリカの冷戦戦略への協力を引き出すことを望んでいた。しかし、重光に限らず、鳩山や岸といった戦後日本の保守派の基本的な衝動は主体性回復にあったのであり、主体性を回復した後の日本の外交戦略に関してはほとんど白紙であった。

憲法を前提とした相互条約

日本が日米安全保障条約の改定に動いた時期には、一九五三年三月のスターリン死去以降のソ連による平和共存路線、同年七月の朝鮮戦争休戦、一九五四年七月のインドシナ休戦、一九五五年四月のバンドン会議等、米ソ冷戦にも揺り戻しが起きていた。そうしたなか、一九五七年一〇月のソ連による世界初の人工衛星スプートニクの打ち上げは、弾道ミサイル開発でソ連に後れをとるアメリカに大きな衝撃を与えた。

日本国内では、一九五四年三月のアメリカの水爆実験での第五福竜丸の被曝、一九五六年秋の米軍立川基地の拡張に反対する砂川町農民と警察隊の衝突、および翌年七月に立川基地に侵入した学生らを検挙した砂川事件、薬莢を拾っていた日本の婦人を米軍兵士が射殺する一九五七年一月のジラード事件等、反米中立感情を刺激する事件が相次いだ。

そうしたなか、一九五七年二月、病気のため二カ月で辞任した石橋湛山を継いで岸信介が首相となり、連合国最高司令官を務めたマッカーサーの甥であるダグラス・マッカーサー二世（Douglas MacArthur II）が大使として赴任した。早速四月に岸は、日米安全保障条約の改定に向けた具体的提案をマッカーサー大使に提示した。それは、差し迫った危機がない限り米軍を使用しないこと、国連憲章と日米安全保障条約の関係の明確化、条約の期限設定、日本の防衛力増強にともなう米地上兵力の撤退等を内容としていた。同時に岸は、一〇年をめどとした沖縄・小笠原返還の希望も伝えた。

そこからは、重光の対米提案と同様、日本を自立に誘おうとする発想が読み取れる。マッカーサー大使は、ダレス国務長官に対する五月二五日付の報告で、岸は「相互防衛条約の概念について反対でもなく、かといって賛成でもない、熟慮していない、という態度である」と観察していた。岸は、予定される訪米に先立ち、五月下旬から東南アジア歴訪に出かけた。「日米関係を対等なものに改めようとする」岸の立場を強化することが目的であった。

ホノルルとサンフランシスコを経由して一九五七年六月一九日にワシントン入りした岸は、アイゼンハワー大統領やダレス国務長官との会談で、国連加盟によって集団安全保障への参画が可能になったことを強調し、米軍の日本配備と使用に関する事前協議の導入、日米安全保障条約と国際連合の関係の明確化、条約への期限（五年）の設定という、三つの具体的提案を申し入れた。その提案はいずれも、日米安全保障関係は堅持しつつも、「日米対等化」の名のもとに可能な限り日本の主体性を明確にしようとするものであった。事前協議は、在日米軍の配備と使用に関して日本の主体的判断を示すための仕組みとして意図されたものであった。国連憲章との関係の明確化は、国連憲章を日米安全保障条約の上位に置くことによって、日本の対米協力が単にアメリカの恣意的行動に巻きこまれるものではないとする論理に立つものであった。六月二一日に発表された「共同コミュニケ」は、「大統領及び総理大臣は、一九五一年の安全保障条約が本質的に暫定的なものとして作成されたものであり、そのままの形で永久に存続することを意図したものではないという了解を確認した」と述べ、岸の意欲への配慮を示した。

日本の世論の中立主義への懸念を深めるアメリカは、一九五八年に入ると、日本の憲法の前提を変えずに、すなわち対等な集団的防衛の義務を求めずに、日米安全保障条約改定にのぞむ判断を固めた。そして、一九五八年七月末に藤山愛一郎外相と会談したマッカーサー大使が、条約適用地域を日本区域に限定した、日本の海外派兵の問題が生じない形の相互援助条約という考え方を提示した。それを受けて岸も、八月中には、新しい相互条約による改定に応じる決意を固めた。こうして、九月に藤山外相が訪米した際に、新条約を作成する形での日米安全保障条約の改定交渉の開始が合意された。

（2）日米安全保障条約（新）の成立

改定交渉

一九五八年一〇月初旬、藤山外相とマッカーサー大使の間で安全保障条約改定交渉が正式にスタートした。そこでアメリカ側が示した新条約案は、バンデンバーグ決議が定める自助努力要件と相互防衛の規定を含んでいた。前者については、「個別的及び集団的能力を、単独で及び共同して維持し、発展させる」という記述があり、憲法九条に抵触する可能性が高かった。相互防衛の対象地域は「太平洋地域の各締約国の行政管理下にある領土及び地域」とされた。それに「それぞれの憲法上の手続きに従って」との限定がついていることによって、アメリカにとっては太平洋地域のアメリカ領土が、日本にとっては日本本土が条約適用地域となる、というのがアメリカ側の解釈かつ主張であった。しかし、集団的自衛権の行使は憲法九条に抵触するとする解釈に立つ日本にとって、この点もハードルは高かった。事前協議制度に関しては、条約に含めず付属文書とすることで日米の合意がみられた。

その後マッカーサー大使は、本国に対して条約適用地域を「日本本土と沖縄・小笠原」に縮小するよう進言した。それでもそこには、アメリカの施政権下にある沖縄・小笠原を含めると、そこは日本ではなくアメリカの条約適用地域になり、日本が返還を要求しながらも沖縄・小笠原の防衛に関与できないというジレンマがあった。そこで日本側は、一一月下旬の藤山・マッカーサー会談で、バンデンバーグ条項を削除し、条約適用地域を「日本本土」に限定した「日本の国内的には最も都合の良い案」を提示した。マッカーサーは、この草案をワシントンに送れば「今回の交渉はそれで終了である」として、詳細に反論した。マッカーサーは、「集団的能力」が問題なのはわかるが日本の自助努力は不可欠であること、「日本本土」への限定も事情は理解できるが「共通の危機」への共同対処は外せないこと等を強調した。

以上の交渉を経て、日本側は「藤山試案」を作成し、一九五九年三月の藤山・マッカーサー会談で提示した。そこには、主要な論点がほぼ最終合意に近いものに整理されていた。藤山とマッカーサーは、「藤山試案」を「トーキング・ペーパー」扱いとし、すぐにはワシントンに送付せず東京での折衝を重ねた。その結果の草案が四月にワシントンに送付され、五月にワシントンからの訓令が返信された。その後の最終調整を経て、条約案をめぐる日米交渉は六月にほぼ決着した。

その後岸は新条約の早期調印を望んだが、自民党内からいくつかの要望が持ち上がり、調印は延期された。その間、日米行政協定の残された細目、沖縄・小笠原の防衛に関する対処方針、事前協議における日本の「拒否権」問題等をめぐって、最後の交渉が断続的に行われた。

こうして、「日本国とアメリカ合衆国との間の相互協力及び安全保障条約」(以下、日米安全保障条約とし、必要に応じて新・日米安全保障条約と記述する。また、一九五一年の条約は、旧・日米安全保障条約とする)が、一九六〇年一月一九日にワシントンにおいて調印された。

新条約は、前文で「両国が国際連合憲章に定める個別的又は集団的自衛の固有の権利を有していること」および「両国が極東における国際の平和及び安全の維持に共通の関心を有すること」をうたい、第三条で「締約国は、個別的に及び相互に協力して、継続的かつ効果的な自助及び相互援助により、武力攻撃に抵抗するそれぞれの能力を、憲法上の規定に従うことを条件として、維持し発展させる」と、日本の防衛努力を要請するバンデンバーグ決議の趣旨を規定した。以下に述べる第五条および第六条と併せて読めば、アメリカの東アジア戦略のための日米協力の仕組みのもとで、日本の自衛力増強が期待されるという旧・日米安全保障条約の論理は基本的に変わらず、むしろより制度化されたともいえる。

第五条と第六条

日本の政治と社会を騒然とさせた反安保闘争は、日本の自衛力増強を前提とした日米軍事協力という論理に真っ向から抵抗したものであった。新・日米安全保障条約が五月一九日の衆議院特別委員会で強行採決され、二〇日の衆議院本会議で採択されると、反対運動は一層激化した。一九六〇年六月一五日のデモに参加していた東京大学の女学生が死亡する事件が起きると、翌日岸内閣は、フィリピンに到着していたアイゼンハワー大統領の訪日延期を申し入れた。国会の内外が騒然とするなか参議院本会議は開催されず、条約の承認は参議院での議決がなくても衆議院通過後三〇日で成立するという衆議院優越の規定により、六月一九日午前零時をもって、日米安全保障条約が自然成立した。

日米安全保障条約は、第五条と第六条それぞれの前段落において、日本の防衛と極東の平和と安全に関して以下のとおり定めた。

第五条　各締約国は、日本国の施政の下にある領域における、いずれか一方に対する武力攻撃が、自国の平和及び安全を危うくするものであることを認め、自国の憲法上の規定及び手続に従って共通の危険に対処するように行動することを宣言する。（略）

第六条　日本国の安全に寄与し、並びに極東における国際の平和及び安全の維持に寄与するため、アメリカ合衆国は、その陸軍、空軍及び海軍が日本国において施設及び区域を使用することを許される。（略）

一般的に、第五条は日本の防衛、第六条は極東の平和と安全について定めたものとされることが多い。しかし本質的には、右の日米交渉の過程からも明らかなように、第五条はアメリカがこだわった共通の危機に対する共同防衛を定めた条文、すなわち本質的には集団的自衛権に関する条文として読むべきである。そのことは、前章で触れた米豪NZ間のANZUS条約（一九五一年九月）の、次の第四条と比較すれば一目瞭然である。

各締約国は、太平洋地域におけるいずれかの締約国に対する武力攻撃が、自国の平和及び安全を危うくするものであることを認め、自国の憲法上の手続に従って共通の危険に対処するように行動することを宣言する。

日米安全保障条約第五条が異なるのは、「太平洋地域」が「日本国の施政の下にある領域」となっており、「憲法上の手続」が「憲法上の規定及び手続」とされている二点である。いずれも、集団的自衛権が行使できないとする日本政府の憲法九条解釈に基づくものである。しかし、第五条の法的根拠は、国連憲章五一条が認める集団的自衛権であり、日本からみれば日本の防衛に主眼があるものの、アメリカからみれば日本に対する集団的自衛権の行使を規定した条文に他ならない。したがって、第五条には、日本にアメリカに対する集団的自衛権の行使が可能になれば、「日本国の施政の下にある領域」という条約適用地域に変更が加えられるべきことが、論理的に準備されていたといえるだろう。

しかし、日本が自国の防衛に関してしかアメリカと共同行動がとれないのであれば、アメリカからみていたって一方的ということになる。そこでアメリカにとって重要なのが、日本における米軍基地の使用を認めた第六条だったのである。したがって、しばしば「極東条項」と呼ばれる第六条は、基地協定としての日米安全保障条約の性質を示すものと読むべきだろう。その目的は、極東の平和と安全のみではなく、日本の防衛も含むものであった。

そして、米軍基地の使用に関して日本の主体的な意思を反映させるために設けられたのが、いわゆる「事前協議制度」であった。日米安全保障条約とともに調印された「第六条の実施に関する交換公文」は、以下のとおりうたっていた。

合衆国軍隊の日本国への配置における重要な変更、同軍隊の装備における重要な変更並びに日本国から行なわれる戦闘作戦行動（前記の条約第五条の規定に基づいて行なわれるものを除く。）のための基地としての日本国内の施設及び区域の使用は、日本国政府との事前の協議の主題とする。

この事前協議に関し、自民党は日本に実質的な「拒否権」があるのかを問題とした。その日本側の要請に対して、アメリカ側は交換公文に明示的な表現を盛り込むことには同意しなかった。その代わりとして、条約調印と同時に発表された岸とアイゼンハワーの「共同コミュニケ」が、「大統領は、総理大臣に対し、同条約の下における事前協議にかかる事項については米国政府は日本国政府の意思に反して行動する意図のないことを保証した」とうたうことで妥協が図られた。

事前協議制度と「密約」

事前協議制度について日米間に合意が成立した際に、米軍の「配置における重要な変更」、「装備における重要な変更」、「日本国から行われる戦闘作戦行動」に関して、それが意味するところについて、不公表とされた「討議の記録」が作成されていた。一九六〇年四月に、その種の了解があるはずだという社会党議員の資料請求に関して、藤山外相は即座にその存在を否定した。政府による「密約」否定の最初の答弁であった。その種の日米間の一連の「密約」は、二〇〇九年九月に誕生した民主党政権の岡田克也外相の指示で、徹底した調査対象となった。外務省員一五名によるチームの調査を経て、同年一一月から六名からなる有識者委員会がその内容を精査したのである。

その結果、岸信介首相とクリスチャン・ハーター（Christian A. Herter）国務長官により署名された「第六条の実施に関する交換公文」の付属文書として、藤山外相とマッカーサー大使により署名された一九六〇年一月六日付の「討議の記録」が作成されていたことが判明したのである。「討議の記録」は、事前協議の対象事項に関して、具体的に以下の諸点を確認していた。

A 「装備における重要な変更」とは、中距離ミサイル及びかかる兵器の基地建設を含め、核兵器の日本への持ち込みを意味する

B 「戦闘作戦行動」は日本から日本以外の地域に対して行われる行動を意味する

C 「事前協議」は、米軍とその装備の日本への配置、米軍機の立ち入り、及び米国艦船の日本領海や港湾への立ち入りに関する現行の手続きに影響を与えない

D 米軍部隊の日本からの移動については事前協議の対象とはならない

日米は、内容に関しては国会答弁等で言及してもよいが、記録の存在自体は秘密扱いとすることとした。しかし、C項目の核搭載艦の一時入港や通過が事前協議の対象になるか否かに関して、日米両国は具体的な詰めを行っていなかった。アメリカ側は、核搭載艦であろうと一定期間の持ち込みと配備でなければ了解に反しないと考え、日本側は核兵器の持ち込みはいかなる形であれ不可と解釈しそのような国会答弁を繰り返していた。藤山とマッカーサーによる「討議記録」は、秘密とされた手法上の問題はありながらも、そこに核持ち込みに関する日米間の「密約」があったわけではなかった。

しかし、同時に日米間で議論されていた朝鮮有事の際の事前協議に関しては、「密約」といってもよい討議が取り交わされていた。アメリカ側の希望は、一九五九年七月六日のマッカーサー大使と岸首相、藤山外相との会談で伝えられた。それは、朝鮮有事の際にはアメリカ側は日本側と協議せずに、「即刻これに応戦することができなければならない」とするものであった。そして、朝鮮有事に限定して非公開の文書をまとめるよう強く求めたのである。

日本側が躊躇して協議は難航したが、一九五九年一二月二三日に議事録案が合意され、一九六〇年一月六日に、藤山外相とマッカーサー大使のイニシャルが記された。その「朝鮮議事録」は、以下のように二人のやりとりを記録した。

マッカーサー大使：朝鮮半島では、米国の軍隊が直ちに日本から軍事戦闘作戦に着手しなければ、国連軍部隊は停戦協定に違反した武力攻撃を撃退できない事態が生じ得る。そのような例外的な緊急事態が生じた場合、日本における基地を作戦上使用することについて日本政府の見解をうかがいたい。

藤山外相：在韓国連軍に対する攻撃による緊急事態における例外的措置として、停戦協定の違反による攻撃に対して国連軍の反撃が可能となるように国連統一司令部の下にある在日米軍によって直ちに行う必要がある戦闘作戦行動のために日本の施設・区域を使用され得る（may be used）、というのが日本政府の立場であることを岸総理からの許可を得て発言する。

事前協議制度は、アメリカの戦争に自動的に巻き込まれることを避けるために岸内閣が求めたものであり、朝鮮有事への出動を例外とする朝鮮議事録に、岸内閣は後ろ向きであった。また、その内容が明らかになれば、日本の政治と社会が大混乱に陥ることは目にみえていた。しかしそれは、アメリカの極東戦略にとっては決定的に重要であった。その結果岸内閣は、朝鮮議事録に「不承不承ながら同意」せざるを得ず、したがって「密約」とされたのであった。

三　国際社会への復帰

（1）日ソ国交正常化

ロンドン交渉の挫折

一九四六年に公職追放された鳩山一郎は、一九五一年の追放解除により政界に復帰した。そのとき鳩山は、吉田茂による政治と外交へのアンチテーゼともいえる憲法改正と、中国およびソ連との戦争終結を自らの課題に掲げた。しかし、一九五四年一二月一〇日に首相となった鳩山の最初の大仕事は、自衛隊合憲論の政府統一見解の発表であり、その結果憲法改正の勢いは失われた。さらに、一九五四年一二月二日、鳩山内閣発足直前に米華相互防衛条約が結ばれており、日本が北京政府との外交関係改善に動ける余地はほとんどなかった。

鳩山の積極姿勢を受けて、鳩山内閣が誕生するとソ連も動いた。一九五五年一月二五日に、ソ連代表部（ＧＨＱ対日理事会のソ連代表部が居座ったもの）のドムニツキー（A. I. Domnitskii）が鳩山の私邸を秘密裏に訪ね、日ソ国交正常化を望むソ連本国からの文書を手交した。ドムニツキーは、前年末以降重光葵外相に接触を試みるも、代表部を認知しない外務省は、頑なに面会を拒否していた。

鳩山内閣は、二月四日の閣議で対ソ国交正常化交渉の開始を決定した。閣内には、まずはソ連との戦争終結と国交正常化を実現しその後に諸懸案の解決にあたろうとする鳩山と、領土問題の解決を優先させるべきとする重光や外務省の間に溝があった。鳩山と重光の共同談話で交渉を外務省に一本化する方針が示されたものの、両者の確執は対ソ交渉が「二元外交」と称される状況を生むこととなる。

こうして、日ソ国交正常化交渉が、一九五五年六月からロンドンで始まった。日本の全権代表には元駐英大使で衆議院議員の松本俊一《しゅんいち》が選ばれ、ソ連側の代表は大戦中の駐日大使で戦後国連大使も務めたヤコフ・マリク（Yakov A. Malik）駐英大使であった。交渉の入り口で障害となったのは、北方領土問題であった。

当初日本政府は、国後・択捉をサンフランシスコ平和条約で放棄した千島列島の一部であるとする解釈に立ち、歯舞・色丹と千島列島（国後・択捉を含む）を区別していた。日ソ交渉にのぞむにあたっても、いずれ千島列島の返還も期待しながら、歯舞・色丹の返還を現実的な落としどころとして想定していた。当初ソ連側も、歯舞と色丹の「引き渡し」を最終案として準備していた。ソ連は、交渉当初は日米安全保障条約の破棄等日本側が決してのめない提案を突きつけてきた。しかしマリク代表は、早くも八月はじめに、権力を固めつつあったニキータ・フルシチョフ（Nikita S. Khrushchov）第一書記の意向が働き、「歯舞、色丹を引き渡してもよい」とする提案を行った。

こうしてロンドンでは、日ソ両国の間に楽観論が広がった。ところが、その極秘電を松本から受け取った重光外相は、それを鳩山首相にも知らせず事実上握り潰した。そして外務省は、マリク提案から二週間が過ぎた八月末、ワシントン訪問中の重光の指示で、四島返還を主張すべきという訓令を松本に送った。松本は、八月三〇日のマリクとの会談で、四島の返還、南樺太と千島列島に関する日本と連合国の交渉による帰属決定、四島からのソ連軍撤退等の新たな条件を提示した。こうして、ロンドンでの交渉は九月に決裂した。

その間、一九五五年五月にＮＡＴＯに加盟した西ドイツは、同年九月のコンラート・アデナウアー（Konrad H. J. Adenauer）大統領訪ソ時に、ソ連との国交回復を果たした。その結果、ドイツ兵捕虜の送還が実現する一方、平和条約等の懸案は先送りされた。ソ連は、歯舞・色丹の「引き渡し」および抑留者送還と引き換えに、まずは国交を正常化しようとする対日方針に立っており、それは「アデナウアー方式」と呼ばれるようになった。それに対して、日本政府の新たな方針は、四島返還を国交正常化の条件とするものであった。そこには、重光や外務省内の強い反ソ意識、および日ソの接近により冷戦戦略が動揺することを恐れるアメリカの意向が働いていた。

そうしたなか、一九五五年一一月に成立した自由党と民主党による保守合同は、日ソ交渉へのさらなる足枷となった。四島返還が、対ソ交渉にのぞむ自由民主党の党議となったのである。鳩山一郎は、結党から翌一九五六年四月まで四人の総裁代行委員のひとりとなり、四月に自民党初代総裁に選出された。

一九五六年に入ると日ソ交渉がロンドンで再開されたものの、三月には進展もなく決裂する。その間日本政府は、一九五六年二月の衆議院外務委員会で、国後・択捉は「常に日本の領土」であり、平和条約にいう千島列島には含まれない、という政府見解を表明していた。日ソ間の壁は高くなるばかりであった。

河野訪ソから重光訪ソへ

するとソ連は、オホーツク海全域からベーリング海にわたる一帯を「漁業制限区域」に指定し、日本漁船の活動に大幅な制限をかけてきた。そこでソ連との漁業交渉に乗り出したのが、鳩山の盟友で農林水産大臣として水産業界と関係の深かった河野一郎であった。河野は、前年のロンドン交渉の際にも、鳩山の命を受けて、重光が握り潰そうとしていたソ連提案について探りを入れるためにロンドンを訪問していた。

河野は、漁業交渉を利用して国交正常化交渉を打開しようという思いを抱いており、それを懸念する重光は河野の訪ソに頑なに反対した。紆余曲折を経て一九五六年四月にモスクワ入りした河野は、漁業条約と海難人命救助に関する協定の交渉にのぞんだ。そして、五月八日にニコライ・ブルガーニン（Nikolai A. Bulganin）首相との会談が実現した。そこから難航していた漁業交渉が進展し、五月一五日に日ソ漁業条約が調印された。

日ソ漁業条約は、第八条の一で、「この条約は、日本国とソヴィエト社会主義共和国連邦との間の平和条約の効力発生の日又は外交関係の回復の日に効力を生ずる」とうたっていた。長い間、この条項は、国交正常化後に懸案の解決にあたろうとする「アデナウアー方式」を主張するソ連による日本への圧力を意味すると解釈されてきた。帰国した河野に対する重光の批判も、その観点に立っていた。河野が、ブルガーニンとの会談に随行者も通訳も携えずにひとりで乗り込んだことが、河野に対する疑いを増幅させていた。

しかしながら、一九九〇年になってロシア側でその会談の通訳にあたっていた人物が証言したところによると、この発想を持ち出したのは、実は河野であった。つまり、漁業条約を日ソ国交正常化交渉のテコにしようとしたのである。明らかに重光や外務省路線への揺さぶりであり、そこにブルガーニンとの会談にひとりでのぞんだ河野の真意があったのである。

こうして、河野の策が功を奏して、日ソ交渉の気運が再び高まった。しかし、吉田茂、佐藤栄作、池田勇人らが日ソ交渉に強い反対を唱えるなかで、全権代表選びは難航した。結局意外にも、外相である重光が火中の栗を拾い、七月二九日にモスクワ入りしたが、重光がいきなり四島返還を強く主張し交渉は行き詰まった。八月一〇日に会談したフルシチョフも、きわめて頑なであった。袋小路に追い込まれた重光は、ソ連が提案する「二島返還による平和条約」を受け入れる腹を固めた。しかし重光は、東京からの訓令により日ソ交渉を中断し、七月二六日のエジプトによるスエズ運河国有化に端を発するスエズ問題を討議する国際会議に出席するため、ロンドンに向かうのである。

そこで重光は、いわゆる「ダレスの恫喝」を受ける。八月一九日と二四日に、重光は、日ソ交渉の報告のためにダレスと会談した。するとダレスは、歯舞・色丹の返還でソ連と妥協しようとしている重光に対して、日本が国後・択捉のソ連帰属を認めるのであれば、アメリカは沖縄を領土とすることができる、と論じたのである。それは、サンフランシスコ平和条約の「日本国が、〈平和条約の署名国ではない〉いずれかの国との間で、この条約で定めるところよりも大きな利益をその国に与える平和処理又は戦争請求権処理を行ったときは、これと同一の利益は、この条約の当事国にも及ぼさなければならない」とする規定（第二六条）に基づく主張であった。

以上の重光とダレスの会談を受けて、アメリカの国務省は、九月七日に、日本の対ソ交渉についてのアメリカの立場を整理した「日ソ交渉に関する米国務省覚書」を発表した。それは、アメリカ政府の立場を以下のとおり明確に打ち出した。

日本は、同条約で放棄した領土に対する主権を他に引き渡す権利を持ってはいない。このような性質のいかなる行為がなされたとしても、それは、米国の見解によれば、サン・フランシスコ条約の署名国を拘束しうるものではなく、また同条約署名国は、かかる行為に対しては、おそらく同条約によって与えられた一切の権利を留保するものと推測される。

米国は、歴史上の事実を注意深く検討した結果、択捉、国後両島は、(北海道の一部たる歯舞諸島及び色丹島とともに)常に固有の日本領土の一部をなしてきたものであり、かつ、正当に日本国の主権下にあるものとして認められなければならないものであるとの結論に到達した。

鳩山訪ソと日ソ交渉の妥結

こうしたなか、対ソ交渉の妥結を自らの進退問題としてきた鳩山が、直接訪ソする腹を固めた。そして、交渉の基本方針として、戦争状態終了、大使館の相互設置、抑留者の即時送還、漁業条約の発効、日本の国連加盟の支持を掲げ、領土問題は後回しとする方針を立てるのである。その「五条件」は、九月七日の閣議で了承され、九月一一日付のブルガーニンソ連首相あての「鳩山書簡」でソ連に正式に提案された。「五条件」に同意するブルガーニンの返書は二日後の日付で発信された。

しかし、ブルガーニンの返書に領土問題への言及がないことを懸念した日本側は、松本俊一をモスクワに派遣し、アンドレイ・グロムイコ(Andrei A. Gromyko)第一外務次官との間でさらなる交渉にのぞんだ。そして、九月二九日付の「松本・グロムイコ往復書簡」で、国交正常化後「領土問題をも含む平和条約締結に関する交渉を継続する」とするソ連側の同意を取りつけた。加えて、自民党が、歯舞・色丹の即時返還、国後・択捉は継続協議とする新たな党議を決定し、鳩山首相一行は一〇月一二日にモスクワに到着した。

一〇月一三日から続いた交渉の結果一九日に調印された「日ソ共同宣言」は、戦争状態の終了、外交および領事関係の回復、両国が個別的または集団的自衛の固有の権利を有することの相互確認、内政不干渉の相互約束、日本の国連加入の支持、抑留者の即時送還、ソ連の対日賠償請求権の放棄、漁業条約の即時効力発生等をうたい、平和条約と領土問題に関しては、第九項で以下のとおり宣言した。

日本国及びソヴィエト社会主義共和国連邦は、両国間に正常な外交関係が回復された後、平和条約の締結に関する交渉を継続することに同意する。

ソヴィエト社会主義共和国連邦は、日本国の要請にこたえかつ日本国の利益を考慮して、歯舞諸島及び色丹島を日本国に引き渡すことに同意する。ただし、これらの諸島は、日本国とソヴィエト社会主義共和国連邦との間の平和条約が締結された後に現実に引き渡されるものとする。

以上の領土問題に関する規定は、少なくとも二島返還は実現し国後・択捉は継続協議という自民党の方針が生んだものであった。鳩山が当初望んでいたような、平和条約を締結し領土問題を一括して継続協議にするという「アデナウアー方式」で妥結しておけば、四島一括返還の道は残っていたかもしれないという解釈もある。そうであったかもしれないし、ソ連の頑なな姿勢にかんがみれば、それでも二島返還が精いっぱいであったかもしれない。いずれにせよ、その後日本政府の主張は「四島一括返還」に固まっていき、日ソ関係の進展には北方領土問題が大きな障害として立ちはだかることとなった。

(2) 国際組織への加盟

国連外交の始動

日ソ国交正常化によって、一九五六年一二月に八〇番目の加盟国として日本の国際連合加盟が実現した。ちなみに国際連合の英語名は“United Nations”であり、直訳すれば第二次世界大戦中に枢軸国と戦った「連合国」である。そして、一九四五年六月二六日に、第二次世界大戦を戦った連合国を中心とした五一カ国が署名した国際連合憲章には、いわゆる「敵国条項」が盛り込まれた。具体的には第五三条、第七七条、第一〇七条に、第二次世界大戦中の敵国に関する規定が置かれたのである。一九九五年の国連発足五〇周年から二〇〇〇年のミレニアム・サミットにかけて、日本政府が国連安全保障理事会の常任理事国入りをめざして熱心に取り組んだ国連改革の重要な項目に、敵国条項の削除があった。「国際連合」という邦訳には、かつて日本が連合国の敵国であったという事実から国民の目をそらす機能があった。

いずれにせよ、日本が国連加盟を果たした翌年一九五七年に戦後はじめて公表された『外交青書』は、「国際連合中心」、「自由主義諸国との協調」、「アジアの一員としての立場の堅持」を、外交活動の三原則として掲げた。『外交青書』は、国際連合の目的は日本が「等しく希求するところのものであることはいうまでもない」と述べ、自由主義諸国との協調を、国際連合が掲げる目標が達成困難な状況下での現実的な措置と位置づけた。また、国連中心主義には、日本国内の平和主義志向に共鳴するという国内的配慮もあった。

そして、国際連合は、日米関係とは異なった脈絡において日本が国際的な役割を模索する場として重要性を増していくことになる。日本は、さっそく一九五七年には安全保障理事会の非常任理事国に当選し、国際社会への復帰に向けてさらに大きな一歩を踏み出した。

しかし、日本の国連外交には、大きな障害もあった。憲法九条の存在により、国連の中核的目的である国際の平和と安全の維持のための集団安全保障への貢献が制約されたことである。たとえば、一九五八年七月に、ダグ・ハマーショルド（Dag H. A. C. Hammarskjöld）事務総長がレバノンにおける国連監視団への自衛隊将校の派遣を要請したが、岸内閣は憲法九条の制約を理由にこれを断っている。

その後、外務省国連局国連政策課を中心に国連ＰＫＯ参加の可能性が検討され、一九六五年には内閣法制局との調整も進んだ。そこでは、武力行使をともなわない国連平和維持活動への自衛隊参加には問題はないとされる一方で、武力行使をともなう場合の可能性についても、結論が出ないながらも、いくつかの憲法解釈が試みられていた。外務省では「国連協力法案」の起草すら進んでいた。しかし、それが実現するのは、冷戦が終了した一九九〇年代に入ってからであった。

ブレトン・ウッズ体制下の日本

日本の国際社会への復帰にあたり、日本政府が国連加盟と並行して心血を注いだのは、ブレトン・ウッズ体制と呼ばれたアメリカ主導の国際金融、開発、貿易制度への参入であった。戦後の国際金融と開発に関しては、一九四四年七月、アメリカのニューハンプシャー州ブレトン・ウッズで開催された連合国通貨金融会議で、国際通貨基金（IMF）と国際復興開発銀行（IBRD）の設立をうたったブレトン・ウッズ協定が調印された。国際経済を支える為替制度に関しては、金一オンスを三五ドルと定め、金本位制による固定為替相場制が採用され、一九四五年一二月に国際金融と為替相場の安定化を監視する国際通貨基金（IMF）が創設され、一九四七年三月に国連の専門機関となった。低開発国の経済建設と成長を支援することを目的とする国際復興開発銀行は、一九四六年に業務を開始し一九四七年からは国連の専門機関となった。

他方、世界貿易に関しては、アメリカの提案と主導により、一九四七年一一月にキューバのハバナで国連貿易雇用会議が開催され、翌年三月に国際貿易機構憲章（ハバナ憲章）が参加五三カ国によって採択、調印された。ハバナ憲章は国際貿易機構の設立をうたっていたが、必要な批准が得られずに不成立に終わった。しかし、その協議と並行して一九四七年八月から関税交渉が進められており、一九四七年一〇月に「関税及び貿易に関する一般協定（GATT）」がジュネーブで調印され、一九四八年一月に発効した。国際貿易機構が流産すると、同機構設立までの暫定協定とされていたGATTが、その後世界の自由貿易を支える制度として存続することとなった。ちなみに、国際貿易機構構想が遅ればせながら蘇ったのが、一九九五年一月の世界貿易機関（WTO）の設立であった。

冷戦発生後日本の世界経済への復帰を後押しするGHQは、一米ドル＝三六〇円の為替レートを一九四九年四月から施行した。日本政府も、一九五〇年四月に訪米した池田勇人蔵相がワシントンのＩＭＦを訪ね、早期の加盟希望を表明した。そして、独立後の一九五二年八月に、西ドイツとともにＩＭＦに加盟した。発足当初ＩＭＦは、参加国の為替自由化を主要な目標としていた。多くの国は、加盟当初は為替制限が許されるＩＭＦ一四条国からスタートし、経常取引における支払に対する制限や差別的通貨措置が禁じられる八条国への移行をめざした。結局日本は、一九六四年四月に、ＩＭＦ八条国への移行を達成した。

なお日本は、一九五二年に国際復興開発銀行に加盟するが、当初は借入国であった。一九五三年から借り入れが始まり、後には一九六四年の東京オリンピック開催に向けて、東海道新幹線、東名高速道路、東京首都高速道路等のインフラ整備にあてられた。日本がその借り入れを完済したのは、一九九〇年であった。その間一九六六年の日本道路公団への第六次融資で日本への新規融資は終了し、その後は純出資国となった。

以上のＩＭＦと国際復興開発銀行への加盟とは異なり、日本のＧＡＴＴ加入は多難を極めた。ＧＡＴＴ加入の前提条件は主要関係国との関税交渉であり、日本は一九五二年七月に関税交渉に入ることを申請した。しかし一〇月の第七回ＧＡＴＴ総会での審議は難航し、一九五三年九月の第八回総会で、権利を限定された仮加入が認められた。

日本の加入に最も強く反対したのはイギリスであり、オーストラリア、ニュージーランド等の英連邦の国々も同様であった。各国には、ダンピング等戦前の日本の貿易慣行への不信感が強く残っていた。結局はアメリカの強い後押しがあり、一九五四年一〇月の第九回総会で日本との関税交渉開始が決まり、一九五五年九月一〇日をもって正式加入が実現した。ただし、国際収支を理由に輸入制限が許されるＧＡＴＴ一二条国としての加入であり、それが許されないＧＡＴＴ一一条国へ移行するのは一九六三年二月であった。

当初は、ＧＡＴＴ一二条国の日本に対して、イギリスをはじめとする欧州諸国、オーストラリア、ニュージーランド等一四カ国が、特定国に対するＧＡＴＴ協定の不適用を可能とするＧＡＴＴ三五条の規定を援用して、日本とのＧＡＴＴに基づく貿易関係に入ることを拒否した。次章でみるとおり、ＧＡＴＴ三五条援用の撤回は、ＯＥＣＤ加盟と並行して、一九六〇年に誕生した池田勇人内閣の重要な外交課題となる。

第四章

経済大国日本の外交（1960年代）

沖縄・那覇空港にて、沖縄返還にかける思いを述べる佐藤栄作首相（1965年８月19日）

一．所得倍増計画と経済外交

（1）池田勇人内閣の政治と経済

池田の低姿勢

岸信介が安保騒動の責任をとって退陣すると、池田勇人が、自民党総裁選で石井光次郎と藤山愛一郎を破り、一九六〇年七月一九日に首相の座に就いた。

前章でみたとおり、日本の自立を希求する鳩山一郎内閣のもと、憲法九条を変えずに自衛隊が誕生した。また、吉田茂が締結した旧・日米安全保障条約の改定に取り組んだ岸信介のそもそもの動機も、日本の主体性回復であった。しかし、新・日米安全保障条約は、日本と東アジアの安全をアメリカに委ねる枠組みのもとで日本の自助努力を要請するという、当初の基本的な構図をより制度化する結果に終わった。

こうして、革新的な占領体制を修正しようとする保守的政治指導者の試みによっても、憲法改正は困難であり、日本の対米依存の修正は容易ではないことが示された。その結果、国内政治の課題としても、外交の問題としても、再び吉田路線の修正を試みることに実質的な意味はほとんどなくなった。さらに一九五〇年代の経験は、憲法と安保が日本の政治と社会を分断し、大きな混迷を引き起こすことを示した。

池田内閣の代名詞となった「低姿勢」は、そのような一九五〇年代の混乱の再来を封じようとしたものであった。池田は、自民党総裁に就任した際の記者会見で、政治にのぞむにあたって「寛容と忍耐の精神」を説いた。そして、一〇月二一日の施政方針演説で、「自由民主主義国としてのわが国の基本的立場を堅持」すると述べるとともに、憲法改正について「問題の本質が国民各層の間で十分議論され、相当の年月を経て国民世論が自然に一つの方向に向かって成熟」するまで事実上棚上げする方針を表明した。

そうした国内政治上の立場は、アメリカとの安全保障関係を基軸としつつ、冷戦下の権力政治や安全保障分野に積極的に関与しないとする、国際政治における低姿勢にも通じるものであった。アメリカ留学から帰国するや一九六〇年代の日本の論壇に颯爽と登場した高坂正堯は、その日本の姿を、「権力政治の舞台から降りた」ものと表現した。他の多くの保守党政治家と同様、池田にも意気込みとしての「大国」意識はあったものの、日本の外交としてその認識が国際政治舞台で現実化することはなかった。

日本の外交にアメリカへの依存が構造的に組み込まれているがために、いわば反作用として、意識的にせよ無意識にせよアメリカとの対等化を求めようとする心理が働くという傾向は、岸と同様に池田にもあった。そして、日本の主体性を求めようとする意識がアジア外交に向けられるという傾向も、両者に共通していた。それは、冷戦時代の日本外交の基本的な形といってもよく、以下でみるように、池田は中国と東南アジアに対する外交で独自の役割を模索した。

その一方で池田は、経済面では経済大国をめざす路線を、国内的にも対外的にも推し進めた。池田は、アメリカとの関係を軸にヨーロッパへと経済外交を拡大し、先進国クラブといわれた経済協力開発機構（ＯＥＣＤ）への加盟を実現した。いうまでもなく、経済大国としての地位を獲得するためには、それを支える国内基盤が不可欠である。そのために、池田内閣が発足当初に目玉として打ち出した国内政策が、「国民所得倍増計画」であった。

国民所得倍増計画

戦後日本の高度経済成長は、経済的指標でみれば一九五〇年代の後半から始まった。国民総生産（ＧＮＰ）の実質成長率は、一九五五年に八・八％を記録し、一九五八年に五・六％に落ち込むものの、一九五九年には八・九％、一九六〇年には一三・三％と順調に上昇した。こうした経済成長の波に勇気づけられて、岸内閣は一九五七年から五カ年を射程に入れた「新長期経済計画」を策定した。そして、一九五〇年代終盤には、日本の経済学者や政治家から、「賃金二倍論」（中山伊知郎《いちろう》）、「月給二倍論」（池田勇人）、「生産力倍増十カ年計画」（福田赳夫《たけお》）等が唱えられた。そして自民党は一九五九年一〇月に「国民所得倍増の構想」を打ち出し、経済企画庁が、総合計画局長大来佐武郎《おおきたさぶろう》のもと「所得倍増計画の基本構想」を作成した。

しかし、一九六〇年に入ると日本の経済成長は新たな段階に達していた。岸内閣下の目標はすでに過少となっており、生産力の着実な上昇によりそれに見合った総需要の創出も重要な課題となった。また、世界的な自由貿易化の趨勢のもとで、輸入の増大にともない為替バランスを維持するためにも輸出の増進も不可欠であった。首相となった池田は、そうした新たな情勢に適応させる形で、自身の所得倍増計画を打ち出すのである。

池田は、一九六〇年九月、一〇年間で国民所得を倍増し西洋諸国並みの所得と生活水準を達成するとした、池田内閣の新政策を発表した。そしてその方針は、一二月二七日の閣議において正式に決定された。計画の策定にあたっては、大来佐武郎が引き続き中心的な役割を果たした。具体的には、鉄道・道路・港湾等の社会資本の整備、「太平洋ベルト地帯」の重化学工業化等の産業構造の高度化、貿易自由化の推進、科学技術振興、文教政策、農業政策、エネルギー政策、社会福祉政策等、多岐にわたる施策が総合的に構想された。

池田が中核的政策として推進した所得倍増計画には、政治的な目的も存在した。GNPを倍増することで完全雇用を実現し、国民の生活水準を欧米諸国並みに大幅に引き上げることで、一九五〇年代に深刻化した国内対立構造の緩和が意図された。また、国民の目を経済成長という目標に集中させることで、憲法問題や安保問題で揺れ続けた日本の国内政治の安定も期待された。

池田の所得倍増計画は、日本を世界経済の回復と発展という流れに乗せることに成功した。その後の日本経済は、名目ベースでほぼ継続して一三%を超える成長を続け、一六兆六六二〇億円であった一九六〇年のGNPは、一九六九年にはほぼ四倍の六四兆八九一〇億円に達した。

(2) 日米欧関係の形成とOECD加盟

池田の経済外交

池田は、国内における所得倍増計画を足掛かりに、岸内閣とは対照的に安全保障分野では低姿勢を維持しつつ、経済分野で欧米諸国との対等化をめざした。具体的には、アメリカとの関係を基軸にして、日本の国際経済への本格的参入を警戒するヨーロッパ諸国との関係を打開する外交が展開された。

そのための最初の外交課題が、岸内閣下の安保騒動で傷ついたアメリカとの関係の構築であった。アメリカのケネディ政権も、安保闘争が示した日本における中立主義勢力の増大を懸念し、日本との経済関係を緊密化することによって日本をアメリカ陣営により密接に組み込むことを意図していた。そして、一九六一年六月に池田首相が訪米した際に、閣僚級の定期協議の場として日米貿易経済合同委員会の設置が合意された。

第一回目の日米貿易経済合同委員会は、同年一一月に箱根で開催された。議題には、日米間の経済問題に加えて、「日米両国と世界の他の地域との経済通商関係の促進」が含まれた。こうして日米貿易経済合同委員会は、日本がＧＡＴＴ三五条援用撤廃やＯＥＣＤ加盟をめざす外交的努力に、アメリカの支援を要請する重要な場ともなった。ちなみに、その後同委員会は一九七三年の第九回会合まで継続的に開催された。

一九六一年六月の池田のアメリカ・カナダ訪問への同行から帰国した小坂善太郎《こさかぜんたろう》外相は、さっそくその直後七月にイギリス、フランス、イタリア、バチカン、西ドイツを歴訪し、日本との経済関係の正常化を訴えた。同年九月に発足が予定されていたＯＥＣＤへの加盟問題と併せて、近々の課題はヨーロッパ諸国によるＧＡＴＴ三五条援用の撤廃を働きかけることであった。続いて、一九六二年七月に第二次池田内閣の外務大臣に就任した大平正芳が、来る池田首相の訪欧の準備のために、一九六二年九月末から一〇月にかけて池田が訪問予定のヨーロッパ七カ国を訪問した。

そして一一月四日、池田首相がヨーロッパ歴訪に出発し、西ドイツ、フランス、イギリス、ベルギー、イタリア、バチカン、オランダを訪問した。西ドイツは日本に対してＧＡＴＴ三五条の援用はしておらず、強硬であったのはフランスとイギリスであった。フランスとの間では、一一月九日に日仏共同コミュニケが発表され、ＧＡＴＴに関して「両国間に存在する懸案の解決」と新たな通商条約の締結を目的とする交渉の開始が合意された。イギリスは池田の訪問に前向きに対応し、一一月一四日に、日英通商航海条約が調印されるとともに、ＧＡＴＴ三五条援用撤回の書簡の交換が行われ、両国の経済関係は正常化した。ベネルクス三国のベルギーとオランダとは、それぞれ一一月一七日と二二日に共同コミュニケが発表され、ＧＡＴＴ三五条援用の撤回を目的とする交渉を開始することがうたわれた。

日本のOECD加盟に関して最も好意的であったのはイタリアで、一一月一九日の共同コミュニケで、「日本の加盟申請があれば支持する用意がある」と表明した。それ以外の各国の場合は、日本のOECD加盟に関して、「好意的に」配慮するという意思表明にとどまった。

その後、一九六三年五月一四日、フランスとの間で通商協定が調印され貿易関係が正常化するとともに、GATT三五条援用が撤回された。また、ベネルクス三国との間では、一九六三年四月三〇日に合意文書が署名され、GATT三五条援用が撤回された。こうして、一九六二年一一月の池田のヨーロッパ諸国歴訪をピークに、日本とヨーロッパ諸国の経済関係は正常化に向かい、池田の経済外交は大きく前進した。

悲願のOECD加盟

GATT三五条援用問題がおおむね解決すると、池田の経済外交の次の目標は、OECD加盟に向けられた。GATT問題には日本に対する不平等な扱いを是正するという意味合いがあった一方で、OECD加盟には先進国の仲間入りをするという意欲が存在した。またそこには、ヨーロッパ諸国との関係を構築し発展させるという目的もあった。池田は、日米関係を基軸に据えた上で、ヨーロッパへと外交の地平を拡大させようとする構想を、日本とアメリカとヨーロッパの「三本柱」を結び合わせるものととらえていた。池田はそのことの意義を、共産主義陣営に対する自由主義陣営の結束という政治的論理を強調することで、ヨーロッパの首脳に訴えた。

当時のヨーロッパ諸国は、日本の国際政治的な役割には依然として冷ややかな目を向けていたが、日本を自由主義陣営のなかの重要なパートナーとして位置づけるアメリカの強い支持もあり、一九六二年一一月の池田のヨーロッパ歴訪以降、日本のOECD加盟のプロセスが動き始めた。まずは、一九六三年三月二六日に、パリでOECD加盟二〇カ国による首席代表会議が開かれ、日本の加盟問題の討議が始まった。そして、五月九日からパリにおけるOECD本部において日本政府関係者からの聞き取りによる予備調査が始まり、六月にOECD調査団が来日し具体的な折衝に入った。

貿易外取引および資本取引の自由化、海運の自由化、直接投資の自由化等をめぐる約二週間に及ぶ交渉の結果、調査団は「日本のOECD加盟にとくに障害はない」とのコメントを発表し調査を終了した。七月八日からのOECD貿易外取引委員会での日本の自由化留保説明書についての討議を経て、七月二六日の常駐代表理事会は日本のOECD加盟を全会一致で承認した。その過程で日本は、一九六三年に国際収支の赤字を理由にした輸入制限が許されないGATT一一条国に移行し、翌一九六四年にはIMF八条国に移行して、為替取引に対する規制が撤廃された。

そして、一九六四年四月九日の衆議院でOECD条約が承認され、四月二八日に日本のOECD正式加盟の運びとなり、五月五日にOECD本部で開かれた理事会にはじめて日本政府の代表団が参加した。こうして日本は、欧米諸国以外でははじめて、アメリカ、カナダ、およびヨーロッパ一八カ国に次いで、二一番目のOECD加盟国となった。

二 自主外交と日米関係

(1) 佐藤栄作の自主外交

「Sオペレーション」における中国と沖縄

池田は、一九六四年七月の自民党総裁選挙で三選されたものの、その後半年も経たず病気退陣を余儀なくされ、一九六四年一一月九日に佐藤栄作内閣が誕生した。同年一月以来、ジャーナリストの楠田実を中心として、七月の自民党総裁選挙をにらんだ政策構想の検討が進んでいた。それは、佐藤の名前の頭文字から「Sオペレーション」と呼ばれた。政治家では、佐藤派の愛知揆一が参加した。

「Sオペレーション」は、佐藤の政治姿勢として、日米関係を前提としつつも、国家の主体性や政治的自立を重視した。五月五日付の「『私はこう考える』――共同討議のための第一次案」は、「新しい角度から、もっとダイナミックに、外交政策を再検討すべき時が来た」と論じ、「とくに対中国政策(中共と国府)を〝最重要外交政策〟と考え、根本的に再検討する」と進言した。そして、「あらゆる可能な分野で、日中間の接触を深める」とし、「米中関係の改善、正常化に、日本が橋渡し的な役割を果たせるよう準備を進める」と記した。さらに第一次案は、沖縄問題について、「施政権返還を文書をもって正式に米国に要求する」とし、「沖縄にかぎった日、米、琉、軍事基地協定を暫定的に結んで、沖縄の施政権返還を実現する段取りを検討する」ことを提案した。

五月一二日、佐藤と「Sオペレーション」のメンバーが、ホテルの一室に集まり第一次案を検討した。そこで佐藤は、第一次案の内容についてはほぼ了承し、メンバーたちは「Satoが全面的にこのオペレーションにコミットしたことに一同安心」した。佐藤はその二日後の五月一四日に、池田内閣の北海道開発庁長官の地位にありながら、中国経済友好団の団長として来日中であった南漢宸と会談し、二〇日の送別会にも顔を出した。佐藤は会談で政経分離政策の有効性に疑問を呈し、南漢宸《なんかんしん》は佐藤の前向きな対中姿勢に強く印象づけられたといわれている。

しかしながら、「Sオペレーション」による五月二〇日付の『私はこう考える』――第二次案」では、沖縄返還と対中政策の具体的な提言部分はすべて削除された。その「外交」セクションの冒頭には、「外交問題は国内の政争の具にしないため、きわめて慎重に取り扱う。……新政権が、新しい角度でとりあげるべき腹案は、すでに多く準備されている」と記された。そして、自民党総裁選挙に立候補するにあたり「Sオペレーション」が準備した政策宣言「明日への戦い――未来からのよびかけにこたえて」(六月三〇日公表)は、再び沖縄に関する言及を見送り、中国問題に関して「当面経済、文化、人間の交流など、あらゆる可能な分野で日中間の接触を深める」と述べるにとどまった。

その後ベトナム戦争が激化し、中国が文化大革命に突入するなか日中関係全般が悪化すると、佐藤が新たな中国政策を構想する余地はなくなっていった。しかし佐藤は、沖縄問題に関しては強い関心を抱き続けた。佐藤は、総裁選挙の六日前、七月四日の記者会見で、政策宣言には記さなかったにもかかわらず、「政権を担当した場合にはアメリカに沖縄返還を要求する」と「Sオペレーション」の第一次案から検討されてきた方針を口にした。

しかし、一九六四年一一月九日の内閣成立にあたり発表された「国民のみなさまへ」と題する談話においては、外交に関して、「中国問題を中心とする外交政策の樹立」、「平和共存外交を推進する」、「南北問題の解決、とくにアジアの民生安定をめざす」という三点に簡単に触れたのみで、沖縄問題への言及はなかった。

佐藤の核武装論とアメリカ

こうして、「Sオペレーション」の過程には、佐藤が追求すべき政策に関する「本音」と、国内政治情勢を勘案した「建前」とが交錯していた。そうしたなかで、「Sオペレーション」が第一次案から佐藤による政策宣言「明日への戦い」まで一貫して打ち出していたのが、日本の核不拡散政策の推進であった。「明日への戦い」は、「世界の各国に対し、または国連を通じ、軍縮および軍備管理への努力、核拡散の防止を強く呼びかける」と、第一次案に登場した方針を踏襲していた。

しかし、佐藤には内に秘めた別の「本音」があった。佐藤は、首相就任後一二月末に、翌年の訪米に備えてエドウィン・ライシャワー（Edwin O. Reischauer）駐日アメリカ大使と会談した。ひととおりの案件について検討をすませた後、最後の約四〇分は、通訳も外して佐藤とライシャワーだけの会談となった。その際に佐藤は、今はその時期ではないと断りながらも、憲法改正と日本の核武装の可能性に関する考えを実直に伝えた。そして、戦後の日本はもはや帝国主義的野望は持っていないので心配はいらないと述べ、防衛問題をリンドン・ジョンソン（Lyndon B. Johnson）大統領との会談での中心議題にしたいという希望を伝えたのである。

そのときアメリカ国務省は、佐藤内閣発足直後の一二月一二日付で、「核兵器保有に関する諸国の決定に影響を与え得る要因についてのバックグラウンド・ペーパー」を作成したばかりであった。それは日本に関連し、戦後の反軍・反核感情は敗戦による一時的なものであると分析し、日本が独自の国益を合理的に考えるようになったときに、それが核武装に向かわないようにすることの重要性を指摘した。佐藤の発言は、その矢先に飛びこんできたのである。

ライシャワーは、佐藤の「率直さと熱意」に「容易ならぬ危険性」があることを本国に報告した。そして、一九六五年一月の佐藤・ジョンソン会談に向けて国務省が準備した文書は、日本の国家的自尊心が復活するなかで、核武装に向かう可能性のあるエネルギーを管理することが重要であると指摘した。

そしてそれ以降、日米安全保障関係のもとで、経済大国となった日本の自主の欲求にどう対応するのかが、一九六〇年代のアメリカの対日政策の水面下での重要なテーマとなった。その検討作業では、独立した日本の防衛力と在日米軍の完全撤退の可能性すら指摘され、日米安全保障関係のもとで日米が共通の政策を持つことの重要性が論じられた。その趣旨は、一九七〇年代に表面化する、日米安全保障関係が日本の軍事的自立を防いでいるという、いわゆる「瓶の蓋」論そのものであった。

そして、一九六八年一二月に取りまとめが完了した「アジアにおける日本の安全保障上の役割」と題する文書は、アメリカにとって望ましい日本の役割は日本の防衛と国連の平和維持活動への参加に限るという結論を導いた。集団安全保障や集団的自衛に基づいて日本に地域的安全保障上の軍事的役割を奨励することの是非も検討されたが、その場合、日本は自立した軍事力増強に走る可能性があるとする対日警戒心が示されていた。

きわめて逆説的にも、吉田路線をめぐる政治的混乱を封印しようとする池田外交で幕を開けた一九六〇年代に、まさに池田外交がもたらした経済大国化ゆえに、吉田路線を揺さぶる日本の自尊心が頭をもたげ始めたのである。前章でみたとおり、一九五〇年代には、アイゼンハワー政権の日本への懸念は、主に日本の政治と社会の中立主義に向けられた。一九六〇年代になると、それとは逆に、経済大国日本の安全保障面での自立の可能性が、アメリカにとって深刻な問題として認識されるようになったのである。それは、日本の指導者が、実際の外交では安全保障上の自立路線を放棄したことを意味する吉田路線に立脚しながらも、大国意識にとらわれ続けるという自己矛盾から抜け出せなかったことの代償でもあった。

(2) 沖縄返還と繊維問題

施政権返還と米軍基地

一九六五年一月の佐藤首相の訪米は、事実上沖縄返還交渉の第一歩となった。日米首脳会談の初日（一月一二日）は、アメリカ側の希望でジョンソン大統領と佐藤首相の個別会談から始まった。そこでジョンソン大統領は、日本防衛のための核抑止力に関して、「アメリカは約束を守り、核防衛を提供する」と確約した。まずは、ライシャワー大使から報告された佐藤の核武装論を封じようとしたのである。佐藤は、「それこそは私が尋ねたかったことである」と応じた。

佐藤は、その後の全体会議で、「施政権の返還が沖縄住民のみならず、日本国民全体の強い願望である」と表明し、自らが沖縄を訪問したいとする意思を伝えた。一月一三日に発表された佐藤・ジョンソン共同声明は、沖縄と小笠原諸島の施政権返還の願望を述べた佐藤に対して、「大統領は、施政権返還に対する日本の政府及び国民の願望に対して理解を示し、極東における自由世界の安全保障上の利益が、この願望の実現を許す日を待望していると述べた」と記した。

佐藤は、アメリカ側との折衝を経て、八月一九日に沖縄訪問を果たした。佐藤は到着した那覇空港で、「沖縄の祖国復帰が実現しない限り、わが国にとって戦後が終わっていないことをよく承知しております」と、沖縄の施政権返還にかける思いを表明した。いうまでもなく、沖縄返還にはアメリカの軍部の抵抗があることは、佐藤も理解していた。アメリカは、同年二月にベトナムで本格的な北爆を開始し、三月には海兵隊によるダナン上陸が実行されていた。

そうしたなか、一九六六年から六七年にかけて、アメリカ政府内で、日米安全保障条約の一〇年の期限が来る一九七〇年までに沖縄の返還が実現していなければ、日米関係は危機を迎えるという認識が主流になっていった。そして外務省内でも、一九六七年から、将来の沖縄の軍事的地位に関する検討が本格化していった。主要な論点は、施政権返還後の沖縄の基地の自由使用をアメリカに認める（そのために別個基地協定が必要になる）のか、日米安全保障条約と事前協議制度を返還後の沖縄の基地にも適用するのか、であった。さらに、日本の国内事情からは、施政権返還後の沖縄の基地における核兵器配備の問題も、それに劣らず重要な問題であった。

アメリカの軍事戦略からすれば、基地は自由使用、であれば核兵器の配備も継続、というのが望ましい選択であることは明らかであった。外務省を中心とした検討では、沖縄の基地を本土並みに扱うという意見と、核も含めた基地の自由使用を認める立場とが衝突する構図のもと、予定される一九六七年一一月の佐藤訪米に向けて様々な折衷的な案が乱立し、落とし所が決まらない状態が続いた。

佐藤訪米を直前に控えても、返還時期に関する表現をめぐって日米間の溝は埋まらなかった。日本側が、佐藤が信頼する若泉敬《けい》京都産業大学教授による水面下のチャンネルと、外務省ルートの双方で、それぞれ異なった案をアメリカ側に伝えていたことも、交渉を混乱させた一因であった。結局、一一月一五日に発表された佐藤とジョンソンの間の共同コミュニケは、「総理大臣は、さらに、両国政府がここ両三年内に双方の満足しうる返還の時期につき合意すべきであることを強調した」と、佐藤の希望を一方的に表明する形に落ち着いた。さらに同コミュニケは、小笠原諸島の日本への早期復帰を達成するための具体的な取り決めに関し、日米が直ちに協議に入ることについて合意した。そして、一九六八年四月五日に、日米安全保障条約が適用されること、すなわち「本土並み」をうたった小笠原返還協定が調印され、六月に返還が実現した。

沖縄返還合意

その後アメリカでは、一九六九年一月にリチャード・ニクソン（Richard M. Nixon）政権が誕生した。日本政府では、そのころまでに「核抜き」の方針はかなり明確になっており、それに配慮したニクソン政権は、一九六九年五月末には、最終的には「核抜き」の返還に合意する交渉方針を定めた。日本側では、日米安全保障条約が適用される「本土並み」か、特別取り決めで基地の自由使用を認めるのか、二つの立場の相違はなかなか埋まらないでいたが、最後は佐藤の強い意思で「核抜き・本土並み」とする日本側の基本方針が決まった。しかし、ニクソン政権の「核抜き」返還の条件は、緊急時の沖縄での核兵器の貯蔵と通過の権利を保持することであった。つまりそこには、表向きの「核抜き」合意のためにこそ有事核持ち込みに関する「密約」が生まれるという構図があった（後述）。

一九六九年中は、若泉による裏チャンネルも含めた、消耗戦といってもよい緊迫した日米間の交渉が断続的に続いた。そしてついに、一九六九年一一月一九日の佐藤とニクソンの間の首脳会談で、沖縄返還に関する交渉が妥結した。一一月二一日付の佐藤・ニクソン共同声明は、以下のとおりうたった。

6．……両者は、日本を含む極東の安全をそこなうことなく沖縄の日本への早期復帰を達成するための具体的な取決めに関し、両国政府が直ちに協議に入ることに合意した。さらに、両者は、立法府の必要な支持をえて前記の具体的取決めが締結されることを条件に一九七二年中に沖縄の復帰を達成するよう、この協議を促進すべきことに合意した。これに関連して、総理大臣は、復帰後は沖縄の局地防衛の責務は日本自体の防衛のための努力の一環として徐徐にこれを負うとの日本政府の意図を明らかにした。……

7．総理大臣と大統領は、施政権返還にあたっては、日米安保条約およびこれに関する諸取決めが変更なしに沖縄に適用されることに意見の一致をみた。これに関連して、総理大臣は、日本の安全は極東における国際の平和と安全なくしては十分に維持することができないものであり、したがって極東の諸国の安全は日本の重大な関心事であるとの日本政府の認識を明らかにした。総理大臣は、日本政府のかかる認識に照らせば、前記のような態様による沖縄の施政権返還は、日本を含む極東の諸国の防衛のために米国が負っている国際義務の効果的遂行の妨げとなるようなものではないとの見解を表明した。大統領は、総理大臣の見解と同意見である旨を述べた。

8．総理大臣は、核兵器に対する日本国民の特殊な感情およびこれを背景とする日本政府の政策について詳細に説明した。これに対し、大統領は、深い理解を示し、日米安保条約の事前協議制度に関する米国政府の立場を害することなく、沖縄の返還を、右の日本政府の政策に背馳しないよう実施する旨を総理大臣に確約した。

第7項が「本土並み」、第8項が「核抜き」に関する合意を表現したものである。そして、それぞれに関して、日本の新たな責任分担が示された。「本土並み」に関しては、佐藤が極東の安全保障に関心を示し、沖縄の返還がアメリカの戦略の妨げにならないことを表明した。「核抜き」に関しては、核の持ち込みや再配備が事前協議の対象になり得る一方で、その際にはアメリカの意向を妨げないことが約束された。

「極東の諸国の安全は日本の重大な関心事」との日本の認識に関しては、共同声明の第4項目が、韓国、台湾、ベトナムに言及した。すなわち、「総理大臣は、朝鮮半島の平和維持のための国際連合の努力を高く評価し、韓国の安全は日本自身の安全にとって緊要であると述べた」とするいわゆる「韓国条項」、「総理大臣は、台湾地域における平和と安全の維持も日本の安全にとってきわめて重要な要素であると述べた」という「台湾条項」、および「総理大臣は、日本としてはインドシナ地域の安定のため果たしうる役割を探求している旨を述べた」とする「ベトナム条項」である。インドシナ問題に関しては、沖縄返還時にベトナム和平が実現していなければ、その際には「米国の努力に影響を及ぼすことなく沖縄の返還が実現されるように、そのときの情勢に照らして十分協議することに意見の一致をみた」とうたわれた。

こうして、極東の安全保障に対する日本の関心と関与の増大と引き換えに、一九七一年六月一七日に沖縄返還協定が調印され、一九七二年五月一五日に沖縄の本土復帰が実現した。そのことは、日本の本格的再軍備が進み日本の防衛態勢が沖縄にまで及べば沖縄の完全返還が可能になるという、そもそも占領期にアメリカによる沖縄保有と基地化が進んだ際の原理的な構図を思い起こさせるものであった。しかしそれは、あくまで原理的な理屈であって、一九五〇年代から六〇年代にかけての展開は、日本の本格的再軍備や軍事的自立はほぼ不可能であり、日本もそれを望まないことを示した。その結果、佐藤による一種の自主外交の成果として施政権の返還は実現しても、日本の安全保障にとって沖縄の米軍基地が持つ意味は基本的には変わらなかったのである。

日米繊維交渉

ニクソン大統領の一九六八年大統領選挙戦中の中心的公約のひとつが、繊維製品の輸入に何らかの取り決めや制限を設けることであった。さっそくニクソン政権発足直後の一九六九年五月に、モーリス・スタンズ（Maurice H. Stans）商務長官が来日し、繊維製品輸出の自主規制を要請したが、日本はこれを拒否した。こうして、ニクソン政権の対日政策において、沖縄返還という高度に政治的な問題と並行して、全く次元の異なる繊維問題が浮上した。

日本にとってやっかいなことに、ニクソン政権は、次元が異なるこの二つの問題をリンケージさせる対応に出た。そのためにニクソンは、七月以来再び動き始めた若泉敬とキッシンジャーの裏チャンネルを使った。キッシンジャーは、九月末にワシントンで若泉と会った際に、スタンズ商務長官に準備させた繊維問題での要求事項と、軍がまとめた緊急時の沖縄への核持ち込みと通過を求めた文書を手交した。

一一月に入ると、アメリカ側は佐藤訪米時の共同声明に繊維条項を設けるつもりであることがわかったが、一一月二一日に発表された佐藤・ニクソン共同声明には、間接的に「両国間の貿易および経済問題に関して相互に満足すべき解決策を見出すため、引続き緊密に協議すべき」とだけ記された。

しかし、裏チャンネルでの繊維輸出の自主規制を求める圧力は継続した。一一月一二日、キッシンジャーはニクソンと佐藤の首脳会談における議題と発言要領に関するシナリオを記した申し合わせを若泉に示した。そこでは、沖縄問題の討議の前に繊維問題を議論することになっていた。その間、国務省との討議を進める外務省は、繊維問題とのリンケージは認めない方針でのぞんでいた。しかし佐藤は、裏チャンネルで伝えられるニクソンの意向を勘案し、一一月二〇日の第二回目の首脳会談で繊維問題の討議に応じることを表明した。佐藤は、GATTの場で処理したいというそれまでの日本政府のポジションを踏まえながらも、その前に日米の二国間協議を行い、必要に応じて日本の繊維業界を指導するという見解を示したのである。

こうして沖縄返還の道筋をつけた佐藤内閣にとって、繊維問題がアメリカとの間の当面の最重要課題として残った。二国間協議を行うという約束を踏まえ、一九七〇年六月にワシントンで、宮沢喜一通産相とスタンズ商務長官が会談したが、物別れに終わった。すると一九七一年二月、議会で繊維製品の輸入割当の法制化を主導してきたウィルバー・ミルズ（Wilbur D. Mills）下院歳入委員長が、日本の繊維業界による一方的な自主規制を提案した。そして三月に、日本繊維産業連盟が、今後三年間にわたり対米輸出の伸び率を初年度五％、その後の二年間は六％に抑えるという自主規制案を発表し、同日日本政府は政府間交渉を打ち切る旨アメリカに通告した。

しかし、政府間交渉を打ち切られたニクソン大統領は不満をあらわにし、議会での法制化を支持するとの立場を打ち出した。そして八月一五日（アメリカ時間）、金とドルの一時交換停止と一〇％の輸入課徴金の導入を柱とする新経済政策を発表した（経済政策での「ニクソン・ショック」）。続いて秋に、日本との繊維問題に対して「対敵通商法」を発動し一方的な輸入制限もあり得るとの方針が伝えられた。

ここに至って日本政府はアメリカの要求に応じざるを得ないという判断に落ち着き、七月に通産大臣となった田中角栄の主導のもと、繊維業界の損失を補塡するという方針に切り替えた。そして、一〇月一五日に三年間の輸出規制を定めた「日米繊維問題の政府間協定の了解覚書」の仮調印が行われ、日米繊維問題は決着した。繊維業界へは七五一億円の救済融資が実施され、さらに一二七八億円の追加救済融資が補正予算として計上された。その額は、当時の通産省の一般会計予算とほぼ同額であった。日本が結局はアメリカの圧力に屈するというその結末は、その後頻発する日米経済摩擦を予見するかのようであった。

(3) 非核三原則と核密約

沖縄返還と非核三原則

右でみたとおり、一九六七年一一月一五日に発表された佐藤首相とジョンソン大統領による共同コミュニケで、小笠原諸島の返還合意が成立した。佐藤は、一二月一一日の衆議院予算委員会で、小笠原の「本土並み」返還と核兵器に関する質問に答える形で、「本土としては、私どもは核の三原則、核を製造せず、核を持たない、持ち込みを許さない、これははっきり言っている。その本土並みになるということなんです」と、非核三原則にはじめて言及した。

一九六八年一月に、アメリカの原子力航空母艦エンタープライズが、はじめて日本に寄港した。その際日本政府は、核搭載艦の寄港は黙認する他はないとの方針をとると同時に、国民向けには、一月二九日に、核搭載艦は一時寄港でも事前協議の対象となるとの統一見解を発表した。そこから、「事前協議の申し出がない以上核は搭載していないと信じる」という、その後も繰り返される政府答弁が生まれたのである。その上で佐藤は、一月三〇日、非核三原則、核軍縮の推進、自主防衛とアメリカの核抑止力への依存、核エネルギーの平和利用からなる、日本の核政策の四本柱を表明した。

そのときに進行していた小笠原諸島の返還交渉で、アメリカは緊急時の核貯蔵に関する非公式文書の作成を求めてきたが、三木武夫外相はそれを拒否した。結局、三木外相とアレクシス・ジョンソン（Ural Alexis Johnson）駐日大使が、小笠原への緊急時の核兵器の貯蔵に関する口頭ステートメントを会談記録として残すこととなり、三月一九日にその記録が作成された。そこには、ジョンソン大使が、小笠原諸島に核兵器の貯蔵が必要になる非常事態には、日本政府の「好意的対応」を期待したいと述べたこと、それに対して三木外相が「事前協議に入るであろうとしか申上げられない」と返答したことが記された。それに加え、核兵器の貯蔵に関する「会談記録」や小笠原返還協定が、沖縄返還にあたっての先例とはならないとする、三月二二日付の三木外相の口頭ステートメントの記録も作成された。

一九七一年六月に調印された沖縄返還協定は、同年一一月一〇日にアメリカの上院本会議で批准された。続く一一月二四日、衆議院本会議でも、沖縄返還協定承認案が社会党や共産党が欠席するなかで可決された。そして同日、「非核兵器ならびに沖縄米軍基地縮小に関する決議案」も採択された。いわゆる「非核三原則」の国会決議であり、その決議文は以下のとおりであった。

一、政府は、核兵器を持たず、作らず、持ち込まさずの非核三原則を遵守するとともに、沖縄返還時に適切なる手段をもって、核が沖縄に存在しないこと、ならびに返還後も核を持ち込ませないことを明らかにする措置をとるべきである。
一、政府は、沖縄米軍基地についてすみやかな将来の縮小整理の措置をとるべきである。
右決議する。

日本の国民感情や国内事情から生まれた非核三原則は、アメリカの極東戦略を覆しかねないものでもあった。日米安全保障関係を外交の基軸とする日本政府が、そのアメリカの戦略に無関心でいられるはずもなかった。そこに存在する日米間の本質的なギャップこそが、核兵器をめぐる日米間の「密約」を生む温床に他ならなかった。

沖縄返還と「密約」

沖縄の返還交渉に佐藤の密使として動いた若泉敬は、自らの関与の全貌を明らかにした著書（『他策ナカリシヲ信ゼムト欲ス』文藝春秋、一九九四年、新版二〇〇九年）で、佐藤とニクソンが署名したはずの「一九六九年十一月二十一日発表のニクソン米大統領と日本の佐藤首相による共同声明に関する合意議事録」と題する文書の存在を明らかにした。それは、日米両首脳の意思を以下のとおり記していた（以下の邦訳は、「いわゆる『密約』問題に関する有識者委員会報告書」〈二〇一〇年三月九日〉にある翻訳〈七四―七五頁〉を筆者が適宜修正したものである）。

米国大統領

われわれが共同声明で述べたとおり、米国政府の意図は、実際に沖縄の施政権が日本に返還されるときまでに、沖縄からすべての核兵器を撤去することである。そして、それ以降は、共同声明で述べられたとおり、日米安全保障条約および関連する諸取決めが沖縄に適用される。

しかしながら、日本を含む極東諸国の防衛のため米国が負っている国際的義務を効果的に遂行するために、米国政府は、重大な緊急事態が生じた際、日本政府との事前協議を経て、核兵器の沖縄への再持ち込みと、沖縄を通過させる権利を必要とするであろう。米国政府は、好意的な回答を期待する。米国政府はまた、沖縄に現存する核兵器貯蔵地である、嘉手納、那覇、辺野古、並びにナイキ・ハーキュリーズ基地を、何時でも使用できる状態に維持しておき、重大な緊急事態が生じた時には活用できるよう求める。

日本国総理大臣

日本国政府は、大統領が述べた重大な緊急事態の際の米国政府の諸要件を理解して、かかる事前協議が行われた場合には、遅滞なくそれらの要件を満たすであろう。

大統領と総理大臣は、二通の議事録をそれぞれ大統領と総理大臣の執務室のみに保管し、米国大統領と日本国総理大臣のみの間で最高機密として取り扱うことに合意した。

若泉の回想にも、そして一九九七年に公開されたアメリカの資料にも、一九六九年一一月一九日の日米首脳会談の際に、ニクソンと佐藤が通訳も入れず二人だけでとある部屋に入った事実が記されている。両者の「合意議事録」が、そのときに署名されたことはほぼ確実だろう。

若泉は、一九八〇年、五〇歳にして大学教授の職を辞するとともに故郷の福井県鯖江市へ居を移し、執筆に一四年間をかけて、佐藤の密使としての沖縄問題への関与の全貌を明らかにした。しかし、「国賊になる」覚悟で文字通り命がけ（若泉は出版から二年後に自殺）で明らかにした事実を、日本政府は「密約はない」との扱いで事実上黙殺した。

しかし、ようやく二〇〇九年にその問題に再び光が当てられた。佐藤とニクソンによる「合意議事録」の現物の存在は長年不明であったが、二〇〇九年九月に政権をとった民主党によって設置された「いわゆる『密約』に関する有識者委員会」が一一月に活動を始めると、二〇〇九年一二月にその存在が明らかになった。佐藤の次男で元通産相の佐藤信二が、佐藤の遺品のなかに残されていたことを明らかにしたのである。文面は、若泉が明らかにしていたものと同じであった。

二〇一〇年三月九日に公表された有識者委員会の報告書は、「合意議事録」の内容は「密約」とまではいえないとし、外務省の関与はなかったことがうかがわれると結論づけた。条約局条約課の首席事務官として沖縄返還交渉に携わった栗山尚一《たかかず》も、佐藤・ニクソン共同声明第8項にある「日米安保条約の事前協議制度に関する米国政府の立場を害することなく」がすべてを語っており、「密約」があったとしても米軍の説得材料程度の意味しかなく、それほど本質的なものではないと回顧する。

しかし、問題の本質は、秘密とせざるを得ない約束、すなわち「密約」を生まざるを得ない日米安全保障関係のねじれた構造にこそあった。それゆえ、若泉とキッシンジャーの間の裏チャンネルでのやりとりは緊迫したものであり、当初は難色を示したものの最後は「密約」を受け入れざるを得ないと判断した佐藤も、その文書を事実上ひとりで握りつぶしたのであった。

たとえば、共同声明の文案をめぐって両者が大詰めの交渉をしていた一一月一一日、キッシンジャーは国務省が準備した核に関する条項案を若泉に示した。それは、「大統領は、事前協議の規定により、米軍の装備の重要な変更を米国政府が要請」した場合には、「日本国政府の同意が得られるものと理解する」と述べ、「総理大臣は、この理解に賛意を表明した」と記されていた。佐藤が事実上核の再持ち込みを認めるこの文面は、佐藤にも外務省にも決して受け入れられるものではなく、若泉は「冗談ではない」と即座に拒否した。そこで、外務省が準備した三つの案のうちで最もアメリカ側に譲歩したものが共同声明第8項となるのである。そして、アメリカがそれを受け入れるための要件が、右の「合意議事録」であった。

まさに「密約」が、日本国内における外務省の、そして佐藤の面子を保ったともいえる。つまり「密約」が、日米安全保障関係に存在する本質的な溝を覆い隠し、アメリカの戦略的要請を公にすることのできない日本政府を当面救ったのであった。

三　対中外交

(1) 日中貿易と台湾

米ソ関係と中国

池田は、冷戦下の国際政治および安保騒動後の国内政治ではともに低姿勢を維持しながら、アジアにおいては政治的な外交を模索した。池田のアジア外交の背景として重要だったのは、中国の独自路線が明確になり始めたことであった。

そのことは、まず中ソ対立の進展として現れた。中ソ関係は一九五〇年代後半から水面下で対立が進行し、一九五九年六月にはソ連が中国への原爆サンプルの提供を約束した国防新技術協定を一方的に破棄し、一九六〇年四月には中国に派遣していた技術専門家を引き上げる事態となった。米中対立がアジアの国際政治を規定する状況下での中ソ対立の進展は、革命路線および対外戦略において中国が独自の道を歩み始めたことを意味していた。そうしたなか突如発生したキューバ・ミサイル危機は、中国の自立路線を一層際立たせることになった。

アメリカは、一九六二年一〇月にソ連がキューバに中距離ミサイル基地を建設中である事実をつかむと、ミサイル基地空爆の選択肢を残しつつキューバの海上封鎖に踏み切った。結局ソ連が基地の撤去に同意し危機は収束するが、アメリカが偵察機でミサイル基地の写真を撮った一〇月一六日からソ連が基地の撤去を表明する二八日までの一三日間は、米ソ対立が最も核戦争に近づいた時期といわれた。池田は、海上封鎖措置の国際法的合法性に疑問を持ちながらも、ケネディ政権の対応を支持した。

危機収束後、ケネディ大統領とソ連のフルシチョフ第一書記は、お互いの対応を理性の勝利であると総括した。そこには、当時核開発を進めていた中国に対するメッセージが込められていた。事実中国は、アメリカに譲歩したソ連の対応を「敗北主義」として痛烈に批判し、独自の核開発計画に拍車をかけた。そして、建国一五周年にあたる一九六四年一〇月一六日に原爆実験に成功するのである。キューバ・ミサイル危機を乗り切った米ソは、一九六三年の部分的核実験禁止条約(PTBT)や一九六八年の核不拡散条約(NPT)を成立させた。中国は、こうした米ソの歩み寄りにも猛烈に反発した。

独自路線を行く中国は、アジアやアフリカの独立新興国および日本や西欧諸国との提携に戦略的重きを置いた「中間地帯論」を打ち出した。以下に述べる一九六〇年代前半の中仏国交正常化や日本との貿易関係の構築という動きは、こうした中国の外交戦略に基づいていた。

友好貿易とLT貿易

前章でみたように、中国は一九五八年五月の長崎国旗事件をきっかけに日中貿易や人的交流を全面的に断絶した。それは、大躍進政策に象徴される毛沢東の革命路線が急進化する最中の出来事であった。しかし大躍進政策は失敗に終わり、毛沢東は一九五九年に国家主席の座を劉少奇《りゅうしょうき》に譲った。そして、右でみたように、そのころから中ソ対立が深まり始める。その最中の一九六〇年七月に、池田勇人内閣が誕生した。

さっそくその翌月、日中貿易促進会の役員と面会した周恩来が、日中間の貿易形態には政府間協定、民間契約、個別的配慮の三つがあるとする「貿易三原則」を提示し、個別的配慮に基づく友好的な取引を紹介するよう働きかけた。

こうして一九六〇年に始まったのが、友好貿易と呼ばれる日中貿易である。

それは、中国から友好商社として認定を受けた会社が、毎年春と秋に開催される広州交易会に参加するという形態をとった。友好商社に認定されるためには、中国政府によって提示された日中関係における政治三原則、貿易三原則および政経不可分の原則を支持することが求められた。政治三原則は、長崎国旗事件で断絶した日中関係改善の条件として、中国が一九五八年八月に訪中した社会党の佐多《さた》忠隆《ただたか》参議院議員を通して、岸内閣に突きつけた条件がその原型であった。佐多の中国訪問報告書によると、その三原則とは、（1）直ちに中国を敵視する言動と行動を停止し、再びくり返さないこと、（2）「二つの中国」を作る陰謀を停止すること、（3）日中両国の正常関係の回復を妨げないこと、であった。

池田は、日中貿易の進展を一般的には歓迎したものの、政治色の強い友好貿易には違和感を抱いた。そこで池田は、一九五〇年代から日中貿易の推進に尽力してきた岡崎嘉平太《かへいた》全日空社長に協力を求めた。そこで岡崎は、メーカーやメーカー団体が直接参加する長期総合バーター協定という構想を政府に提出した。政府の検討を経たこの構想は、九月に自民党の松村謙三が訪中した際に、周恩来との間で大筋合意された。

こうした経緯を経て、岸信介内閣で経済企画庁長官を務めた高碕達之助が、経済代表団を率いて一九六二年一〇月下旬に訪中し、一一月九日に廖承志《りょうしょうし》との間で「日中総合貿易に関する覚書」に調印した。この日中間の総合貿易は、覚書に調印した両者の英字頭文字をとって、ＬＴ貿易と呼ばれた。

「日中総合貿易に関する覚書」は、日本からの輸出品目にプラントを加えた。想定されていたのは、倉敷レーヨンのビニロン・プラントであった。非公開とされたＬＴ貿易の初年度取り決め事項には、プラント輸出に対する支払を延払とし、金利を年四・五％とするという合意が盛り込まれた。日本政府は、高碕代表団が訪中する前に、保証は中国銀行によるという条件をつけ、日本政府が関与しない形での限定的な延払方式を容認していた。しかし、日本政府の方針に反し、ＬＴ貿易の初年度取り決めは、プラントに対する日本輸出入銀行（輸銀）による融資を求めていた。そして、実際一九六三年七月に、輸銀融資を条件とする倉敷レーヨンのビニロン・プラント輸出契約が正式に調印された。当初は慎重姿勢を示した日本政府は、池田の前向きな姿勢もあり、結局その契約を容認した。

国府の反発と二つの「吉田書簡」

日本政府が実質的に日中貿易に関与したことに対し、国府はすぐさま反発した。日本政府が八月二〇日に輸銀融資を認めると、さっそくその翌日、台湾総統府秘書長の張群《ちょうぐん》が木村四郎七《しろうしち》日本大使に抗議した。二四日には、国府駐日大使が蔣介石の親電を携えて大磯の吉田邸を訪ねた。池田内閣が具体的な対応をとらないなか、国府は九月二一日に駐日大使を召還した。

そうした最中、一〇月七日、中国油圧式機械代表団の通訳として訪日中の周鴻慶《しゅうこうけい》が亡命を求めてソ連大使館に駆け込んだ。ソ連大使館が周鴻慶を日本側に引き渡すと、周鴻慶の亡命希望先が国府、日本へと二転三転した。その間国府と中国の日本政府への駆け引きが展開されたが、結局日本政府は一九六四年一月に中国に送還した。不満を強めた国府は、代理大使、参事官二名、一等書記官の計四名の大使館員を本国に召還した。そして、日本からの全輸入の四割を占めていた政府による買い付けを停止するという措置に出た。

こうして日本と国府の関係が戦後最大の危機に直面するなか、一九六四年二月二三日から二七日にかけて吉田茂が台湾を訪れ、蔣介石との三回の会談にのぞんだ。最初の予定にはなかった帰国前日の第三回目の会談で、蔣介石は、プラント対中輸出の輸銀融資の阻止を要請し、国府の大陸政策への日本の賛同と協力を求めた。そして、同日夜、張群が吉田を訪ね「中共対策要綱案」を提示した。張群は、三月に入って蔣介石の決済を得た「中共対策要綱案」を吉田に送付し、正式に確認を求めた。それに対して吉田は、四月四日付で、要綱案に同意する書簡を張群に対して送付した（第一次「吉田書簡」）。

にもかかわらず、対中貿易に前向きな池田の姿勢は変わらなかった。一九六四年五月には、ニチボーが中国とビニロン・プラント輸出の仮契約を結び、九月に正式調印した。対日抗議が無視された形の国府は、再び吉田への接近を図った。張群と吉田の間で数度にわたる書簡のやりとりを経て、吉田は五月七日付で再び張群宛書簡、いわゆる第二次「吉田書簡」を送付した。それは、対中プラント輸出の金融を民間ベースにすることについて台湾の意向に沿って研究を進める、本年度中はニチボーのビニロン・プラントの対中輸出を認める考えはない、という二点を約束していた。

第二次「吉田書簡」は非公開とされたが、五月九日に池田内閣の黒金泰美《やすみ》官房長官が、書簡の内容そのものを政府の方針として発表した。それを受けて、大平正芳外相が七月に現職外相として戦後初の訪台を果たすと、国府は対日買い付けの停止を解除し、外交関係も正常化した。

総じて池田は、一定程度の日中貿易の拡大には積極的であり、国府による抗議は度が過ぎていると考え、第二次「吉田書簡」を国府に冷却期間を与えるものと受け止めていた。しかし池田は、七月の自民党総裁選挙で再選を果たすものの、その後病状が悪化し一一月に政権を佐藤栄作の手に渡した。佐藤内閣が発足した直後の一九六四年一一月一六日、輸銀の融資を条件とする日立造船による貨物船対中輸出の契約が成立した。結局佐藤は、しばらくの間逡巡した後、輸銀不使用の決断を下した。そして、日立造船の契約は一九六五年三月に失効し、ニチボーのプラント契約も四月に契約期限が切れた。

こうして国府の介入もあって、日中貿易の展開に陰りがみえ始めたころ、中ソ対立を背景に日本共産党と中国共産党の関係が決定的に悪化した。すると中国は、友好貿易から日本共産党の影響力排除に動いた。中国が文化大革命に突入すると、中国は約三〇〇の友好商社に一九六七年九月の佐藤訪台への反対デモに従業員を動員するよう指令したり、商談の場である広州交易会で一カ月の期間の半分が『毛沢東語録』の学習にあてられたりした。

また、一九六五年九月に訪中した日本のLT貿易事務所の代表団は、「吉田書簡」が効力を持つ限りはプラントや貨物船の交渉は不可能であることを告げられた。さらに、一九六二年に調印された「日中総合貿易に関する覚書」は、一九六七年一一月に期限が切れた。そして、一九六八年からLT貿易は単年度ごとの「覚書貿易」へと姿を変えた。

（2）「二つの中国」政策

池田勇人内閣と国連中国代表権問題

一九五六年に念願の国連加盟を果たした日本は、国連中国代表権問題をめぐり、事実上の「二つの中国」政策を展開した。国連における国府の議席を維持したまま、中国の国連加盟を実現し、機が熟するのを待って中長期的に中国との国交正常化を実現しようとする構想である。一九六〇年七月に発足した池田内閣のもと、さっそく一九六一年初頭から、外務省において中国政策の再検討が行われた。そこでは、中国代表権の範囲を中国本土に限定した上で国府の議席を維持し、当面中国の国連加盟を実現し、最終的に中国との国交樹立をめざす、という青写真が確認された。

国連中国代表権に関しては、一九五二年以来アメリカ提案の棚上げ案の総会決議により国府の議席が守られてきた。しかし一九六〇年代に入ると、新興の国連加盟国が増え中国の国連加盟への期待が徐々に高まり始めた。そこでアメリカは、一九六一年秋の国連総会に、中国代表権問題を総会における三分の二以上の賛成を必要とする重要事項に指定する「重要事項指定案」を提出し可決させた。

池田内閣は、同決議案の共同提案国となることでアメリカと歩調を合わせた。しかし、そもそも日中関係改善論者であった池田の方針が変わったということではなかった。「二つの中国」政策は、国連において国府の議席を維持するという目的と、中国の国連加盟を実現するという目的を、同時に叶えようとするものであった。具体的には、国府が実際に支配する地域にその地位を限定することで台湾の国際法的地位を確定し、そのことによって国府の議席を守りつつ中国の国連加盟を実現しようとする構想が描かれていた。

池田は、アメリカのみならずカナダやイギリスとの連携によってその構想を推進しようと試みた。一九六一年六月に訪米した池田は、ケネディとの首脳会談で、以上の考慮に基づき台湾の地位を定める措置の重要性を強調した。同行した小坂善太郎外相も、ディーン・ラスク（David Dean Rusk）国務長官との会談で、国府の国連における地位保全のために、支配地域が限定されている現実を国府が認めるよう、アメリカによる説得が重要であることを訴えた。続いてカナダを訪れた池田は、ジョン・ディーフェンベーカー（John G. Diefenbaker）首相との会談で、国連中国代表権問題のイニシアティブをカナダがとるよう要請した。さらに、七月に訪欧した小坂外相は、イギリスの首脳との会談で、日本の「二つの中国」政策を詳細に説明した。そして、イギリスの国連におけるイニシアティブと国府説得に関するアメリカへの働きかけを要請したのである。

日本が水面下で「二つの中国」政策を推進している最中、自立外交を志向するフランスのシャルル・ド・ゴール(Charles A. J. P.-M. de Gaulle)大統領は、一九六四年一月に中国との国交正常化に踏み切った。池田内閣は、台湾問題の扱いに重大な関心を持ちつつ、中仏国交正常化を注視した。当初ド・ゴール大統領は、中国との国交正常化後も台湾との関係を維持する意向を示していた。事実フランス側は、国交正常化交渉の過程で、中華人民共和国政府を唯一の合法政府として認めたとしても、フランスは自ら国府に対する断交措置をとらないとする方針を中国に伝えていた。そして中仏両国は、国府が駐仏代表部を引き払った場合にフランスも国府における外交代表と機構を閉鎖する、とした「黙約事項」に合意していた。

こうして中仏国交正常化は、「二つの中国」という現実を認めるかどうかの決断を国府に迫ったのである。追い風を感じた池田首相は、一月三〇日の衆議院予算委員会で、中国の国連加盟が実現すれば日本も中国政府を承認したいという、これまで未公表としていた外交方針をはじめて公にした。しかし結局、国府は二月一〇日に対仏断交に踏み切り、日本政府の期待は裏切られた。

そこで外務省は、「二つの中国」政策の再検討を迫られた。その結果は、三月五日付の「中国問題をめぐる統一見解」としてまとめられた。それは、中国が国連加盟を果たせば中国との国交正常化を「考慮する」とする一方で、中国との国交正常化は国府との「一切の関係が断絶することを意味する」との判断を示した。ここに、一九五〇年代から練られてきた「二つの中国」政策は挫折した。

佐藤栄作内閣と国連中国代表権問題

「二つの中国」政策の実現可能性が閉ざされるなか、中国の国連加盟を支持する国が増える一方で、国府支持が減少する傾向が続いた。一九六四年一一月に政権を担った佐藤栄作首相は、一九六五年一月の訪米の際に、ラスク国務長官との意見交換でその現状に対する危機感を実直に披露した。そして、将来中国と国府がそれぞれ相手の存在を認めるようになる可能性はないだろうかとラスクに問いかけた。

佐藤の基本的立場は、それまでの政権と同様、国連における国府の議席を守ることであった。しかし、中国も台湾も「一つの中国」を譲らない以上、中国の国連加盟が実現すれば国府が国連を脱退するという現実的見通しに立たざるを得なかった。すると論理的な解は、佐藤がラスクに問いかけたように、中国と国府が相互の存在を認め合うということしかない。そのための策が簡単にみつかるはずもないが、日本の立場として、中国と国府いずれの「一つの中国」にもコミットできないことは明らかであった。

したがって、政権発足当初は積極的だった佐藤の対中姿勢は、国府を正統政府とみなすという現実的対応を前提にしたものにならざるを得なかった。したがって国連中国代表権問題に関しては、一九六一年に可決された「重要事項指定案」の立場に立つことが、佐藤内閣にとっても当面の現実的対応であった。そして佐藤内閣は、一九六五年の国連総会において、アメリカやオーストラリアとともに国連中国代表権問題に関する「重要事項指定案」の共同提案国となった。同案の総会決議は、一九六一年以来四年ぶりのことであった。その後同案は、一九七〇年まで毎年提出され可決されることになる。

その政策は、国内政治情勢からみても無難であった。一九六四年一二月に結成された超党派の議員集団「アジア問題研究会」には、親台湾派である佐藤内閣の主流派が集結していた。一九六二年に国府が池田内閣に要請して以来の懸案であった円借款交渉も、佐藤内閣下で一九六五年四月に妥結した。

一九六五年以降ベトナム戦争が激化し、一九六六年から中国が文化大革命の混乱に突入するという国際環境のもとで、佐藤が積極的な日中接近に打って出ることはますます不可能となっていた。そうしたなか佐藤は、一九六七年一一月に予定されていた訪米を前にして二回に分けた東南アジア・オセアニア外遊を企図し（後述）、皮切りに九月七～九日に国府を訪問した。当初外務省は、一〇月に予定された二回目の歴訪の最後に国府訪問を組み入れることを計画していた。しかし結局佐藤は、国府が最後の訪問に難色を示したことや、国府重視が沖縄返還交渉に与える意味を考慮し、東南アジア・オセアニア外遊に先立って単独で国府を訪問したのである。

国府からは第二次円借款の要請が伝えられ、佐藤に対して蔣介石は「ここ二、三年が大陸反攻には絶好の機会だ」と発言した。それに対して佐藤は、沖縄問題の重要性を強調し、沖縄返還によって「米国の極東防衛体制の弱化を招くことは本意ではない」と蔣介石の理解を求めた。

四．東アジア外交

（1）日韓関係

日韓国交正常化交渉の妥結

一九五二年二月から一九六一年五月まで五次にわたって断続的に開催された日韓国交正常化のための日韓会談（第二章）は、一九六一年五月の朴正熙《パクチョンヒ》による軍事クーデタにより、仕切り直しとなった。政権を奪取した朴正熙は「軍事革命委員会」の議長に就任し、経済再建と反共外交の基盤固めのために、日本からの資金調達と国交正常化を意図した。韓国側は、日本側が主張する経済協力方式を受け入れる腹を固め、一九六一年一〇月二〇日に第六次日韓会談が始まった（～一九六四年一二月二日）。

朴正熙は、さっそく一九六一年一一月一一日に来日し、一二日に池田首相との会談にのぞんだ。両者は、請求権問題は賠償的性格でなく法的根拠が確実なものに限ること、それに加え無償援助と長期低利の借款援助による経済協力方式によって妥結するという大枠で合意した。そもそも池田は、中国問題の進展に強い意欲を示しており、韓国との国交正常化問題については、その政治的な敏感さゆえにやや消極的であった。既述のとおり池田は、一九六一年六月の訪米でケネディ大統領と会談した際に、中国問題でアメリカの協力を求めた。それに対してケネディは、日韓関係の打開を池田に強く働きかけていた。そして、朴正熙より一足早く来日したラスク国務長官は、一一月二日に池田と会談し、韓国側からの援助要請は朴正熙政権が作定中の五カ年計画に組み入れられており、日本の決断が必要であることを訴えた。

一九六二年七月に第二次池田内閣の外務大臣に大平正芳が就任すると、朴正熙政権の初代中央情報部（KCIA）の金鍾泌《キムジョンピル》部長との間で、具体的な対韓援助の金額についての交渉が進展した。アメリカの積極的仲介による数カ月の非公式折衝を経て、一九六二年一〇月から一一月にかけての最終交渉の結果、一一月一二日の大平と金鍾泌の会談で、「無償供与三億ドル、有償借款二億ドル、商業借款一億ドル以上」を内容とする合意が成立し、「大平・金メモ」が作成された。自身の欧州外遊中に大平が独断で合意した六億ドルでの決着に不満の池田は、しばらく「大平・金メモ」の内容を承認しなかった。しかし結局は、朴正熙自らの意向を反映した韓国側からの再三の要請もあり、一二月になって正式に承認した。

こうして、第七次日韓会談（一九六四年一二月三日―一九六五年六月二二日）で、残された懸案事項をめぐる最後の詰めの交渉が行われた。その間、一九六五年二月に椎名悦三郎外相がソウルを訪問し、到着した金浦空港で、「両国間の古い歴史の中に、不幸な期間があったことは、まことに遺憾でありまして、深く反省するものであります」と、韓国国民に向かって植民地支配への反省を述べた。そして一九六五年六月二二日に、「日本国と大韓民国との間の基本関係に関する条約」（日韓基本条約）以下六つの主要な協定と交換公文が調印され、付随した複数の交換公文、議定書、合意議事録、討議の記録、付属書、往復書簡が交わされた。そして同年一二月一八日にソウルにおいて批准書の交換が行われ、日本と韓国の国交が正常化した。

日韓国交正常化の成立

六月二二日に調印された主要な協定・交換公文の内容は以下のとおりである。

「日本国と大韓民国との間の基本関係に関する条約」（日韓基本条約）は、第二条が「千九百十年八月二十二日以前に大日本帝国と大韓帝国との間で締結されたすべての条約及び協定は、もはや無効であることが確認される」とうたい、第三条で「大韓民国政府は、国際連合総会決議第百九十五号（Ⅲ）に明らかに示されているとおりの朝鮮にある唯一の合法的な政府であることが確認される」と、韓国政府の正統性を承認した。第二条の「もはや」という表現は、一九一〇年の日韓併合条約およびそれ以前の諸協定について、当時は合法で有効であったとする日本の立場と、当初から強制的なもので無効であったという韓国の主張の溝が埋まらず、双方が自由に解釈できるものとなった。

「財産及び請求権に関する問題の解決並びに経済協力に関する日本国と大韓民国との間の協定」（日韓請求権並びに経済協力協定）の第一条は、「三億合衆国ドルに等しい円の価値を有する日本国の生産物及び日本人の役務を、この協定の効力発生の日から十年の期間にわたって無償で供与」し、「二億合衆国ドルに等しい円の額に達するまでの長期低利の貸付けで、……日本国の生産物及び日本人の役務の大韓民国による調達に充てられるものをこの協定の効力発生の日から十年の期間にわたって行なう」と、「大平・金メモ」の合意をうたった。そして、第二条が「両締約国は、両締約国及びその国民（法人を含む。）の財産、権利及び利益並びに両締約国及びその国民の間の請求権に関する問題が、……完全かつ最終的に解決されたこととなることを確認する」と、請求権問題の解決を宣言した。続いて第三条では、以上の解釈ないし実施に関する紛争が生じた場合は、第三国の仲裁委員三名からなる仲裁委員会に決定を付託し、日韓両国はその決定に服することが明記された。

最後まで折り合いがつかなかった竹島（独島）の領有権問題については、「日本国と大韓民国との間の紛争の解決に関する交換公文」において、島の問題には触れずに「両国間の紛争は、まず、外交上の経路を通じて解決するものとし、これにより解決することができなかった場合は、両国政府が合意する手続に従い、調停によって解決を図るものとする」とされた。

その他、「日本国に居住する大韓民国国民の法的地位及び待遇に関する日本国と大韓民国との間の協定」（在日韓国人の法的地位協定）、「日本国と大韓民国との間の漁業に関する協定」（日韓漁業協定）、「文化財及び文化協力に関する日本国と大韓民国との間の協定」が締結され、新たな日韓関係がスタートすることとなった。

しかし、その前途は多難であった。歴史認識にかかわる問題や領土問題は棚上げされた。また、植民地支配の記憶が新しい韓国では、自国の政府が軍事政権であったこともあり、日韓国交正常化には大規模な反対運動が起きた。日本の革新陣営と進歩派も、日本の保守政権と韓国の軍事政権との「癒着」、「反共同盟」、朝鮮半島分断の固定化等の理由で、日韓国交正常化に反対を唱えた。その結果、日韓基本条約およびその他の協定は、日本の国会で野党欠席のまま強行採決で承認された。

(2) 東南アジア外交

体制間競争と仲介外交

一九六〇年一月、外交的に中立主義を掲げていたビルマは、中国との国境問題を解決して友好不可侵条約を締結した。そして、翌一九六一年一月に周恩来がビルマを訪問し、総額八四〇〇万ドルの経済技術協力協定を締結した。そうしたなか池田は、一九六一年一一月後半に、パキスタン、インド、ビルマ、タイを訪問した。主要なテーマは各国との経済協力関係の整備であった。第二章でみたとおり、一九五九年に賠償の再交渉を提起していたビルマでの交渉は進展しなかったが、タイにおいては池田の決断で無償援助問題に決着がついた。

同時に日本は、東南アジア諸国における中国の影響力にも注意を払うようになっており、各国首脳との会談では自由主義陣営の結束への言及も繰り返された。ただ、当時の日本の主眼は、開発モデルをめぐる日中の体制間競争にあった。加えて池田は、より政治性の高い東南アジア外交として、マレーシア紛争への仲介外交に意欲を示した。一九五七年に独立を果たしたマラヤ連邦は、一九六三年九月に、イギリスの主導によりシンガポール、サラワク、英領北ボルネオ(サバ)と連合し、マレーシアを結成した。すると、ジャカルタで大規模な反英暴動が起き、インドネシアのスカルノ(Sukarno)大統領はゲリラ部隊を投入し、本格的なマレーシア紛争が発生した。

軍部とインドネシア共産党のバランスの上に権力を維持していたスカルノは、中立主義を標榜しながらも、脱植民地化を唱えつつ中国に接近する動きをみせていた。アメリカや日本は、マレーシア紛争がイギリスに反発するインドネシアの対中接近を加速することを心配した。アメリカのケネディ政権は、ロバート・ケネディ(Robert F. Kennedy)

司法長官を特使として仲介工作に乗り出した。そこで池田内閣も、マレーシアの誕生を歓迎しながらも、仲介外交を本格化させた。

池田は、ジャカルタで暴動が起きた直後、一九六三年九月二三日から二週間にわたってフィリピン、インドネシア、オーストラリア、ニュージーランドを訪問した。当初の主要な目的は、その四カ国に日本を加えた「五カ国首脳会議」構想の根回しであった。しかし、池田が日本を発つ直前にマレーシアが発足し、インドネシアが強硬姿勢に転ずることで、構想は頓挫した。続いて池田内閣は、インドネシアの撤兵とボルネオ（サラワクとサバ）における民意調査の実施を軸とする仲介案を各国に提示するが、当事国が受け入れるところとはならなかった。

佐藤内閣成立後、インドネシアは一九六五年一月に国連から脱退し、さらに中国に接近する動きをみせた。佐藤は、同年四月ジャカルタで開催されたバンドン会議一〇周年の会合に自民党副総裁の川島正次郎を派遣してスカルノへの働きかけを試みたが、効果はなかった。そうしたなか、九月三〇日、インドネシアで陸軍参謀長らが殺害されるクーデタ事件（九・三〇事件）が発生した。事態を収拾する権限を与えられたスハルト（Haji Muhammad Soeharto）陸軍少将は、一〇月に陸軍大臣兼陸軍参謀総長に就任し、徹底的な共産党掃討作戦を実行した。その結果、インドネシア共産党は壊滅し、翌一九六六年三月にスカルノの大統領職も停止された。そしてスハルトは、一九六七年三月に大統領代行に、一九六八年三月にインドネシアの第二代大統領に就任した。

スハルトが親米・親マレーシア路線に転換すると、マレーシア紛争が終結した。そして、インドネシアは国連に復帰した。スカルノの失脚とスハルトによる権力の掌握は、一九六七年八月に東南アジア諸国連合（ＡＳＥＡＮ）が誕生する重要な転機ともなった。その後日本は、スハルトのインドネシアを、そしてＡＳＥＡＮを積極的に支えていくことになる。

こうして、全く新しい局面に入った東南アジア情勢を視察すべく、佐藤首相は一九六七年九月と一〇月の二回にわたり、東南アジアとオセアニアを歴訪した。九月七―九日の国府訪問に続き、九月二〇―二九日にビルマ、マレーシア、シンガポール、タイ、ラオスを、一〇月八―二一日にインドネシア、オーストラリア、ニュージーランド、フィリピン、南ベトナムをそれぞれ訪問した。

佐藤がフィリピンに滞在中の一〇月二〇日、吉田茂が死去した。翌二一日、佐藤は南ベトナムに四時間滞在しただけで帰国を急ぎ、一〇月三一日の吉田の国葬を無事取り仕切った。

ベトナム戦争と日本

一九四五年に日本が戦争に敗北すると、東南アジア地域にはヨーロッパの旧宗主国が再び統治を試みて舞い戻ってきた。インドネシアではオランダに対する独立戦争が、ベトナムでもホー・チ・ミン（Hồ Chí Minh）率いる北ベトナムとフランスの間で第一次インドシナ戦争が勃発した。一九五四年にはジュネーブでインドシナ休戦協定が結ばれ、敗北したフランスはインドシナから撤退した。時はすでに冷戦であり、南ベトナムをフランスに代わってアメリカが支援するようになる。ケネディ政権は、軍事顧問団を増強し、一九六二年二月には南ベトナムに軍事援助司令部を設置した。

ベトナム戦争の重要な転機は、一九六四年八月の「トンキン湾事件」であった。アメリカの駆逐艦がトンキン湾において北ベトナム海軍により魚雷攻撃を受け、アメリカが反撃したものである。ジョンソン大統領は、この事件を利用する形で上下両院から「トンキン湾決議」を取りつけ、ベトナム戦争における実質的な戦時大権を得た。そして本格的な北爆が始まり、一九六五年三月には海兵隊三五〇〇人がダナンに上陸したのである。

日本が軍事的な役割を一切果たせない状況のもとで、日本には南ベトナムや周辺地域への経済的支援と、日本にある米軍基地の使用を保証することが期待された。東南アジア諸国の経済社会開発に関して日本が多国間枠組みへの関心を高める契機となったのは、一九六五年四月にジョンズ・ホプキンス大学のスピーチで、ジョンソン大統領が東南アジア開発に一〇億ドルを拠出する構想を発表したことであった。それに刺激され、外務省はアメリカの一〇億ドルに加えて日本が五億ドルを拠出する「アジア平和計画」を策定するが、金額に難色を示す佐藤の受け入れるところとはならなかった。

その一方で、アメリカの地域主義政策にも後押しされて、一九六六年にアジア開発銀行が設立された。日本では一九六三年から研究会が結成され検討が始まり、アジア諸国間の準備会合も進んでいたが、冷戦戦略を背景にしたアメリカの関与と支持も追い風となった。日本は本店の誘致でマニラに敗れたものの、初代総裁に元大蔵省財務官の渡辺武を送り込むことに成功した。

さらに日本は、同じ時期に東南アジア開発閣僚会議を構想し、一九六六年四月に第一回会議を東京で開催した。ジョンソン構想を発表したアメリカも、冷戦戦略の経済的肩代わりと、経済大国化する日本のアジアにおける主導的役割を奨励する観点から、日本のイニシアティブを歓迎した。しかしながら、日本側には自国の経済的利益を重視する発想も強く、東南アジアの経済開発という観点からは目立った成果を上げることもないままに、同会議は一九七四年の開催を最後に閉幕することとなった。

他方、日本政府はアメリカのベトナム政策を原則として支持しながら、その軍事面に関する姿勢は総じて煮え切らなかった。背景には、日本国内における強い反戦意識とベトナム和平運動があった。また、自民党政権においても、軍事衝突の拡大を望まない立場は必ずしも少数ではなく、実際に佐藤内閣の三木外相が和平工作を試みたこともあった。そうした日本政府の態度はアメリカ政府にとっては不満であったが、それが大国間の権力政治には直接関与できない日本外交の実態でもあった。

第五章

デタント下の日本外交（1970年代）

盛大な歓送に手を振り応える田中角栄首相と周恩来総理（1972年９月30日、上海空港）

一．米中ソ関係と日本

（1）米中和解、米ソ・デタント、ベトナム和平

ニクソン・ドクトリン

一九七〇年代の国際政治は、米中ソ関係の大変動で幕を開けた。一九六〇年代の終わりに向けて、ベトナム戦争は泥沼化した。アメリカ経済は疲弊し、ベトナム反戦の世論も高まり、封じ込め政策の限界がみえ始めていた。事実、一九六九年一月に大統領に就任したニクソンは、大統領選挙中から中国やソ連との関係改善と、ベトナム戦争終結の意欲を示していた。大統領に就任すると、ハーバード大学の国際政治学者キッシンジャーを安全保障問題担当大統領補佐官に任命し、アメリカ外交の立て直しに着手した。以下でみるように、「ニクソン＝キッシンジャー外交」は、米中和解、米ソ・デタント、ベトナム戦争の終結を同時に達成した。

アメリカ外交転換の出発点となったのは、ニクソン大統領が一九六九年七月二六日のグアムにおける記者団との非公式会談で表明した「グアム・ドクトリン」であった。核の傘の提供を含めた友好国との条約上の義務は守るが、防衛の第一義的責任は各国に期待するという方針を表明したものである。それは、一九七〇年二月の外交教書で公式化され、「ニクソン・ドクトリン」と呼ばれるようになった。その背後には、冷戦戦略のもとで拡大しすぎた対外コミットメントを再調整しようとする基本方針があった。ニクソン・ドクトリンは、そのために、アジアの友好国により大きな防衛負担を求めたのである。

前章でみたように、一九六九年一一月の日米首脳会談で、有事の際の核持ち込みに関する「密約」も含めて、沖縄返還に関する合意が成立した背景にも、ニクソン・ドクトリンがあったといえる。アメリカの冷戦下の過剰介入を縮小し、防衛安全保障へのアジア諸国の役割増大を求めるニクソン・ドクトリンのもとで、沖縄返還と「韓国条項」・「台湾条項」は密接な関連性を持っていた。

ニクソン・ドクトリンは、アメリカの当面の目的としてベトナム戦争の終結をめざすものであったが、その方針に

は在韓米軍の縮小も含まれていたため、韓国の朴正熙政権にも大きな影響を与えた。事実、一九七一年二月には、在韓米軍六万二〇〇〇人の兵力のうち二万人が削減されることで米韓の合意が成立した。

その最中に水面下で進行していた米中和解（後述）は、朝鮮半島をはじめとするアジアにおいて中国の影響力が増すことをアメリカが認めたことを意味した。中国は、一九七一年七月にキッシンジャーが極秘裏に北京で周恩来と会談している最中に、毛沢東、林彪《りんぴょう》、周恩来の連名によるメッセージを金日成に送り、「中朝友好協力相互援助条約」の一〇周年を祝うとともに、「中国人民と朝鮮人民」の団結を唱えた。

当時中国が、米中和解を進めるアメリカがベトナム戦争をはじめとしてアジアの紛争から撤退しようとしていること、そしてそれは朝鮮半島における在韓米軍にも及ぶことを、北朝鮮に対して説明していた可能性はかなり高い。キッシンジャーは、極秘訪中初日一九七一年七月九日の周恩来との会談で、ベトナムや台湾からいずれ米軍を撤退させるという原則を明確に述べ、在韓米軍に関して以下のように発言していた。

> 正直申しあげて、私は朝鮮問題で我々がそれほど長い間手間取る必要はないと思う。今の政治的進展にともない、自然に解決されると確信している。我々の韓国における軍事的プレゼンスは、我々の外交政策を永遠に特徴づけるものではない。撤退の正確なタイムテーブルは、おそらくニクソン大統領が議論できるだろうし、あるいは、そのことは極めて予測可能な将来において自然に解決されるだろう。

そのほぼ一カ月後の八月六日、金日成は、韓国の政権党を含めたすべての政党や社会団体と接触する用意があることを声明した。そして九月二〇日に、朝鮮戦争が終わって一八年ぶりに、赤十字代表による南北対話が板門店で実現した。そして一九七二年七月四日、南北の自助努力でかつ平和的に統一を達成することをうたった南北共同声明が発表された。北朝鮮の主要な意図は、ニクソン政権が韓国からの米軍撤退を進めるなかで、それをさらに促進するための環境作りにあった。

孤立感を深める朴正煕政権は、アメリカに反発しつつ、一九七二年一〇月に戒厳令布告と国会解散を断行し、「維新体制」の樹立に着手した。そして、結局はアメリカの知るところとなり挫折するが、核開発にも手を染めるのである。

米中和解は、米中の安定的関係がアジアの国際秩序の軸になることを意味した。そこで中国には、北朝鮮の韓国に対する挑発行為を牽制する役割が期待された。ニクソン・ドクトリンに基づく在韓米軍撤退の方針には、そうした米中関係の論理のもとでこそ、戦略的な合理性があった。

スイング・ポジション

ニクソン・ドクトリンに基づいてニクソンとキッシンジャーが取り組んだことは、冷戦への過剰介入の原点でもあった封じ込め政策を転換させることであった。彼らは、中国とソ連という二大共産主義国との間に、伝統的な大国間の勢力均衡外交が機能する「平和の構造」を構築し、その新たな国際政治構造のもとでベトナム戦争を終結させることをめざした。

具体的には、まずは中ソ対立の激化を利用して中国との和解を進めることが、米中ソ関係を転換させるための重要な第一歩となった。そしてアメリカは、米中和解をソ連との関係改善のテコとし、中ソ対立のもとで中ソ両国との関係を柔軟に活用する「スイング・ポジション」を確保した。その立場を最大限に利用して中国との戦略的和解とソ連とのデタントを並行して進め、中ソ両国との関係改善の力学を使ってベトナム戦争の終結をめざしたのである。その結果、一九六九年から七三年にかけてのアジアの国際政治は、これら三つの局面がそれぞれに有機的な関連をもって同時に進行した。

そもそもそうしたアメリカ外交の転換を可能にしたのは、一九六九年に中ソ関係が極度に悪化したことであった。中ソ対立は、一九六九年春に、国境地帯にあるウスリー江のダマンスキー島で中ソ両軍が衝突する事態へと悪化した。それは、同年八月に、新疆・ウイグル地区での武力衝突へと拡大した。そうしたなかでソ連は、中国の核施設を含む軍事施設への限定的空爆を検討し、アメリカをはじめとする西側諸国に対して、極東における核戦争が起きた場合の対応を水面下で打診した。

そこでアメリカが動いた。ニクソンは、一九六九年八月に、「中国を孤立させる仕組みには加わらない」というメッセージを、パキスタン・チャンネルを通じて秘密裏に中国に伝えた。それは、ニクソン政権が米中和解へ向けて動き出す具体的第一歩であった。結局中国は、そのニクソンの働きかけに応えた。中国の立場は、中ソ対立を利用して自国に有利なスイング・ポジションを確保しようとするアメリカの思惑とは必ずしも同一ではなかった。それでも中国は、中ソ対立が激化するなかで、ソ連を主要な敵とする戦略の立て直しに動いたのである。

それ以来ニクソン政権は、中国との和解を、米中両国と国交を持っていたパキスタン・チャンネルとルーマニア・チャンネルを使い水面下で推進した。一九七一年になると、対中和解とベトナムからの撤退を関連づけるアメリカの意図は、中国の指導者にも明白に伝わった。そして四月には、当時名古屋での世界卓球選手権に参加していたアメリカチームを中国に招待する「ピンポン外交」を演出し、対米和解の準備が整ったことを示すシグナルを送った。

ニクソン政権は対中関係の打開に自信を深め、東南アジア歴訪中であったキッシンジャーが、一九七一年七月九日から一一日にかけて、パキスタン政府の仲介で秘密裏に北京を訪問した。キッシンジャーは周恩来との間で濃密な戦略的対話を交わし、一九七二年五月以前にニクソン大統領が訪中することの段取りについて合意をとりまとめた。その事実は、一九七一年七月一五日のニクソン大統領によるテレビ演説で明らかにされ、「ニクソン・ショック」として世界を震撼させた。ニクソン大統領は、当初の見込みより早く一九七二年二月二一日から二八日まで訪中し、二七日に上海コミュニケを発表した。

上海コミュニケは、「両国の関係正常化を進めるための具体的協議」を進めることをうたった。台湾問題に関しては、中国が自国の原則的立場を主張し、「米国は、台湾海峡の両側のすべての中国人が、中国はただ一つであり、台湾は中国の一部分であると主張していることを認識している」と述べた上で、アメリカ政府の「台湾から全ての米国軍隊と軍事施設を撤退ないし撤去するという最終目標」を確認した。

同時にニクソン政権は、米中和解をテコに、ソ連との間で戦略兵器制限交渉（SALT）を進めた。外交の行き詰まりを感じていたソ連に、米中和解に対抗する余裕はなかった。結局ニクソン大統領は、中国訪問後の一九七二年五月にモスクワを訪れ、二六日にSALT協定およびABM（弾道弾迎撃ミサイル）制限条約に調印し、米ソ・デタントの重要な枠組みを整えた。その間アメリカは、ラオスやカンボジアに戦火を拡大するなど、停戦後をにらんで北ベトナムに対する軍事的攻勢を強めたが、それがもはや中国やソ連との関係を損なうことはなかった。

そのことは、大局的には北ベトナムが中ソ両国から孤立したことを意味していた。中国は、表向きには北ベトナムへの支援を公言しながらも、ベトナム戦争終結へ向けて、慎重な対北ベトナム外交を進めた。最後までアメリカと戦い抜くことを決意していた北ベトナム政府が停戦に同意した背景には、アメリカの冷戦戦略にとってベトナム戦争の意味が変わったことがあった。

とりわけ、ニクソン政権の新戦略が、世界のリーダーとしての「名誉ある撤退」を求めつつも、事実上の南ベトナム放棄を覚悟したものであったことが重要であった。事実、一九七三年一月にパリでベトナム和平協定が調印され、その後、停戦協定が破られ北ベトナムによる南ベトナム攻撃が再開されても、アメリカが動くことはなかった。そして、一九七五年四月、ついに南ベトナムの首都サイゴンが陥落し、翌年七月にベトナムは統一されたのである。

（2）米中和解と日本

分裂する日本像

では、以上の米中和解の過程で、日本はどのような位置づけにあったであろうか。米中和解を進めたニクソン＝キッシンジャー外交のコンセプトは、封じ込め戦略に根本的修正を加え、大国が合理的に国益を追求する過程から生まれる勢力均衡を安定させることであった。中国の指導者は、そうした古典的な外交観を理解した。後にニクソンとキッシンジャーは、同じ言葉と概念で国際政治を語れる毛沢東や周恩来を、一国の指導者としてほとんど手放しで賞賛している。

それに対して、ニクソンとキッシンジャーの日本観は分裂していた。たとえばキッシンジャーは、日本の指導者は「概念的に考えられず、長期的ビジョンもなく」、さらには「退屈、鈍感であり、継続して注意を払う価値がない」とまでいい切っていた。しかし同時に、ニクソンやキッシンジャーの日本観からすれば、経済大国となった日本が、いずれ政治的にも自己主張を強めることは自然であり、やがて核武装することも決して考えられないことではなかった。

前章まででみたように、敗戦から一九六〇年代にかけての日本の政治と外交は、戦後の日本がその種の大国間勢力均衡外交の舞台から降りたことを示した。ニクソンやキッシンジャーは、そうした日本を軽蔑しつつ、日本の自己主張を警戒していたのである。そこには等身大の日本に対する理解は存在しなかったといえる。それゆえに、ニクソンやキッシンジャーは、日本が手放すことができない日米安全保障関係に「瓶の蓋」の機能を見出していた。その認識は、中国の指導者にも基本的に共有されていた。

事実、キッシンジャーが極秘訪中した際の一九七一年七月九日の第一回目のキッシンジャー・周恩来会談で、周恩来は、当時日本で進行中の第四次防衛力整備計画（四次防）に強い危機感を表明し、「日本の経済はすでに拡張した。経済的拡張は必然的に軍事的拡張につながる」と論じた。それに対してキッシンジャーは、「強い日本と強い中国とでは、強い中国の方が拡張主義的ではない」と述べ、「日本との防衛関係は日本が攻撃的政策をとることを防いでいる」と、日米安全保障関係の「瓶の蓋」論を唱えたのである。

周恩来は、七月一〇日のキッシンジャーとの第二回会談でも、「日本軍国主義者」は、米軍が撤退した後に台湾やマラッカ海峡に進出しようとしていると論じ、四次防の予算はそれまでの三次にわたる防衛力整備計画の合計を五割も超えるものであり、日本の経済力からすれば二、三年で達成が可能だと主張した。それに対してキッシンジャーは、「我々は、台湾における日本のいかなる軍事的プレゼンスにも、強く反対する」と、明確に述べた。

ニクソン大統領も、一九七二年二月の訪中の際に、周恩来との会談で日本問題について多くを語った。周恩来は、日本が「今のように外国に膨張していけば、軍事的膨張が結果的に避けられない」と論じ、「ある点までくれば、彼らはあなた方のいうことを聞かなくなる」とニクソンに問いかけた。ニクソンは、「日本は、民族として、膨張主義の衝動と歴史を持っている」と周恩来に同調し、アメリカが日本の防衛を引き受けていれば、「経済的膨張の次に軍事的膨張が起きるという道を、日本に辿らせないことができる」と、ここでも「瓶の蓋」論を述べた。

後にニクソンは回顧録のなかで、アメリカが日本との安全保障関係を維持しなければ日本に対する影響力が持てなくなり、その意味で日米安全保障関係は「米中両国に共通する国家安全保障上の利益」であると書いた。さらにキッシンジャーの回顧録も、徐々に中国の指導者は、「日本との同盟」を「アメリカの西太平洋における関心の継続と日本のユニラテラリズム（一国主義）に対する手綱」としてみるようになり、「強く支持」するようになった、と記している。

しかしながら実際に日本は、沖縄返還交渉の過程で、国内の強い反核感情を背景に「核抜き」の返還に強くこだわった。そして、一九六九年の佐藤・ニクソン共同声明の「韓国条項」や「台湾条項」を、日本による積極的な役割というよりは、基本的に沖縄返還の政治的条件として受け止めていた。事実、その後「韓国条項」は、以下でみるように、一九七〇年代を通して、日本と韓国の安全保障上の直接的な関係性を薄める方向に修正されていくのである。

もっとも、このような日本像の分裂は、日本の政治指導者のなかにもあったといわなければならないだろう。前章でみたように、佐藤首相は、就任直後にライシャワー大使に内密のうちに核武装への意欲を語りながらも、小笠原諸島や沖縄の返還を実現する過程で、「非核三原則」を日本外交の柱として定着させた。佐藤の「本音」を真剣に受け止めたアメリカ政府による対日政策の検討の結果は、ホワイトハウス入りした際にニクソンやキッシンジャーも目にしたに違いないのである。

中ソ等距離外交

右でみたとおり、ニクソン＝キッシンジャー外交は、対立を深める中ソの間でスイング・ポジションを確保しようとした。そのことは、佐藤栄作の退陣を受けて一九七二年七月七日に組閣した田中角栄内閣（〜一九七四年一二月九日）が、中国との国交正常化を進めながら（後述）ソ連との間に等距離外交を志向したことと、一見構図が重なるようにみえる。しかし、ニクソン政権が中ソ対立の現実を積極的に活用しようとしたのに対して、日本外交の場合は、中ソ対立の現実には事実上目をつぶる形で、中国およびソ連と同時に関係を推進しようとするものであった。そこにも、アメリカや中国が日本の軍事的自立を懸念したこととは裏腹に、中ソ対立のような高度な国際政治情勢には対応策を持ち得ない、戦後日本外交の特徴が表れていたといえる。

実際、一九七〇年代の日本外交は、中ソ対立を日本外交の前提として受け入れることを拒否し、中ソ等距離外交を志向した。以下でみるように、一九七二年の日中国交正常化の後、一九七八年にようやく妥結した日中平和友好条約の交渉過程で、中国が日本に対して事実上の反ソ政策である「反覇権」条項をもちかけても、日本は必死になってその中ソ対立の論理を打ち消そうとした。

田中角栄首相が一九七二年九月二九日に日中国交正常化をうたう日中共同声明を締結すると、さっそく翌月、レオニード・ブレジネフ（Leonid I. Brezhnev）ソ連共産党書記長からの親書が届いた。アメリカと日本の対中接近が起きることによって、ソ連の対日姿勢にも変化が生まれたのである。それを受けて大平正芳外相がソ連を訪問し、一〇月二三日のグロムイコ外相との会談で、日ソ平和条約交渉を開始することが合意された。

田中は一九七三年三月にブレジネフへの親書を送り、一〇月にモスクワを訪れた。一九五六年に鳩山一郎首相が訪ソしてから一七年ぶりの日本の首相のソ連訪問であり、日ソ首脳会談であった。そして、一〇月一〇日に「未解決の諸問題を解決して平和条約を締結することが、両国の真の友好関係の確立に寄与する」ことをうたった共同声明が発表された。当時の情勢からみれば、「未解決の諸問題」とは、もっぱら北方領土問題を指していたことは明らかであった。田中・ブレジネフ会談に同席していた外交官の回想によれば、ブレジネフ書記長もそのことを認めた。

しかしその後、日中平和友好条約をめぐる交渉がソ連への対抗の論理が明白な「反覇権」条項で難航していることが明らかになると、ソ連の対日姿勢にも変化が生まれた。金権問題で辞任した田中角栄の跡を継いだ三木武夫内閣（一九七四年一二月九日〜一九七六年一二月二四日）のもと、一九七六年一月にグロムイコ外相が来日し、日中平和友好条約を意識した日ソ善隣友好条約を提案した。同年九月にはソ連の戦闘機ミグ25が北海道に着陸、パイロットがアメリカへ亡命するという事件が起き、ソ連との関係はさらに硬化した。すると、一九七七年になって、ソ連が北方領土に軍事基地を建設していることが確認された。そしてソ連は、北方領土問題は解決済みという一九六〇年の日米安全保障条約改定後のスタンスに戻るのである。

二　防衛政策の体系化

(1)　中曽根構想の挫折

自主防衛論

一九七〇年代には、アジアの友好国の防衛努力を求めるニクソン・ドクトリンに刺激されて、日本の防衛政策にも変化が生じた。最初に高まりをみせたのは、自主防衛論であった。やがてその動きが収まると、日米安全保障関係の制度化も進み、日本の自助努力とアメリカとの安全保障協力との関係が一定のバランスのもとに整理されていった。

当初日本の自主防衛論を最も強く推進したのは、中曽根康弘であった。中曽根は、日米安全保障関係が日本にとって何を意味するのか、そのギリギリのところをみてみたいという思いから、一九七〇年一月に自ら志願して第三次佐藤内閣の防衛庁長官となった。中曽根は、同年三月に、自由民主党安全保障調査会で次のように主張した。

> 日本自体が固有の、日本本位に立った防衛戦略をもち、アメリカと機能を分担調整するという形にならなければならない。幸いに、今はアメリカは引き潮であり、日本人の意識は満ち潮である。そこで従来のような漠然たる対米期待や無原則的な依存の形から脱却し、任務分担を明確にし、日米が実質的にも対等の立場に立つ必要がある。

中曽根の自主防衛論は、国民の防衛意識を高めること、および日米安全保障関係と日本の防衛政策との間の主従関係の論理を逆転させることを目的とした。まず中曽根は、一九五七年の「国防の基本方針」の改定を試みた。「国防の基本方針」は、「外部からの侵略に対しては、将来、国際連合が有効にこれを阻止する機能を果たし得るに至るまでは、米国との安全保障体制を基調としてこれに対処する」とうたっていた。中曽根はそれを、日本国民が自ら国を守ることを「主」とし、日米安全保障体制を「従」とする新たな論理へと転換しようとしたのである。

そのために中曽根は、自主防衛の五原則を提示した。すなわち、第一に、憲法を守り国土防衛に徹すること、第二に、防衛と外交の一体化を図り、諸々の国策との調和を保つこと、第三に、文民統制を全うすること、第四に、非核三原則を維持すること、そして第五に、日本の防衛を日米安全保障体制によって補完すること、である。

さらに中曽根は、従来の防衛力整備計画が「局地戦以下の侵略」を対象としていたものを、予想される脅威に対抗できる防衛力構想へと拡大しようと試みた。そのための「第四次防衛力整備計画（四次防）」への大幅な修正提案は、一九七〇年一〇月に「新防衛力整備計画案の概要」として、自民党の安全保障調査会と国防部会の合同会議に報告された。

こうしたなか、官僚組織の中枢から自主防衛論を軌道修正する動きが生まれた。その中心人物は、一九七〇年一一月に防衛庁防衛局長となった久保卓也であった。久保は、防衛庁内部に配布した「防衛力整備の考え方」（一九七一年）という個人論文で「今日予想される将来の脅威（軍事的能力）に十分応じうる防衛力又はそれに近いものを整備の目標とはしない」と、中曽根や自衛隊制服組が推進する所要防衛力の発想に異議を唱えた。そして、所要防衛力が必要とされる事態とのギャップは、緊密な日米関係によって対処するとした。

こうした最中、中曽根は、一九七一年七月五日の内閣改造で自民党の政調会長に転じた。そしてその一〇日後、佐藤内閣は、キッシンジャー大統領補佐官による極秘訪中の事実とニクソン大統領の訪中計画を、ニクソン大統領自らがテレビ発表したニクソン・ショックに見舞われた。米中和解のもと日中国交正常化が成立すると、その過程で中国は、それまで敵視してきた日米安全保障関係を、「日本にとって非常に大事であり堅持するのが当然」（周恩来）であると公言するようになった。それとともに、日本国内でも、日米安全保障体制に反対してきた革新勢力の勢いが弱まった。また、米ソ・デタントやベトナム和平の進展は、自主防衛論には逆風となった。

結局「四次防」は、「三次防」を継承する形で、予算規模や主要装備も大きく縮小されて、一九七二年一〇月に成立した。こうして、自主防衛論は事実上頓挫した。

非核中級国家論

中曽根の自主防衛論は、彼のナショナリストとしてのイメージにより増幅され、日本の軍事的な自立論として解釈される傾向にあった。しかし、中曽根の安全保障観は、より深いところで国際政治やそのなかでの日本の立ち位置に関する洞察に裏打ちされており、単純な「右」というわけではなかった。そのことを明瞭に示したのが、中曽根が、自主防衛論と同時並行的に、非核三原則と一体化したものとして非核中級国家論を唱えていたことである。

当時中曽根は、防衛庁を軸とした内部検討を経て、日本に核武装の能力はあるものの実際には核開発は行わないことを、日本の戦略的選択とするという結論に達していた。中曽根は、先に述べた一九七〇年三月の自衛隊高級幹部への訓示で、防衛庁長官の立場から以下のように述べた。

> 国際情勢はますます多元的な要素によって動くと思われ、非核国の対核戦略も国際的な政治、経済、軍事の結びつきによって相当程度形成される可能性がある。私は、日本は非核三原則の上に立って中級国家としての日本の独自の戦略構想を探求すべきであると考える。

さらに中曽根は、自らの働きかけで一九七〇年一〇月に戦後はじめて刊行された『防衛白書』の前書きで、非核中級国家としての防衛構想を唱えた。そこで中曽根は、「今日の世界では、自主防衛は必ずしも単独防衛ではない。……集団安全保障体制も、自主性をもって国益を守りながら運用されれば自主防衛の一形態である」と論じ、日米安全保障条約のもとで、「日本固有の防衛体系を確立しつつ相互協力を行い、日米安全保障条約を弾力的に運用」することを訴えた。後に中曽根は、自らの非核中級国家論について、「日本が大国的な印象をもたれるのは避けたかった」、

「これが、戦争体験から生まれた反省に立った、戦後日本の理想であり、現実でもありました」と回想している。

しかし、中曽根の非核中級国家論は、佐藤首相にはきわめて不評であった。一九七一年三月九日の参議院予算委員会で社会党議員の追及を受けた佐藤は、最初は「存ぜぬ」と知らぬふりを装い、さらなる追及に「非核はわかる」が、中級国家については「さような表現は不適当だ」と答えた。佐藤は、その表現は政府としては使わないとし、中曽根との話し合いの結果、「非核専守防衛国家」という表現で政府見解の統一を図ることとなった。非核中級国家論は、こうして短命に終わり、中曽根自身もその後その概念を使うことはなくなった。

(2)「大綱・ガイドライン」路線の成立

基盤的防衛力と防衛計画の大綱

こうして、自主防衛論と非核中級国家論の融合を試みた中曽根構想は頓挫した。その後一九七〇年代を通して、自主防衛論の背後にあった、敵の能力に見合った軍事力を備えようという所要防衛力の発想は、次に述べる基盤的防衛力構想に取って代わられた。そして、基盤的防衛力によって対処可能な領域を越える防衛安全保障は、日米協力で対処するという枠組みが整備された。基盤的防衛力構想に基づく防衛力整備の方針は「防衛計画の大綱」で示され、日米協力に関しては「日米防衛協力のための指針（ガイドライン）」が策定されたのである。このように防衛政策の体系化が図られたのは戦後はじめてのことであり、そこに成立した「大綱・ガイドライン」路線は、冷戦後へと継承されることとなる。

一九七四年一二月に発足した三木武夫内閣で防衛庁長官に就任した坂田道太は、「防衛計画の大綱」の策定につながる防衛政策の見直しに着手した。坂田は、就任早々、京都大学教授の高坂正堯や野村総合研究所所長の佐伯喜一らによる「防衛を考える会」を設置した。「防衛を考える会」は、一九七五年四月から六回の会合を持ち、九月に『わが国の防衛を考える』と題する報告書を提出した。

報告書の主要な執筆者であった高坂は、報告書に寄せた「わが国の防衛力の目的」と題する一文で、自衛隊の機能を「防止力」や「拒否能力」として定義した。それは、「具体的には、①奇襲攻撃による既成事実を作らせないようにすること、および、②相手が相当大規模な兵力を動員しない限り、当方の防衛努力を制圧できないようにすることであり、したがって、いかなる攻撃をも阻止できるという大きなものである必要はない」というものであった。それは、所要防衛力の発想を明確に否定するものであった。

「防衛を考える会」の提言は、一時期的に防衛施設庁長官として政策立案の中枢から外れていた久保卓也が、会の討議が始まった直後の一九七五年七月に防衛庁事務次官として復活したことにも大きな影響を受けた。前述のとおり、防衛局長時代の久保は、報告書と同様の防衛力構想を防衛庁内で提起していた。さらに久保が一九七四年六月に配布した「我が国の防衛構想と防衛力整備の考え方」と題する個人論文は、軍事中心の防衛力の考え方を排し、広い安全保障の見地から位置づけることの重要性を論じた。そして久保は、高坂が後に防止力や拒否能力として概念化した防衛力を、「基盤的防衛力」と呼んだ。

坂田防衛庁長官は、「防衛を考える会」の報告を全面的に支持し、「防衛計画の大綱」の策定を推進した。それは、「四次防」までの五年ごとの防衛力整備計画に替わって、今後一〇年程度の目標を定めるものであった。それは、一九七六年一〇月二九日の国防会議で決定された。その「防衛計画の大綱」は、日本が保有すべき防衛力を、「平時において十分な警戒態勢をとり得るとともに、限定的かつ小規模な侵略までの事態に有効に対処し得るものを目標とすることが最も適当」と規定した。さらに、一一月五日の国防会議は、「当面、各年度の防衛関係経費の総額が当該年度の国民総生産の百分の一に相当する額を超えないことをめど」とするという、「GNP一%」枠を設定した。その背景には、「大綱」の柱である基盤的防衛力というコンセプトがあった。ちなみに、三木内閣の手による防衛費のGNP一%枠は、その後中曽根内閣によって廃止が閣議決定されることになる(第六章)。

この一連の展開は、そもそも脅威対処型の所要防衛力の考え方に傾斜しがちな制服組の抵抗を受けた。そのため、「大綱」は、当時のデタント情勢に「重要な変化が生じ」た場合には、「新たな防衛力の態勢」へと「円滑に移行し得る」という妥協的論点を含んでいた。また、同様の対立を反映して、「大綱」にはもうひとつの自主防衛論の残滓があった。侵略事態が発生した場合に、「限定的かつ小規模な侵略については、原則として独力で排除することとし、侵略の規模、様態等により、独力での排除が困難な場合にも、あらゆる方法による強靱な抵抗を継続し、米国からの協力をまってこれを排除する」（傍点は筆者）としたことに、それが表れていた。

しかし、「大綱」の論理としてより重要であったのは、日本の基盤的防衛力構想が、日米安全保障体制との有機的な関係においてはじめて、日本の総合的な安全保障政策としての意味を持ち得ることであった。すなわち、「限定的かつ小規模な侵略」を超える事態に対しては「米国からの協力」を待つとされたのである。

日米防衛協力のための指針（ガイドライン）

したがって、「大綱」の策定と並行して、「日米防衛協力のための指針（ガイドライン）」が生まれたことは、自然であった。憲法九条と日米安全保障条約を柱とする日本の防衛政策において、基盤的防衛力構想や防衛費のＧＮＰ一％枠の設定と日米防衛協力の整備は、政府の立場からすれば必ずしも矛盾するものではなかったのである。

ただ、常に「密約」問題の核心にあったアメリカによる核兵器持ち込みの有無は、引き続き微妙な問題であった。一九七四年九月に、ジーン・ラロック（Gene R. Larocque）退役海軍少将が、アメリカ議会小委員会で、「核兵器を運搬する能力のある艦船が日本に入港する際に核兵器を降ろすことはない」と証言したことは、日本政府を動揺させた。一時期田中内閣は、一一月の現職アメリカ大統領としてはじめての訪日となったジェラルド・フォード（Gerald R. Ford, Jr.）の来日前に解決すべく、非核三原則は維持したまま核搭載艦の寄港や通過は認めるという新たな方針を検討した。しかし、一二月に田中が退陣すると、三木内閣は従来通りの「現状維持」方針に戻り、結局問題はそのまま放置された。

その後坂田防衛庁長官は、中曽根防衛庁長官時代に一度刊行されて後が続かなかった『防衛白書』の第二回目の刊行（一九七六年）に寄せて、これまで有事の際の日米防衛協力や作戦協力について協議されてこなかったことは、「全く意外であり、驚きであった」と述べた。民間有識者による「防衛を考える会」の議論が峠を越えたころの一九七五年八月、三木首相とフォード大統領との首脳会談（ワシントン）、および坂田防衛庁長官とジェームズ・シュレジンジャー（James R. Schlesinger）国防長官との会談（東京）で、日米防衛協力を推進するため、安全保障協議委員会の枠内で新しい協議の場を設けることの合意が成立した。

一九七六年八月に日米防衛協力小委員会の第一回会合が開かれ、その後二年にわたる八回の会合を経て、福田赳夫内閣（一九七六年一二月二四日～一九七八年一二月七日）とジミー・カーター（James E. "Jimmy" Carter, Jr.）政権（一九七七年一月二〇日～一九八一年一月二〇日）のもと、一九七八年一一月に「日米防衛協力のための指針」、通称「ガイドライン」がまとめられた。そして、翌月、日米間の安全保障協議委員会で正式決定され、日本の国防会議および閣議で了承された。

「ガイドライン」は、第一項「侵略を未然に防止するための態勢」、第二項「日本に対する武力攻撃に際しての対処行動等」、第三項「日本以外の極東における事態で日本の安全に重要な影響を与える場合の日米間の協力」からなっていた。とりわけ、第二項は、「自衛隊は主として日本の領海及びその周辺海空域において防衛作戦を行い、米軍は自衛隊の行う作戦を支援する。米軍は、また、自衛隊の能力の及ばない機能を補完するための作戦を実施する」と、日米の役割分担を明記した。日本防衛のための日米防衛協力の具体的姿が、戦後はじめて取り決められたものであった。

第三項は、アメリカ側の関心の強い領域ではあったが、内外の政治情勢からいっても、「大綱」の論理からしても、当時日本が何らかの対米軍事協力を明文化することは困難であった。その具体的取り決めは、ほぼ二〇年後、一九九六年の「ガイドライン」改定を待つこととなる（第七章）。

三　石油危機と資源外交

（1）二つの石油危機

中東戦争と石油

第一次世界大戦後からイギリスの委任統治のもとにあったパレスチナでは、第二次世界大戦を前後してユダヤ人の移民が急増し、アラブ人との間の紛争が頻発していた。第二次世界大戦終了後一九四七年一一月に国連総会が「パレスチナ分割決議」を採択し、一九四八年五月にイギリスの委任統治が終了すると、即座にイスラエルの建国宣言が発せられた。すると、すぐさまエジプトやサウジアラビア等の周辺アラブ諸国がイスラエルへの軍事攻撃を始め、第一次中東戦争が勃発した。戦争は国連の勧告により、一九四九年六月にイスラエルに有利な形で終わり、イスラエルは存続することとなった。

その後、一九五六年七月のエジプトによるスエズ運河国有化に端を発し、同年一〇月のイスラエルのシナイ半島侵攻により第二次中東戦争が勃発し、イスラエルがシナイ半島の大半を占領した。さらに一九六七年六月、イスラエルがエジプト、シリア、イラク、ヨルダンを奇襲攻撃し六日間で勝利した。「六日戦争」と呼ばれる第三次中東戦争である。これらの一連の中東戦争で、イスラエルの占領地は着実に拡大し、パレスチナをめぐるアラブ諸国との対立は深まるばかりであった。

軍事的に劣勢に立つアラブ諸国は、第三次中東戦争の際に、はじめて石油戦略を発動した。イスラエルとの緊張が高まるなか、アラブの産油国は一九六七年六月四日と五日にバグダッドで産油国会議を開催し、イスラエルによるアラブ諸国に対する攻撃に関与した国への石油供給を停止することで合意したのである。そして、イスラエルによる攻撃が始まった翌日の六月六日、アメリカとイギリスに対する石油の輸出および積み出しの禁止措置がとられた。

その際日本政府は、意図的かつ慎重に中立の立場を貫こうとしており、石油の禁輸措置が日本に及ぶことはないだろうと判断していた。しかし同時に、石油の需給構造の将来は不確実であり、石油備蓄や自由主義諸国間の協調が必要になるという認識も生まれ始めていた。そうした最中に、日本のそれまでの準備と想定を超えた第一次石油危機が発生した。

第一次石油危機と日本の対応

一九七三年、ユダヤ暦における神聖な贖罪の日である「ヨム・キプール」にあたる一〇月六日、エジプト軍がシナイ半島で、シリア軍がゴラン高原で、同時にイスラエル軍への攻撃を開始し、第四次中東戦争（ヨム・キプール戦争）が勃発した。その後、ほとんどのアラブ諸国が参戦し、イスラエルとの全面戦争に発展した。戦況は一時期膠着状態に陥ったが、やがてイスラエルが挽回するなかで、一〇月二二日に停戦を求める国連安保理決議が採択され、戦闘は収束した。

当初日本政府は、それまでの戦争と同様イスラエル優勢で短期に終結するだろうとの見立てから、従来通り中立の立場をとっていた。しかし、まだ戦闘が続く一〇月中旬から風向きが変わった。一〇月一六日に石油輸出国機構（OPEC）のペルシア湾岸加盟国の六カ国が、原油公示価格を一バレル三・〇一ドルから五・一二ドルへと、一方的に引き上げることを発表し、翌一七日にはアラブ石油輸出国機構（OAPEC）が、原油生産の段階的削減を決定したのである。

当初日本政府では、日本はアラブ諸国の石油戦略の対象外になるのではないかという希望的観測も小さくはなかった。しかし、アメリカやオランダへの禁輸措置が実施されるなか、日本が石油戦略から外れる「友好国」には含まれていないことが明らかとなった。実際に日本に関連する石油会社への割り当て削減の通告が相次ぎ、一一月に入ると、トイレット・ペーパー買占め等の一連の消費行動のパニック状態が全国に広がった。

そうした最中、OAPECは一一月五日に新たな声明を発表し、一一月に九月の石油産出量の二五％を削減し、さらに一二月には一一月の生産量の五％をさらに削減する一方、友好国にはこの削減は適用されないという方針を明らかにした。ここに至って、アラブ寄りの政策変更を行うという日本政府の方針も固まり、一一月二二日の二階堂進官房長官の談話が策定された。談話は、中東紛争解決のための諸原則のひとつとして「一九六七年戦争の全占領地域からのイスラエル兵力の撤退が行われること」を明言し、最後に以下のとおり述べていた。

わが国政府はイスラエルによるアラブ領土の占領継続を遺憾とし、イスラエルが上記の諸原則にしたがうことを強く要望する。わが国政府としては、引続き中東情勢を重大な関心をもって見守るとともに、今後の諸情勢の推移如何によってはイスラエルに対する政策を再検討せざるを得ないであろう。

二階堂官房長官談話を発表する一週間前の一一月一四日に、アメリカのキッシンジャー国務長官が来日した。中東歴訪から中国に足を延ばし、アメリカへの帰路に日本に立ち寄ったものであった。キッシンジャーは、田中首相以下、大平外相、愛知揆一蔵相、中曽根通産相らの閣僚と会談し、日本によるアラブ諸国に対する妥協には反対する原則を述べながらも、西欧諸国による声明の範囲内であれば「理解し得る」との立場を示した。

一一月六日に発せられた「中東問題に関するEC宣言」は、イスラエルが一九六七年以来獲得した領土の占領を終結させるべきことを表明しており、日本の二階堂官房長官談話もそれを踏襲した。田中内閣がそれよりも踏み込んだのは、「今後の諸情勢の推移如何によってはイスラエルに対する政策を再検討せざるを得ない」との一文における「再検討」という表現であった。アメリカ国務省は、「われわれは日本の決定に同意するものではないが、日本が否応なしに置かれた立場を理解し得る」との立場を示した。

こうして一一月二二日に官房長官談話が発表されると、OAPEC石油相会議は、日本に対して一二月に予定されていた削減上積みを免除した。しかし、日本政府が期待した「友好国」の指定は行われなかった。その後一九七三年一二月一〇日から二八日にかけて、三木武夫副総理を団長とした使節団がサウジアラビアやエジプト等中東七カ国を歴訪した。三木は、経済・技術支援を表明するとともに、各国の首脳と日本の中東政策について会談を重ねた。三木の歴訪が終盤にさしかかった一二月二五日、OAPEC石油相会議はついに日本を「友好国」に認定した。

イラン革命と第二次石油危機

以上のように、アラブ諸国による石油戦略の発動は日本にひと時のパニックを引き起こしたが、日本の背に腹は代えられないアラブ外交も功を奏して、石油輸入量の減少は当初懸念されたほどではなかった。そして問題の焦点は、石油の供給量よりも価格に移っていった。象徴的にも、OAPEC諸国は、日本を「友好国」に指定する二日前の一二月二三日に、一九七四年一月より原油価格を五・一二ドルから一一・六五ドルへと倍以上に引き上げることを決定していた。こうして、ただでさえ田中内閣の「日本列島改造計画」で地価高騰とインフレに襲われ始めていた日本に、石油価格の高騰というさらなるインフレ圧力がかかったのである。

そうしたなか、一九七七年一一月一九日、エジプトのアンワル・サダト（Muhammad Anwar al-Sādāt）大統領は、突如イスラエルを訪問し世界を驚かせた。一九七八年九月、アメリカのカーター大統領の仲介により、サダト大統領とイスラエルのメナヘム・ベギン（Menachem Begin）首相の間で和平合意が成立し、エジプトがイスラエルを承認し、シナイ半島がエジプトに返還された。

しかし、その和平ムードが中東に波及することはなかった。経済的混乱や反米主義とイスラム勢力の台頭という気運のなかで、一九七八年のイランではパーレビ（Mohammad Rezā Shāh Pahlavi）国王に反対する民衆暴動が頻発していた。結局パーレビは翌年一月に亡命し、二月に最高宗教指導者ホメイニー（Āyatollāh Rūhollāh Khomeinī）が帰国し、イスラム革命評議会が実権を握った（イラン革命）。そうした混乱のなかで、一九七八年末にイランの原油生産が停止され、OPECは原油価格の段階的引き上げを決定した。そして、原油のスポット価格は一九七九年一月の一バレル一五ドルから六月には三七ドルに上昇したのである。こうして第二次石油危機が発生した。

そうしたなか、一九七九年一一月に、パーレビ国王のアメリカ亡命に反発したイランの民衆によりアメリカ大使館が占拠され、大使館員が人質となる事件が発生した。カーター政権は、一九八〇年四月に米軍による人質救出作戦を実施するが失敗した。その後、エジプトに出国したパーレビ国王が一九八〇年七月に死去すると、イラン民衆の怒りも収まり始めた。その後のアメリカの大統領選挙でロナルド・レーガン（Ronald W. Reagan）が当選すると、アメリカ政府とイラン政府の間で交渉がまとまり、レーガン政権発足の一九八一年一月二〇日に五〇人以上の人質が無事解放された。

アメリカ大使館員人質事件が勃発したとき、日本はその前月の一九七九年一〇月に、イランとの石油化学プロジェクトを再開したばかりであった。大平内閣は、一九八〇年五月に対イラン禁輸措置を発表し、アメリカ政府との協調路線を貫いた。

(2) 経済外交

資源外交の展開

先述のとおり、一九六七年の第三次中東戦争の際に、アラブ諸国ははじめて石油戦略を発動した。第一次石油危機は、日本の石油需給や中東外交に予想外の混乱をもたらしたが、一九六〇年代の高度成長を経た日本経済にとって、石油危機にかかわらず資源問題が中心的な課題であることは明らかであった。期せずして、田中角栄首相は、一九七三年九月二六日から一〇月一一日にかけて、フランス、イギリス、西ドイツ、ソ連を歴訪したが、その最中、西ドイツ滞在中に突如として第四次中東戦争が勃発したのであった。

田中のヨーロッパ訪問の重要な案件は、エネルギー源と資源の供給先の多角化であった。フランスでは核燃料の委託加工や第三国での資源開発に関する日仏協力、イギリスでは備蓄等の消費国間協力や北海油田からの輸入問題、西ドイツでは第三国での日独協調が、それぞれ検討された。最後の訪問地であるソ連では、先にみたとおり「未解決の諸問題を解決して平和条約を締結する」ことをうたった共同声明が締結されたが、関連した重要な案件がシベリア開発であった。つまり、日本による本格的なシベリア開発への参入により、ソ連との平和条約交渉を進展させ、同時に日本のエネルギー資源問題の進展を図ろうとしたのである。

また、アメリカのキッシンジャー国務長官は、第一次石油危機直前からエネルギー問題の多国間協調に取り組み始めていた。日本政府は、第一次石油危機への対応を模索しながら、アメリカ主導の石油消費国による多国間協力への参加に向けて動き出していた。一九七三年一一月のキッシンジャー来日の際には、中東政策をめぐる日米の主張はかみ合わなかったが、キッシンジャーは日本の多国間協力への参加を歓迎する方針を明らかにした。そして一九七四年二月にワシントンで「石油消費国会議」が開催され、一一月にOECD加盟国を中心に国際エネルギー機関（IEA）が設立されたのである。

その主要な目的は、石油消費国が連携してOPEC諸国による一方的な原油価格の引き上げを抑制しようとするものであった。また、加盟国における石油備蓄や緊急時の協調融通制度が整備された。こうして、先進石油消費国によるエネルギー政策の国際協調が、日本を含めた各国の資源外交の重要な一部を形成していったのである。

サミット外交

一九七三年の石油危機とその後の世界経済の動揺は、先進国間の国際協調の気運を生んだ。一九七五年一一月、フランスのジスカール・デスタン（Valéry Giscard d'Estaing）大統領の提唱で、ランブイエで先進国首脳会議（サミット）が開催された。参加メンバーは、フランス、イタリア、日本、イギリス、アメリカ、西ドイツ、の六カ国であり、日本からは三木武夫首相が出席した。

第一回目の会議においては、石油危機以後景気後退に悩む世界経済の運営において、インフレに留意しつつ持続的な成長を達成することが共通目標とされた。また、ニクソン政権による金・ドル交換停止表明以降の変動相場制をめぐる諸問題がはじめて首脳レベルで討議され、各国が協力して為替相場の乱高下を防止することが合意された。

一九七六年六月にプエルトリコの首都サンフアンで開催された第二回会議からは、フォード大統領の要請によりカナダが加わり、参加国は七カ国（G7）となった。日本からは再び三木首相が参加した。「インフレなき経済拡大」を共通目標として各国の協力を確認し、通貨、貿易、エネルギー、南北問題、東西関係等をめぐる主要先進国間の協力の重要性が確認された。

一九七七年五月のロンドンにおける第三回先進国首脳会議には、日本からは福田赳夫首相が参加し、世界経済の牽引車としての日・米・独「機関車論」が討議された。各国は引き続きインフレ抑制と雇用拡大に努め、それぞれの経済情勢に従い、拡大的成長策ないしは安定化政策をとることが目標とされた。また、初参加となったアメリカのカーター大統領が、核不拡散と人権問題を提起した。

一九七八年七月のボン・サミットには、福田首相が引き続き参加した。各国がそれぞれの国内経済の現状に即した成長政策、インフレ対策、エネルギー政策、通貨政策等を表明し、世界経済が直面する諸課題の相互関連性が強調され、各国が相互に支援する「総合的戦術」に合意した。一九七七年九月に日本赤軍によりハイジャックされた日航機がバングラデシュのダッカに強制着陸させられた事件（超法規的措置により身代金を支払い、赤軍収監メンバーを釈放して、乗員乗客は解放）を受けて、福田首相の提唱によりハイジャックに関する声明が発表された。

第二次石油危機の最中、一九七九年六月に東京で開催された第五回先進国首脳会議は、「エネルギー・サミット」の観を呈した。大平正芳首相が議長役を務め、具体的数字を掲げた各国の石油の消費・輸入上限目標について、困難な交渉の結果合意が成立した。こうして石油問題の議論が半分以上を占めたが、日本の主導で、開発途上国への資金提供、食糧問題、技術協力等、発展途上国問題に関する先進国間協力でも合意された。

こうして一九七〇年代以降、先進国首脳会議は、時の世界経済の実情と課題を照らし出し、先進国間協調を確認する重要な舞台となった。アジアから唯一参加する日本は、アジアの問題やアジアの発展途上国への支援問題を提起する重要な役割を担った。

四．デタント下のアジア外交

（1）日中国交正常化と日台断交

佐藤栄作内閣から田中角栄内閣へ

ニクソン大統領が一九七一年七月一五日に、キッシンジャーによる極秘訪中の事実と自らの訪中予定を電撃的に発表した際、ウィリアム・ロジャーズ（William P. Rogers）国務長官から牛場信彦駐米大使に電話連絡があったのはその直前であり、佐藤首相や日本政府が受けたショックは大きかった。福田赳夫外相が「アヒルの水かき」にたとえて水面下で対中接触を図っていることを示唆したものの、中国側に佐藤内閣と正常化交渉を進める意図は当初からなかった。

佐藤内閣下での対中接近の動きとしては、自民党幹事長の保利茂が、一九七一年一一月に訪中した東京都知事の美《み》濃《の》部《べ》亮吉《りょうきち》に託した周恩来宛の書簡、いわゆる保利書簡があった。それは、「中華人民共和国は中国を代表する政府であり、台湾は中国国民の領土である」と述べていた。それを「二つの中国」を意味するものと受け止めた周恩来は、その内容を公表し、佐藤内閣を相手にするつもりのない旨を明言した。それでも佐藤は、一九七二年二月のニクソン訪中直後の衆議院予算委員会で、台湾は中華人民共和国に属するという立場を表明した。しかし、それを福田外相が否定し、三月六日に、「台湾の帰属については発言する立場に」ないが「『台湾が中華人民共和国の領土である』との中華人民共和国政府の主張は、……十分理解しうる」とする政府統一見解が表明された。

佐藤内閣を相手にしないとする中国政府は、一九七二年七月七日に田中角栄内閣が成立すると、即座に歓迎の意を表明した。しかし、それまでの中国政府の「一つの中国」に関する原則的立場や日米安全保障関係への敵対的姿勢から、日本政府は必ずしも楽観的にはなれなかった。そこに光明をもたらしたのは、一九七二年七月下旬の公明党委員長竹入義勝による訪中であった。

竹入は七月二七日から三日連続で周恩来と会談し、中国側の日中共同声明案八項目および台湾に関する「黙約事項」の提案を含む会談録を、自らの手書きのメモの形で持ち帰り、田中首相と大平外相に伝えた。いわゆる「竹入メモ」は、それまで日本側が抱いていた懸念をかなりの程度解消した。周恩来は、日米安全保障条約には触れないことを明言していた。さらに、毛沢東の意向として賠償請求を放棄することも明らかにしていた。しかし、台湾問題に関しては、周恩来は「台湾は、中華人民共和国の領土であって、台湾を解放することは、中国の内政問題である」とする項目を含む「黙約事項」を提案していた。しかし、日本側がそれを認めることは難しかった。田中は、台湾問題の展望は見出せないままに訪中する決断を固めた。

日中共同声明

田中は九月二五日に訪中し、周恩来との間で二八日まで連日四回の会談を行った。その間、大平外相と姫鵬飛《きほうひ》外交部長との間の外相会談が、非公式会談一回を含め四回開かれた。交渉は何度か暗礁に乗り上げるが、九月二九日に田中と大平および周恩来と姫鵬飛の四名が「日本国政府と中華人民共和国政府の共同声明」に署名し、国交正常化が達成された。

九月二六日の第一回外相会談で、戦争状態の終了と台湾に関する問題が表面化した。前者に関しては、日華平和条約ですでに「中国」との戦争状態は終了しており、同じことを再び宣言することはできないというのが日本政府の法的立場であった。当然ながら、日華平和条約の正当性を認めない中国は、それに反発した。対立はギリギリまで解消しなかったが、結局は九月二七日の深夜に開催された最後の外相会談において妥協が成立した。

翌日に調印された日中共同声明は、前文で「戦争状態の終結と日中国交の正常化という両国国民の願望の実現」に言及し、第一項で「日本国と中華人民共和国との間のこれまでの不正常な状態は、この共同声明が発出される日に終了する」と宣言した。「戦争賠償の請求権の放棄」に関しても、一度国府が放棄したものを再びうたうことはできないという日本政府の法的主張に対して、「請求権」の「権」の字を取り除くことで中国側が譲歩した。

台湾の帰属の問題に関しては、共同声明本文は、「中華人民共和国政府は、台湾が中華人民共和国の領土の不可分の一部であることを重ねて表明する。日本国政府は、この中華人民共和国の立場を十分理解し、尊重し、ポツダム宣言第八項にもとづく立場を堅持する」と述べた。ポツダム宣言第八項は、カイロ宣言が履行されるべきことを規定しており、カイロ宣言は、満洲や台湾等日本が「清国」から奪ったすべての領土を「中華民国」に返還することをうたっていた。日本政府は、こうした「間接話法」によって台湾の帰属問題に関して明確な立場表明を避けたのである。

以上を受けて、一九五二年に日本が国府と締結した日華平和条約に関しては、大平正芳外相が共同声明発表後の記者会見において、「日中関係正常化の結果として、日華平和条約は、存続の意義を失い、終了したものと認められる、というのが日本政府の見解」であると表明した。その結果、当初からの不法性を主張する中国に対して、日華平和条約は締結以来日中国交正常化まで合法的であったとする日本政府の立場は貫かれた。

こうして、日本側の当初の懸念とは裏腹に、田中訪中前に展望がみえなかった台湾問題に関しては、ほとんど中国側が実質的に譲歩する形で妥結した。それを説明する最大の要因は、中国の戦略的考慮であった。すなわち、中国にとって日本との国交正常化は、基本的に米中和解の延長線上に位置するもの、すなわち対ソ統一戦線の組み直しに日本を引き込もうとするものであった。その意味で、後の日中平和友好条約交渉で大問題に発展する「反覇権」条項が、すでに日中共同声明に盛り込まれていたことは重要であった。それは、「両国のいずれも、アジア・太平洋地域において覇権を求めるべきではなく、このような覇権を確立しようとする他のいかなる国あるいは国の集団による試みにも反対する」と述べていた。

しかしながら、日本側は、「反覇権」への言及は米中間の上海コミュニケにもある条項であり、「中国の譲歩に対する交換材料として」受け入れたという認識であった。そして、政府を含めた日本社会は、独自の論理で日中国交正常化を歓迎した。自民党政権にとっては、それまでの国内政治を二分させてきた外交問題にけりがついたことが重要であった。また、日本外交の観点からは、対米関係と対中関係がついに両立したことが大きかった。国民世論では、根強い親中国感情に火がついて、「中国ブーム」が起きた。

日台断交と「日本方式」

日本政府は、日中共同声明第二項で中華人民共和国政府を「中国の唯一の合法政府」として承認した。したがって、国府（以下、国交断絶後は「台湾」）は中国を代表する合法政府ではなくなった。しかし、台湾が中国大陸とは異なる政治の統治下にあることは自明であり、日本政府は台湾が中国の領土の不可分の一部であるとする中国の立場には最後まで明確に同意しなかった。さらに、日本と台湾の間には、貿易・投資、観光、文化等多様な領域において、実質的な深い関係が存在していた。

しかしながら、台湾が中国本土を含めた中国全体を代表する合法政府であるとする論理にはそもそも無理があった。米中和解でアメリカの対中政策が転換され、その後日本のみならず多くの国々が中華人民共和国政府と国交を樹立する国際的潮流のもとでは、なおさらであった。結局のところ、台湾にとって国交を失うことは何よりも面子の問題であった。台湾側は、日中共同声明が発表された一九七二年九月二九日の深夜、一方的に日本との国交断絶を宣言した。

しかし、台湾の外交部長は、対日断交宣言において、「その責任が完全に日本政府にある」と強調しながら、「すべての日本の反共民主人士に対して、我が政府は依然として友誼を保持し続ける」と宣言した。実は台湾は、田中内閣が成立するや、日中国交正常化は必至と判断し、実務関係の継続方法や日本国民への働きかけ等の方策の検討を始めていたのである。

したがって、田中内閣が日中国交正常化に向けて動き出してから日台断交に至る間の「別れの外交」は、日台双方にとって心労が絶えない過程でありながらも、予定の展開をどう演じ切るかという問題でもあった。日本政府の特使としてその任にあたったのは、一九六五年に佐藤内閣の外相として日韓国交正常化に取り組んだ椎名悦三郎であった。台湾側は、八月下旬の行政院会議で、蔣経国《しょうけいこく》行政院長が「中華民国の利益をそこなうあらゆる行為も絶対に諒解することはなく、また議論の余地すら」ないとの原則を述べながら、「日本から正式に特使派遣の話があった際に、……その接遇を完全に拒否することはできない」との方針を示していた。

こうして椎名は、田中首相の蔣介石宛て親書を携えて、田中訪中に先立って一九七二年九月一七日に訪台した。田中親書の内容は、外交文書というよりは「できるだけ礼を尽くそうという」きわめて東洋的な趣旨の作文であった。椎名は蔣経国との会談も、今後も日本と台湾の間には「従来の関係」が維持されるという見解を表明する等、老猾な姿勢で切り抜けた。

こうした儀礼を重んじる「別れの外交」を経て、日中国交正常化後早くも一九七二年一二月一日には、台北に日本の日台交流協会、東京に台湾の亜東関係協会が設立され、国交断絶後も日台間の実務関係を継続する仕組みが整えられた。この体制は、一九七〇年代終盤に米中国交正常化が成立した際、「日本方式」と呼ばれ米台関係のモデルともなった。

(2) すれ違う日中関係

「反覇権」条項をめぐる攻防

日中共同声明は、「平和友好条約の締結を目的として、交渉を行うこと」で合意していた。批准の必要のない共同声明形式で国交を樹立してから、平和条約の交渉を行うという手順であった。ところが、一九七四年一一月に予備交渉が始まった日中平和友好条約の交渉過程で、「反覇権」条項をめぐる日中間のすれ違いがさっそく表面化した。中国のソ連に向けられた「反覇権」外交は、一九七五年に改定された中国憲法に書き込まれるほど、中国外交の大原則であった。

中ソ対立に加担することなく、中ソ両国との等距離外交を進めようとしていた日本政府は、米中和解や日中国交正常化に対するソ連の反発が顕在化すると、「反覇権」条項に難色を示すようになった。ところが、すでに日中共同声明の第七項は、「日中両国間の国交正常化は、第三国に対するものではない。両国のいずれも、アジア・太平洋地域において覇権を求めるべきではなく、このような覇権を確立しようとする他のいかなる国あるいは国の集団による試みにも反対する」とうたっていた。

実は、冒頭の「日中両国間の国交正常化は、第三国に対するものではない」とする一文は、そもそも九月二六日の第二回外相会談の際に、日本側が前文の一部として提案したものであった。これを姫鵬飛外交部長が「反覇権」条項に入れるべきではないかと提案し、大平は「特にこだわらない」と答えたのである。その前日、九月二五日に開催された田中と周恩来の間の第一回首脳会談に同席した大平は、日中国交正常化にともなう二つの問題として日華平和条約に言及した後、「第二点は第三国との関係である。とくに日米関係は日本の存立にとり極めて重大である。……つまり、日中国交正常化をわが国としては対米関係を損ねないようにして実現したい」と発言していた。すなわち、当初日本が「第三国条項」を提案した際に意識していたのは、アメリカとの関係であったのである。それが姫鵬飛の提案で事実上ソ連との関係を意味するものに変わったのであるが、日本側はそれにこだわらなかった。

ところがその後、「反覇権」条項が持つ対ソ戦略上の意味が明白になると、日本政府は中ソ対立で中国に加担しているようにみられることを嫌った。しかし、交渉妥結に意欲を持つ三木内閣は、中国政府の強い意向を前に、一九七五年一一月に「反覇権」条項を含む日本側からの妥協案を中国に提示した。それは、同年九月の国連総会の場で喬冠華《きょうかんか》中国外交部長と会談した際に宮沢喜一外相が提示したいわゆる「宮沢四原則」に基づき、「反覇権」条項の反ソ性を中和しようとするものであった。それに対し中国は、平和友好条約は締結しなくてもよいとする頑な姿勢を貫いた。

そうしたなか、一九七六年一二月に福田赳夫内閣（一九七六年一二月二四日〜一九七八年一二月七日）が誕生し、中国では一九七七年七月に鄧小平《とうしょうへい》が党副主席、副総理、中央軍事委員会副主任として復活した。そして、鄧小平主導の経済建設路線が定着する過程で、日中交渉は前進した。その間一九七八年四月、尖閣諸島沖に二〇〇隻にのぼる漁船団が出現し数十隻が領海侵犯を繰り返すという事件が起きたが、真相は不明のまま、中国は偶発的なものだという説明で事態を収束させた。こうして一九七八年七月二一日から八月八日にかけて、事務レベル交渉が北京で開催された。交渉は「第三国条項」をめぐって難航し、最終決着は園田直《すなお》外相の訪中に持ち越されたが、八月九日の外相会談で最終合意が成立した。

八月一二日に日中両国外相によって調印された日中平和友好条約は、第二条が「両締約国は、そのいずれも、アジア・太平洋地域においても又は他のいずれの地域においても覇権を求めるべきではなく、また、このような覇権を確立しようとする他のいかなる国又は国の集団による試みにも反対することを表明する」と述べ、第四条で「この条約は、第三国との関係に関する各締約国の立場に影響を与えるものではない」とうたった。こうして、中国が第二条で「実」を取り、日本が第四条で「名」を取る形となった。

一〇月半ば、衆議院本会議と参議院本会議は、共に圧倒的多数で日中平和友好条約を批准した。そして、一〇月二二日に鄧小平が来日した。福田首相や昭和天皇との会談を滞りなく行った鄧小平は、新幹線の技術を称賛する等、中国の経済建設路線に日本の協力を取りつけるために対日外交を巧みに演出した。

日中漁業協定と尖閣諸島問題

日中共同声明の合意に基づき、さっそく一九七二年一一月に、東郷文彦外務審議官を団長とする外務、通産、大蔵、農林、運輸等各省高官の代表団が訪中し、日中両国は、貿易、海運、航空、漁業等に関する協定締結に向けた事務レベル協議を開始した。その結果、日中貿易協定（一九七四年一月五日）、日中航空協定（一九七四年四月二〇日）、日中海運協定（一九七四年一一月一三日）、日中漁業協定（一九七五年八月一五日）が締結された。

そのなかで当時最も政治争点化したのは、日中航空協定であった。中国が台湾の航空機が成田空港を使用することを拒絶し、日本政府に台湾との航空路線の位置づけに関する立場表明を迫ったからである。日本政府は、「台湾の航空機にある旗の標識をいわゆる国旗を示すものと認めていないし、『中華航空公司（台湾）』を国家を代表する航空会社としては認めていない」とする大平外相の談話を発表することで、日中航空協定を成立させた。台湾は即座に日台航空路線の断絶に踏み切ったが、一九七五年七月に「日台民間航空業務維持に関する取り決め」が交わされ、羽田空港を利用する形での日台航空路線の復活が合意された。

本来尖閣諸島の水域問題が絡む日中漁業協定も、日中間の大きな争点に発展してもおかしくなかった。しかしながら、日中両国は、協定が適用される水域の南限を北緯二七度線と定め、尖閣諸島を協定水域から除外した。それは、日中国交正常化にあたり尖閣諸島の領有権問題には触れないとする中国の立場と、領土問題の存在を認めないながらも尖閣諸島問題を争点化しないとする日本の方針が一致したものであった。

一九五三年一月八日の『人民日報』で尖閣諸島が沖縄の一部であることを認めたこともある中国が、尖閣諸島の領有権をはじめて公式に唱えたのは一九七一年一二月の外交部声明であった。それは「釣魚島などの島嶼は、昔からの中国領土である。……現在の沖縄に属するものではなくて、中国の台湾に付属する島嶼であった」と宣言した。その中国の新たな主張を前提に、周恩来は日中国交正常化交渉の過程で尖閣諸島問題には触れないという立場を口にした。一九七二年七月二八日の竹入義勝との会談で「石油の問題で歴史学者が問題にし」ているが「この問題は重く見る必要はありません」と述べた。田中角栄との九月二七日の会談でも「尖閣諸島についてどう思うか」と田中が問いかけたのに対し「今回は話したくない。今、これを話すのはよくない」と答えたのである。

このとき中国政府が領有権主張に踏み切ったのは、一九六〇年代終盤に尖閣諸島を含む沖縄の施政権がアメリカから日本に返還されることが明らかになるなかで、台湾がアメリカに対して尖閣諸島の領有権を主張し始めたからであった。そして台湾は、アメリカの企業と提携して周辺海域の調査に乗り出した。その米台民間企業による動きには、アメリカ政府によってストップがかかった。しかしニクソン政権は、尖閣諸島を沖縄の一部として日本に返還しながらも、領有権問題には中立の立場をとった。こうして、資源問題と台湾問題に反応する形で始まった中国の尖閣諸島に対する領有権主張は、一九七八年に鄧小平が日本での記者会見で発言した「棚上げ」論や、一九九二年制定の領海法に尖閣諸島を含めるという一方的措置を経て、中国の対日外交において独自の力学を持つようになる。

ちなみに、日本の外務省は一九七二年七月一〇日付の「日中間の懸案事項」と題する文書で、「わが政府としては、同諸島がわが国の領土であることは議論の余地なき事実であるので如何なる国の政府とも同諸島の領有権問題につき話し合う考えはないとの立場」を確認している。その上で日本政府は、尖閣諸島問題で中国を刺激しないという抑制の効いた対応をとったのである。それは、問題を「棚上げ」したというよりは、日中関係への総合的考慮から領有権問題を「横に置いた」ものであった。

その後中国は、ポツダム宣言第八項とカイロ宣言に基づき、日本は台湾の一部である尖閣諸島も中国に「返還」したはずであるという主張をするようになった。それに対して日本政府は、一八九五年四月の下関条約で台湾を領有した時期よりも早く、同年一月に尖閣諸島の沖縄編入を閣議決定しており、尖閣諸島は台湾には含まれないとの立場に立っている。事実、その閣議決定以降、アメリカが沖縄を施政下に置いていた時期（一九四五年～七二年）を通して、尖閣諸島は今日まで一貫して日本（および一時期アメリカ）の実効支配のもとにある。

（3）朝鮮半島外交

「韓国条項」から「朝鮮半島条項」へ

韓国の朴正熙政権は、佐藤栄作内閣が総力をあげて取り組んだ沖縄返還の問題を、アメリカによる韓国防衛への影響という観点から注視していた。そして、沖縄返還にともない、米軍基地の軍事的価値が低下してはならず、その迅速かつ効果的使用が妨げられてはならないという見解を、日米両国政府に伝えていた。したがって、一九六九年一一月に、「韓国条項」を含む日米共同声明に署名した佐藤が、ナショナル・プレス・クラブの演説で、韓国に対する武力攻撃が発生し、米軍が日本の基地から出動する場合には、「事前協議に対して前向きに、かつすみやかに態度を決定する」という方針を表明したことは、韓国政府から歓迎された。これは、事実上韓国が、日米安全保障条約を通して米軍基地を支える日本の役割を、朝鮮半島の安全保障という文脈で認知したものであった。

そこには、日韓両国によって明示的に認識されたわけではないものの、日韓安全保障協力の輪郭が姿を現したと解釈することはできるだろう。日本が朝鮮半島を取り巻く「四大国」の一角を占めるという一般的な認識とはむしろ裏腹に、そこには、米中ソ三大国の戦略的関係を背景として、アメリカとの安全保障関係を軸とした安全保障上のパートナーとしての日韓両国の潜在的な姿があったのである。

しかしながら、当時の日本の国民世論は依然として圧倒的に平和主義的であり、日本政府が専守防衛の枠を越える安全保障政策を展開することは、国内政治的に不可能であった。アメリカからすれば、沖縄返還にともなって日本の安全保障上の役割増大を求めたわけだが、その論理を受け入れる前提は、当時の日本にはまだなかったのである。

当時日本は、米中和解や米ソ・デタント下の国際情勢を、文字通り緊張緩和の脈絡で受け止めていた。したがって、その後「韓国条項」は、緊張緩和に逆行するものとして、一九七〇年代を通して修正されていくことになる。

たとえば、一九七五年八月に訪米した三木首相とフォード大統領との八月六日の日米共同新聞発表は、「両者は、韓国の安全が朝鮮半島における平和の維持にとり緊要であり、また、朝鮮半島における平和の維持は日本を含む東アジアにおける平和と安全にとり必要であることに意見の一致をみた」とうたった。韓国の安全を朝鮮半島の平和と関連づけ、その上で朝鮮半島の平和を日本だけではなく東アジアにおける平和と安全に結びつけたのである。

さらに、一九七七年三月二二日の福田首相とカーター大統領による共同声明は、「総理大臣と大統領は、日本及び東アジア全体の安全のために、朝鮮半島における平和と安定の維持が引続き重要であることに留意した」と述べた。ここでは、日本にとってのみならず、朝鮮半島にとっての韓国への言及も消えてしまった。日本と東アジアにとっての朝鮮半島の平和と安定の重要性のみに触れた「朝鮮半島条項」といわれる所以である。

南北等距離外交

こうした韓国との直接的なリンケージを薄めようとするアプローチは、日本の北朝鮮に対する積極的な外交と表裏一体でもあった。田中内閣の木村俊夫外相は、一九七四年八月二九日の参議院外務委員会の答弁で、「朝鮮半島全体の平和と安全が、わが国の安全にとって緊要である、というのは、政府の見解である」と述べ、北朝鮮からの軍事的脅威について「政府としては客観的にそういう事実はないと判断している」とする見解を表明した。さらに、九月五日の衆議院外務委員会において、松永信夫外務省条約局長が、韓国政府が「朝鮮半島の全体における唯一の政府であるという認識」は持っていないと答弁し、木村外相も「私もそのように認識しております」と答えた。

以上のような政府答弁の背景には、デタントの時代潮流のなかで朝鮮半島の緊張緩和に関与しようとする外交スタンスと、それを支える国内世論があった。外務省内にも、日朝貿易の推進によって北朝鮮との関係を拡大し、南北等距離的な外交を志向する発想があった。さらには、田中内閣期の一九七三年八月、日本滞在中の反体制政治指導者金大中が、韓国中央情報部の手によって滞在中のホテルから拉致されるという事件が発生し、日本の対韓感情が極度に悪化したという事情もあった。

この金大中事件は、一一月二日に朴正熙大統領の親書を携行して来日した金鍾泌韓国首相と田中角栄首相との会談で、韓国側が政府の関与を認め日本側がそのことを不問に付すことで、早期の政治決着が図られた。ところが、一九七四年八月一五日に、在日韓国人文世光による朴正熙大統領の暗殺未遂事件（大統領夫人が死亡）が発生し、今度は韓国側の対日姿勢が硬化した。

こうして極度に悪化した日韓関係は、一九七四年一二月に誕生した三木内閣のもとで修復されていく。一九七五年七月二二日に、金大中事件に関し指紋が検出された駐日韓国大使館一等書記官金東雲《キムドンウン》に関する件と、朴正熙大統領狙撃事件に関する件について、韓国外交部から駐韓日本大使館に対して口上書が提出された。前者で金東雲の公務員としての地位の喪失が伝えられ、後者で韓国政府に対するテロ活動の取締まりに関する日本政府の方針がうたわれた。それを受けて、七月二三日に宮沢喜一外相が訪韓し、日韓関係の「正常化」を確認した。続いて、九月にソウルで第八回日韓定期閣僚会議が開催され、民間資金による対韓支援という既定方針を修正し、韓国の第四次経済発展五カ年計画（一九七七年～一九八一年）に新たな借款を供与することが表明された。

さらに、一九七七年一月に誕生したカーター政権が在韓米軍の撤退方針を明らかにしたことが、日韓両国に共通の懸念を引き起こした。日本政府は、アメリカからの責任分担要求が持ち上がることに気を遣いながらも、一九七七年三月、および一九七八年五月の福田赳夫首相の訪米時に、それぞれ懸念を伝えた。結局はアメリカの軍部や議会からも撤退への慎重論が強くなり、カーター政権は一九七九年に在韓米軍撤退の延期を表明した。

（4）東南アジア外交

福田ドクトリン

一九七〇年代初期の東南アジアでは、米中和解と米ソ・デタントにともないベトナム戦争が終結し、大国間対立が後退した。長年冷戦下のアジアにおいて独自の外交が展開できないことを歯痒く思っていた日本政府は、ベトナム和平の気運が生まれると、一九七二年からベトナム民主共和国（北ベトナム）との国交正常化に動き出した。そして、一九七三年一月二七日にパリ和平協定が調印されベトナム戦争が終結すると、九月二一日にパリにおいて両国の大使が公文に調印し国交が樹立された。

一九七四年一月には、田中首相が東南アジア諸国を歴訪した。しかしこのとき、田中はバンコクとジャカルタで大規模な反日暴動にみまわれ、日本政府に少なからぬショックを与えた。そこで日本政府は、対東南アジア政策の根本的な見直しに取り組んだ。ベトナム戦争終結を受けて、さらなる強靱性強化を課題とするASEAN（東南アジア諸国連合）も、日本との関係強化を志向した。そして、一九七七年二月のASEAN外相会議は、八月開催予定のASEAN首脳会議に福田首相を招請することを決定した。

こうして福田首相は、一九七七年八月六日に東南アジア訪問に出発し、八月七日にマレーシアのクアラルンプールでASEAN五カ国の首脳との会談にのぞんだ。福田は、ASEANの「共通プロジェクト」としての工業プロジェクトに一〇億ドルの円借款供与を約束し、五〇億円のASEAN域内文化交流事業への資金協力を申し出た。

その後福田は、ビルマ、インドネシア、シンガポール、タイを歴訪し、最後の訪問地のフィリピンのマニラにおいて、一九七七年八月一八日に包括的な東南アジア政策、「福田ドクトリン」を表明した。福田は、日本は軍事大国にならない、広範な分野で心と心の触れ合う相互信頼関係を築くという二点に続き、次のように述べた。

日本は「対等の協力者」の立場から、ASEAN加盟国の連帯と強靱性強化の自主的努力に対して積極的に協力し、また、インドシナ諸国との間には相互理解に基づく関係の醸成を図り、もって東南アジア全域の平和と繁栄の構築に寄与する。

この三点目こそ、「ポスト・ベトナム」の東南アジアに対する日本外交の核心であった。それは、対等な立場からASEAN諸国およびインドシナ諸国と協力し、両者を包摂した東南アジア全体の地域秩序の安定に寄与しようとする政策体系の表明であり、以後、冷戦後にかけて日本の東南アジア外交の指針となった。

福田ドクトリンの特徴は、大国間権力政治が東南アジアから後退した時期の、経済的手段による政治的イニシアティブであるところにあった。そして、その後日本の東南アジア経済支援は、ASEAN諸国とインドシナ諸国の相互依存を深めることをひとつの大きな目標として推進されるようになる。

インドシナ情勢の流動化と福田ドクトリンの挫折

しかしながら、一九七〇年代終盤に、ソ越友好協力条約（一九七八年一一月）、ベトナムのカンボジア侵攻（一九七八年一二月）、米中国交正常化（一九七九年一月）、中国のベトナム侵攻（一九七九年二月）という事態が連なり、インドシナ情勢が新たな大国間対立を背景に大きく流動化した。米中国交正常化は、一九七〇年代初期の米中和解とは異なり、ソ連を共通の敵とする論理で実現した。すると、その過程でアメリカとベトナムの国交正常化交渉も頓挫し、米中提携によりはじき出された形のソ連とベトナムが接近した。そして、ソ連の後ろ盾を得たベトナムがカンボジアに軍事侵攻し、中国が支援するポル・ポト（Pol Pot）政権をプノンペンから排除し親越政権を樹立するのである。

インドシナ情勢の流動化をもたらす重要なきっかけとなったのは、またしても米中戦略関係の転換であった。ニクソン政権のソ連に対するデタント政策は、アメリカ国内の右派の反発を招いた。対ソ強硬派には、ソ連を古典的な勢力均衡ゲームの相手とするキッシンジャー流の外交は、アメリカの対ソ政策として正しいものには思えなかったのである。たとえば、一九七五年に独立したアンゴラの内戦にキューバ兵を送り込むソ連の介入に、当初キッシンジャーは慎重に対応しようとしたが、右派からすれば、それはソ連の拡張主義以外の何物でもなかった。

こうしてアメリカ国内でデタント外交が政治対立の対象となるなかで、一九七七年一月に誕生したカーター政権は、対ソ強硬派のズビグネフ・ブレジンスキー（Zbigniew K. Brzezinski）を安全保障問題担当大統領補佐官に任命した。そのころ、一九七六年に念願の国家統一をなしとげたベトナムは、ASEAN諸国のみならず日本や西側諸国との関係構築に乗り出していた。そして、カーター政権との国交正常化交渉も開始した。同じころ、ベトナム戦争終結以降対立を深める中越関係は、中国の対越援助全面停止（一九七八年七月）という戦後最悪の事態に陥った。また、一九七五年に政権をとったカンボジアのポル・ポト派はベトナムとの対決姿勢を強め、一九七七年一二月には国交を断絶した。ポル・ポト政権の最大の後ろ盾は、中国であった。

そうしたなかカーター大統領は、一九七八年五月のブレジンスキー訪中を転機として、ソ連との対決の論理を前面に据えて中国との国交正常化を進めるブレジンスキー路線に傾斜した。カーターは、一〇月になって、中国との対立を深めるベトナムとの国交正常化交渉の棚上げを決めた。そして、一九七九年一月一日をもって成立した米中国交正常化によって、ソ連を共通の敵とする米中の戦略的提携が形成されたのである。

その米中戦略的提携によって疎外されたのが、ソ連とベトナムであった。米中国交正常化によって西側諸国との関係改善の道が閉ざされたベトナム政府は、一九七八年六月にソ連陣営の相互援助機構であるコメコンに加入し、一一月にはソ越友好協力条約を結んでソ連に接近した。そして、同年一二月にカンボジアへ軍事侵攻し、一九七九年一月に、ポル・ポト政権をプノンペンから追放しヘン・サムリン（Heng Samrin）政権を樹立したのである。

その後ほぼ一〇年間、ソ連、ベトナム、ヘン・サムリン政権が国際社会による制裁の対象とされ、日本政府も国際的制裁網に加わることとなった。その結果、福田ドクトリンが重視したインドシナ諸国への経済支援はストップした。そして、中国の支援を受けるポル・ポト下のクメール・ルージュ、ノロドム・シハヌーク（Norodom Sihanouk）殿下を指導者とするシハヌーク派、親米ロン・ノル（Lon Nol）政権の流れを汲むソン・サン（Son Sann）派からなる「民主カンボジア連合政府」がカンボジアを代表する正統政府として扱われた。

一九七九年一月に米中国交正常化を祝福してアメリカを訪れた鄧小平は、ベトナムに「教訓を与える」ことにカーター政権の道義的支持を要請し、二月に「懲罰」と称するベトナムへの軍事侵攻を行った。米中国交正常化以降、実質的に西側の一員とみなされるようになった中国への国際的非難は起こらなかった。そして、米中国交正常化を契機に国際社会からの疎外感を深めたソ連は、一九七九年一二月にアフガニスタンへ軍事侵攻した。それに対して、アメリカを中心とする西側諸国は、翌年のモスクワ・オリンピックのボイコット等対ソ制裁を強化し、国際政治は新冷戦と呼ばれる米ソ対立の時代に逆戻りした。こうして、インドシナ情勢が再び米中ソの戦略的関係に飲み込まれると、福田ドクトリンは頓挫せざるを得なかった。

第六章

国際国家日本の外交（1980年代）

キャンプデービッドを訪れた中曽根康弘首相を出迎えるレーガン大統領（1986年４月）

一・一九八〇年代を準備した大平外交

（1）米中戦略的提携と日本

大平の対米外交

一九八〇年六月一二日、大平正芳首相が急逝した。前月、社会党提出の内閣不信任案が、自民党反主流派が投票を棄権したために可決され、それを受けての衆議院解散総選挙最中の出来事であった。大平死去への同情票もあり選挙に大勝した自民党は、次期総裁に鈴木善幸を選び、七月一七日に鈴木内閣（～一九八二年一一月二七日）が誕生した。

こうして一九八〇年代の日本の政治と外交がスタートしたが、一九八〇年代の日本外交を実質的に準備したのは、一九七八年一二月七日に発足した大平内閣の外交であった。大平内閣発足一週間後の一二月一五日に、ソ連との対抗の論理に立って翌年一月をもって米中の国交が正常化することが発表された。前にふれたように、一二月二五日には、同じく米中国交正常化により孤立したベトナムが、ソ連の後ろ盾を得てカンボジアに侵攻した。すると翌一九七九年二月、プノンペンを追われたポル・ポト派を支援する中国が、アメリカが黙認するなかベトナムに対する「懲罰」と称する軍事行動を起こした。そして同年末には、ソ連がアフガニスタンに軍事侵攻するのである。

大平外交は、こうして到来した新冷戦と呼ばれる国際政治情勢のもとで、アメリカとの関係を揺るがない基軸として定め、同時に中国への政府開発援助（ＯＤＡ）を開始し新たな日中関係の礎を築いた。その上で大平は、総合安全保障論や環太平洋構想を推進することで日本外交の多角化と国際化を図った。そこに、中曽根外交に継承され一九八〇年代に展開された国際国家日本の外交の原型が形成された。

前章まででみてきたように、戦後の試行錯誤を経て、あの戦争の歴史に根差す制約を抱え憲法九条に規定される日本外交にとって、日米安全保障関係が基軸にならざるを得ないことが明らかとなった。しかしながらそこには、日米関係の重要性がある意味圧倒的であるがゆえに、なかば自然に「自立」の欲求が生じるという構造的な力学も存在した。日米基軸主義の管理と運用の難しさは、日本の主体性や自立の要素をどう取り込み、いかに全体として整合性のある外交を構築できるか、という問題に他ならなかった。そのためにはまず求められるのが、日米関係の形を定めることであり、大平の対米外交にはその種の感性が示されていた。

そのことを端的に示したのが、一九七九年五月の訪米時に大平が、日米両国は「同盟国であるアメリカ合衆国との緊密で実り豊かなパートナーシップを通じて……重大な任務を共有している」と語り、日本の首相として戦後はじめてアメリカを「同盟国」と呼んだことであった。さらに、一九七九年一二月末にソ連がアフガニスタンに軍事侵攻すると、一九八〇年一月の施政方針演説で、「たとえわが国にとって犠牲を伴うものであっても」日米協調の立場を堅持する方針を強調した。その後、ソ連のアフガニスタン侵攻への対抗措置として、一九八〇年夏のモスクワ・オリンピックをボイコットするというアメリカの方針にも同調した。

こうして大平は、米ソ対立が復活した新冷戦と呼ばれる状況のもとで、日米関係を日本外交の基軸として明確に見定めたのである。その上で大平は、対中関係の一層の改善に動いた。

大平の対中外交

アメリカと中国が一九七九年一月をもって国交を正常化することに合意した「外交関係樹立に関する共同コミュニケ」を発表したのは、大平内閣発足一週間後の一九七八年一二月一五日であった。同コミュニケは、「アメリカ合衆国は、中華人民共和国政府が中国の唯一の合法政府であることを承認する。この範囲内で、合衆国の人民は、台湾の人民と文化、商業その他の非公式な関係を維持する」とうたい、これは一九七二年の日中国交正常化にならった「日本方式」と呼ばれた。

このことが示すように、日米両国の対中外交の基調は一致していた。前章でみたように、一九七八年八月の日中平和友好条約締結以降、日中関係は新たな段階に入っていた。しかし皮肉にも、中国が精力的に締結したプラント契約に関して、中国の資金不足が表面化した。そして中国は、一九七九年二月以降、一連のプラント契約の実施保留や破棄を申し出た。

そこで日本の政府や経済界は、中国側に日本からの政府借款を活用するよう働きかけた。前年一九七八年一〇月には、改革開放路線の立役者である鄧小平副総理が来日し、日本の経済界とも積極的に接触して中国への直接投資を働きかけていた。中国政府は、一九七九年九月に日本からの政府借款を正式に要請した。こうして、中国の改革開放路線に対して、日本が政府開発援助（ＯＤＡ）と直接投資を車の両輪として本格的に関与する体制が整うのである。

大平首相は、一九七九年一二月五日から九日まで中国を訪問し、港湾二件、鉄道三件、水力発電一件、計六つの建設プロジェクトに対して一九七九年度五〇〇億円の政府資金供与を約束し、ここに日本の対中ＯＤＡがスタートした。その際大平は、軍事協力は行わない、東南アジア諸国への援助は犠牲にしない、欧米諸国の排除や中国市場の独占はしない、という「大平三原則」を表明した。

こうして大平は、日米関係の強化により米中の戦略的提携の論理に歩調を合わせながら、同時に中国の改革開放路線を支援する外交に踏み出した。内閣・自民党合同葬となった一九八〇年七月九日の大平の葬儀に、アメリカと中国からカーター大統領と華国鋒《かこくほう》総理が参列したことが、大平が形を作った一九八〇年代の日米中関係の姿を象徴していた。

（２）多角的外交の模索

総合安全保障論

大平は、日米中関係に一定の安定的な形を整える一方で、多角的で総合的な日本外交の構築を試みた。総合安全保障政策と環太平洋連帯構想の推進である。

大平は、一九七八年一一月の自民党総裁公選にのぞむにあたって、基本政策のひとつとして総合安全保障戦略を提起し、一一月二七日付「政策要綱資料」で、「日米安保条約と節度ある質の高い自衛力の組合わせ」を補完するものとして、「経済・教育・文化等各般にわたる内政の充実をはかるとともに、経済協力、文化外交等必要な外交努力を強化して、総合的に我が国の安全をはかろうとする」総合安全保障体制を整えることを唱えた。

大平は、一九七八年一二月に組閣するやいなや、九つの研究グループのひとつとして「総合安全保障研究グループ」を組織し、総合安全保障政策の体系的整理を求めた。その議長には、京都大学教授、防衛大学校校長を経て、当時、財団法人平和・安全保障研究所理事長であった猪木正道が就任し、京都大学教授の高坂正堯が実質的に報告書の取りまとめにあたった。

同研究グループは、一九七九年四月から検討を始め、大平が急逝した直後、一九八〇年七月に『総合安全保障戦略』と題する報告書をまとめた。報告書は、「軍事的な安全保障についても、政治・外交面においても、また、経済面においても、アメリカがほぼ単独で維持するシステムに依存していればよかった時代は終わり、日本は自由陣営の有力な一員として、システムの維持・運営に貢献しなくてはならなくなった」との意欲を示した。

その上で報告書は、総合安全保障を「狭義の安全保障政策」と「経済的安全保障政策」に分類し、さらにそれぞれを三つのレベルに分けた。すなわち、「国際環境を全体的に好ましいものにする努力」、「自助努力」、そしてその中間にあって「理念や利益を同じくする国々との連携」に基づく努力である。さらに、日米関係、自衛力の強化、対中・対ソ関係、エネルギー安全保障、食糧安全保障、大規模地震対策（危機管理体制）を、総合安全保障という体系のなかに位置づけて論じた。

そこには、対米関係を基軸に据えながらも、一九七〇年代以来国際システムが多極化する趨勢のもとで日本の独自の外交を構想しようとする発想が垣間みえた。そして、日本の安全保障への総合的アプローチを、自由主義陣営に立つ視点から国際システムの有機的な一部として位置づけたのである。

環太平洋連帯構想

大平は、右でみた「総合安全保障研究グループ」とともに「環太平洋連帯研究グループ」を設置した。研究グループの議長には、池田勇人が推進した「国民所得倍増計画」の策定にも携わった大来佐武郎が迎えられた。同グループが一九七九年一一月に中間報告「環太平洋連帯構想」を発表すると、同月大平は、議長の大来を第二次大平内閣の外務大臣に起用し、構想の推進にかける意気込みを示した。

大来は、かねてより小島清一橋大学教授らとともに、オーストラリア国立大学のピーター・ドライスデールらとの知的連帯を図り、アジア太平洋協力のための日豪協力を推進してきた。こうした背景から、大平首相は、大来外相をともなって一九八〇年一月一五～一七日にオーストラリアを訪問し、その後ニュージーランド（～一九日）とパプアニューギニア（～二〇日）に足を延ばした。

オーストラリアのマルコム・フレーザー（John Malcolm Fraser）首相との間で一九八〇年一月一六日に発表された日豪共同新聞発表は、日本とオーストラリアが環太平洋連帯構想をさらに推進する決意を、以下のように述べた。

> ……両者は、環太平洋連帯構想が重要な長期的目標を意味しているものであることに意見の一致をみるとともに、広範な地域的な合意に基づいてこの構想をさらに掘り下げて検討を行う意思を表明した。両者は、太平洋地域の学術研究機関等による民間レベルのセミナーが継続して行われることがこの構想を発展させていくために重要な手段となっていくことを注目した。

以上の日豪合意を受けて、帰国後大平は、一月二五日の施政方針演説でオーストラリア訪問に触れ、「太平洋をめぐる地域全体の安定と発展を期するため、環太平洋連帯構想を初め《ママ》関係諸国の間の多角的な協力関係を進めることについても、有意義な話し合いを行うことができました」と、はじめて公に環太平洋連帯構想に触れた。そして、一九八〇年五月一九日に研究グループの『環太平洋連帯の構想』と題する報告書が公表された。

報告書は、「多様性の尊重がわれわれの構想の核心であり、したがって、地域内の諸国民がその多様性を相互に深く理解し合うことが、この構想推進の第一歩となる」と述べた上で、「環太平洋連帯の推進は、あくまでも拙速を避け、広く国際的討議を積み重ねながら、慎重かつ着実に行われなければならない」との方針を示した。そして、「本年九月、オーストラリア国立大学（ANU）で開催されるセミナーが、今後に続く一連の国際会議の端緒をなすことが期待される」と具体的な展望を示したのである。

こうして、六月に急逝した大平の跡を受けて七月に組閣した鈴木内閣のもと、九月一五〜一八日に、「環太平洋セミナー」がキャンベラのオーストラリア国立大学で開催された。同セミナーは、民間有識者が具体的な構想を研究討議する太平洋経済協力会議（PECC）の出発点となり、その後毎年ないし隔年でPECCが開催されることとなる。そして、ついに一九八九年一一月、キャンベラで第一回アジア太平洋経済協力（APEC）閣僚会議が開催されたのである。

二 中曽根外交

（1）日米同盟路線の定着

「同盟」をめぐる混乱

自民党は、衆参同時選挙中の大平の急死を受けた緊急事態を、伊藤正義官房長官が総理臨時代理を、西村英一副総裁が総裁代行を務めることで乗り切り、一九八〇年七月一七日に鈴木善幸内閣を発足させた。韓国では、一九七九年一〇月に朴正熙大統領が側近に射殺されるという事件を受けて、クーデタで権力を掌握した全斗煥が一九八〇年九月一日に大統領に就任し、一九八一年一月にはアメリカでレーガン大統領が就任した。レーガンも全斗煥も、「ハト派」として知られる鈴木にとっては、必ずしも与しやすい相手ではなかった。

アメリカは、一九七九年一一月に発生したイランにおけるアメリカ大使館占拠・人質事件が象徴的に示したように、反米化する中東情勢への対応や、新冷戦下の対ソ戦略の観点から、カーター政権末期から世界戦略の再編を迫られていた。そして、レーガン政権は、日本に対して具体的な「ロール（役割）とミッション（任務）」を踏まえた上での防衛力整備と対米協力の増大を強く求めるようになった。たとえば、一九八一年三月に鈴木内閣の伊藤正義外相が訪米した際に、キャスパー・ワインバーガー（Caspar W. Weinberger）国防長官は、フィリピン以北の防空・対潜能力の向上を具体的に求めた。

こうして新冷戦の状況下でより明示的な防衛協力を求めるレーガン政権に対して、そもそも防衛力増強には慎重な立場に立っていた鈴木の対応は、ややちぐはぐであった。鈴木は、一九八一年五月の訪米時のレーガン大統領との会談で、財政問題や国内政治的な制約を理由に、防衛費の増加を突出させることは困難であることを主張した。さらに鈴木は、ワインバーガー国防長官との会談でシーレーン防衛への協力を要請されても、明確な返答を避けた。しかし、ナショナル・プレス・クラブでの演説時の質疑の際に、「周辺の海域を自分で守るのは当然で、周辺海域数百マイル及びシーレーンについては一〇〇〇マイルについて、憲法を踏まえつつ自衛の範囲内で防衛力を強化する」と発言した。文言の選択から明らかなように、海域やシーレーン防衛に関する言及は、日米協力の対象としてではなく、日本の自衛の課題として語ったものであった。

しかし、五月八日に発表された鈴木首相とレーガン大統領による日米共同声明は、「日米両国間の同盟関係は、民主主義及び自由という両国が共有する価値の上に築かれている」と述べ、日米首脳間の共同声明にはじめて「同盟」という表現が使われた。その上で共同声明は、防衛努力における日米の役割分担に関して、以下のように明確に述べていた。

総理大臣と大統領は、日米相互協力及び安全保障条約は、日本の防衛並びに極東における平和及び安定の基礎であるとの信念を再確認した。両者は、日本の防衛並びに極東の平和及び安定を確保するに当たり、日米両国間において適切な役割の分担が望ましいことを認めた。総理大臣は、日本は、自主的にかつその憲法及び基本的な防衛政策に従って、日本の領域及び周辺海・空域における防衛力を改善し、並びに在日米軍の財政的負担をさらに軽減するため、なお一層の努力を行うよう努める旨述べた。

「憲法及び基本的な防衛政策に従って」との限定はついているものの、日米間の役割分担に関する日本の努力表明であった。しかし鈴木は、共同声明が発表された後に開かれた二回目の日米首脳会談直後の記者会見で、「同盟は軍事的意味合いをもつものではない」と釈明した。

この発言は、鈴木の帰国後、日本政府内で騒動を引き起こした。外務省高官が鈴木の同盟に関する発言を「ナンセンスだ」と批判し、同様に鈴木の発言に反発する伊藤正義外相が混乱の責任をとって辞任する事態となったのである。鈴木は、外務大臣の後任に園田直を指名した。しかし園田も、六月一九日にマニラでアレクサンダー・ヘイグ(Alexander M. Haig, Jr.)国務長官と会談した際に、アメリカの防衛力増強要求に後ろ向きの反応を示した。そして、翌二〇日に五月の日米共同声明に拘束力はないと発言し、五時間後には撤回するという失態を演じた。

ロン・ヤス関係

その後鈴木善幸首相は再選をめざすことなく、一九八二年一一月二七日に中曽根康弘内閣が発足した(~一九八七年一一月六日)。前章でみたとおり、中曽根は、防衛庁長官時代に、日本の自助努力を主とし日米安全保障関係を従とする自主防衛体制の構築を試みて、挫折していた。まだそのころは、日米安全保障条約に基づいて日本が米軍に施設や区域を提供する一方で、在日米軍との連携は射程に入れずに、日本独自の防衛力整備が進められていた。首相時代の中曽根外交の最大の特徴は、一九七〇年代の「大綱・ガイドライン」路線と大平外交の遺産の上に、日米安全保障関係を日本の防衛安全保障政策の基軸として固め、両者の間に有機的な関連性を見出したことにあった。

そして一九八〇年代に入ると、日本の防衛力整備は、日本の自助努力としてだけではなく、明示的にアメリカの戦略への協力という観点から意義づけられるようになる。さらには、中曽根が意図的に試みたように、日米協力は日米安全保障条約に基づく領域を超えて、グローバルな安全保障問題にまで拡大していくようになった。そうした変化のなかで、日米安全保障関係がなかば自然に「同盟」と呼ばれるようになったのであった(本書でも、一九八〇年代以降の日米安全保障関係を「日米同盟」と記述する)。

右でみたように、鈴木首相の安全保障観は、同盟に転化しつつある日米安全保障関係を受容できるところまで変化していなかった。そして、同盟への変化を明示的に引き起こしたのが、中曽根首相の対米外交であった。中曽根は、一九八三年一月に電撃的に韓国を訪問し、全斗煥大統領との間で懸案の対韓支援問題にケリをつけた（後述）。そして中曽根は、その一週間後にアメリカを訪れ、一月一八日と一九日にレーガン大統領との二回の首脳会談にのぞんだ。

対米武器技術供与問題に関しては、一九八一年六月に鈴木内閣の大村襄治《じょうじ》防衛庁長官が訪米した際に、ワインバーガー国防長官から禁輸緩和の要請が出されて以来、鈴木内閣は方針を決めかねていた。それに対し中曽根は、訪米直前に、アメリカに対して例外的に武器技術供与を認める決断を下した。その方針は、閣議での了承を経て、一九八三年一月一四日に官房長官談話として以下のとおり発表された。

米国の要請に応じ、相互交流の一環として米国に武器技術（その供与を実効あらしめるため必要な物品であって武器に該当するものを含む）を供与する途を開くこととし、その供与に当たっては、武器輸出三原則によらないこととする。

武器技術供与を手土産に訪米した中曽根は、レーガン大統領との間で日米の同盟関係を再確認し、鈴木内閣当時からギクシャクしていた対米関係を再生させた。一月一八日の首脳会談で、中曽根は日米関係を「運命共同体」と呼び、対米協力に対する熱意を存分に示した。さらに、一九日の朝食会では、日米両首脳がお互いをファースト・ネームで呼び合い、「ロン・ヤス」関係がスタートしたのである。

当時の日米関係は経済摩擦で対立を深めていたが（後述）、安全保障面での協力は格段に進展した。一九八三年九月一日に、ニューヨーク発ソウル行きの大韓航空機がサハリン沖でソ連の戦闘機に撃墜される事件（日本人二八名を含む乗客・乗員二六九名人が全員死亡）が起きた際には、日米間で傍受記録をめぐる協力が速やかに行われた。同年一一月に訪日したレーガン大統領は、「日米の友好関係は永遠である」と発言し、中曽根も「自由と平和を守るためには、連帯と結束の下に毅然として対処し、そのために払うべき艱難を厭うべきではない」とエールを返した。

一九八五年四月には、極東ソ連軍の増強に対抗して、核兵器搭載可能なアメリカの戦闘機（F-16）四八機が三沢基地に配備された。さらに中曽根は、一九八六年九月、ソ連の核ミサイルを宇宙空間で破壊しようとするアメリカの戦略防衛構想（SDI）の研究への日本の参加を閣議決定した。

日本の防衛政策に関して中曽根は、一九八五年九月に、「五九中期業務見積もり」を政府計画に格上げした「中期防衛力整備計画」（一九八六〜一九九〇年度）を策定し、その総額をGNP比一％枠に替わる新たな歯止めにしようと試みた。自民党内の慎重論が強く、すぐさまGNP一％枠撤廃の正式決定には至らなかったが、中期防の五年間の総額を割ると各年度の防衛費はGNP一％をわずかに超えることとなった。中曽根は、こうした実績に基づいて、ついに一九八六年一二月に、防衛費のGNP比一％枠の撤廃を閣議決定するのである。

西側の結束

一九八三年五月二八〜三〇日、ウィリアムズバーグで第九回先進国首脳会議（サミット）が開催された。このころ、ソ連がヨーロッパに配備した中距離核戦力（INF）SS-20の撤廃を求めるアメリカとソ連の交渉が難航していた。そのときレーガン政権は、地上発射型の巡航ミサイルおよびパーシングⅡ弾道ミサイルをヨーロッパに配備する計画でいた。それを念頭にソ連は、一九八一年一月に、アメリカがINFのヨーロッパ配備を思いとどまれば、ヨーロッパのSS-20を一部削減し、それを極東に移転するという提案を示していた。中曽根は、一月のレーガンとの首脳会談で、ソ連を真剣な交渉に引き出すにはアメリカによるINFのヨーロッパへの配備が必要なこと、およびウィリアムズバーグでのサミットで西側の結束を示すことが重要であると主張した。

五月二八日に始まったサミットの討議では、フランスのフランソワ・ミッテラン（François M. A. M. Mitterrand）大統領や西ドイツのヘルムート・コール（Helmut J. M. Kohl）首相が、INF交渉を念頭に入れた政治声明を発することに慎重な態度を示した。しかし、「西側の固い団結の下に西側の安全」を図ることを主張した中曽根の発言をレーガン大統領が引き取って、ジョージ・シュルツ（George P. Shultz）国務長官を中心に政治声明の草案が作成されることになった。そして、五月二九日付の「政治声明」は、以下のとおり述べた。

サミット参加国は、均衡のとれたＩＮＦ合意が近く達成されるよう強い希望を表明する。これが実現される場合には、配備の水準は交渉によって決められることになろう。もしこれが実現されない場合には、よく知られている通り関係諸国は当該米国兵器体系の欧州配備を計画通り一九八三年末には実施するであろう。

さらに「政治声明」は、中曽根首相の意向を反映して「われわれサミット参加国の安全保障は不可分であり、グローバルな観点から取り組まなければならない」ともうたった。そこには、中曽根が強く主張してきた、削減されるソ連のＩＮＦがヨーロッパからアジアに振り向けられることへの警戒の意味が込められていたのである。

アメリカが一九八四年から西ドイツ、イタリア、およびイギリスにＩＮＦシステムを配備し始めると、一九八五年三月にソ連共産党書記長に就任したミハイル・ゴルバチョフ（Mikhail S. Gorbachev）政権のもとで、米ソ間の協議が再開された。一九八六年八月から九月にかけての一連の交渉を経て、一〇月一一日にアイスランドのレイキャビクでレーガンとゴルバチョフの間の首脳会議が実現した。そして両者は、ＩＮＦシステムのヨーロッパからの撤去、およびＩＮＦミサイル弾頭数を一〇〇基に制限することの二点について合意に達した。そして、「中距離核戦力全廃条約」（ＩＮＦ条約）が、一九八七年一二月八日にレーガン大統領とゴルバチョフ書記長によってワシントンＤＣにおいて調印された。その過程で、日米協力を軸とした西側の結束が重要な役割を果したのであった。

（２）経済摩擦の激化

日米経済摩擦

外交安全保障面での蜜月ぶりとは裏腹に、日米関係の一九八〇年代は、深刻な経済摩擦が慢性化した時期でもあった。まず、第二次石油危機以降日本の小型自動車の対米輸出が急増し、アメリカの自動車産業が危機感を高めた。レーガン政権は、一九八一年三月の伊藤正義外相訪米時に、五月の鈴木首相訪米前の日本による自主規制を希望する意向を伝えた。そして、四月二九日にウィリアム・ブロック（William E. Brock）通商代表が来日し、田中六助通産相との交渉にのぞんだ。その結果、五月一日に田中通産相が自動車輸出の自主規制に関する声明を発表し、一九八一年度の対米自動車輸出を一六八万台に制限、次年度はアメリカの自動車市場拡大量の一六・五%を加算、一九八三年度については二年目の終わりに検討、自主規制は「いかなる場合においても」一九八三年度で終了する、とする方針を示した。それに対して、レーガン大統領は、鈴木首相との五月八日付の共同声明で「謝意を表明」した。

しかし、それでも摩擦は解消せず、アメリカ下院は、一九八二年一二月に自動車の国産部品の一定割合の使用を義務づけるローカル・コンテンツ法を可決し、日本車の輸入に歯止めをかけようとした。日本政府は、一九八三年二月に、一九八三年度の自動車の対米輸出自主規制を前年度と同じ一六八万台とすることを発表した。さらに同年一一月一日には、当初の方針を変え、一九八四年度も自主規制を継続し、対米輸出を一八五万台とすることで日米の合意が成立した。その後、日本の自動車の対米自主規制は、一九九三年度末まで継続した。

さらに日本の対米自主規制は鉄鋼に飛び火し、一九八四年一〇月から政府間交渉が始まった。その結果、同年一二月に、今後五年間日本の占有率を五・八%に自主規制することで合意が成立した。こうして、一九八〇年代前半の日米経済摩擦では、ニクソン政権が最初に繊維問題で発動し、ある意味アメリカが「味をしめた」自主規制措置が慢性化した。

それでも、一九八一年に一三五億八〇〇〇万ドルであったアメリカの対日貿易赤字は、一九八五年に四三五億ドルに、一九八六年には五八六億ドルに膨らんでいた。対照的に、貿易収支、サービス収支、所得収支等を合計した一九八四年度の日本の経常収支は、約三七〇億ドルの黒字を記録し、過去最高となった。

日本の黒字趨勢が収まらないなか、一九八〇年代後半になると、アメリカの関心は日本市場の閉鎖性に向けられるようになった。中曽根首相は一九八五年元旦に訪米し、二日にロサンゼルスでレーガン大統領と会談した。そして、電気通信、エレクトロニクス、林産物、医薬品・医療機器の四分野での日本の市場開放を目的とする市場分野別個別（MOSS）協議を開始することで合意した。

さらに、一九八六年六月に、アメリカ半導体工業会が日本の半導体業界を通商法三〇一条に基づき提訴すると、七月に通商代表部（USTR）が調査を開始した。そして同月、五年間にわたり日本市場参入拡大策を実施するとする日米半導体協定が締結された。しかしその後、レーガン政権は、日本が半導体協定に違反しているとして、一九八七年四月に、通商法に基づき日本の電気・電子製品（パソコン、カラーテレビ、電動工具）に対して一律一〇〇％の報復関税をかける制裁措置を発動した。

まさにそのとき、一九八七年四月に、東芝機械がソ連に輸出した工作機械が、ソ連潜水艦のスクリューの研磨に使用され得ることが問題とされた。不満を募らせた議員たちが議事堂前で日本製のラジカセをハンマーで叩き割るパフォーマンスは、日米両国のマスコミに格好の報道材料を提供し、日米間の感情的摩擦もピークに達した。

その後、日本の市場の閉鎖性を叩く議論は日本の経済社会構造にまで向けられ、一九八九年六月に日米構造協議（SII）が始まった。アメリカは、日本に大規模店舗を可能にする土地政策や流通制度の改革等の国内構造の改革を迫った。その前年には、包括通商・競争力強化法が成立しており、不公正な貿易慣行に対して報復措置を義務づけるスーパー三〇一条が、日本に譲歩を迫る強力な武器となった。

一九八九年のアメリカの論壇には、そうした一方的な措置を正当化する「日本異質論」が蔓延した。当時、日本企業は「バブル経済」で潤い、一九八九年九月にソニーがコロンビア映画を、同年一〇月に三菱地所がロックフェラー・センターを買収したことが、日本脅威論を刺激していた。アメリカの一方的な対日圧力に反発して、ソニー会長の盛田昭夫と衆議院議員の石原慎太郎が『「NO」と言える日本』を出版したのも、一九八九年であった。

マクロ経済政策をめぐる協調

以上の日米経済摩擦の背景には、大幅な所得減税と政府支出の削減による「小さな政府」を標榜する「レーガノミクス」もあった。その結果、国防費は聖域として歳出削減の対象から外されたこともあって、アメリカ経済は膨大な財政赤字と高金利・ドル高に見舞われた。そうしたなか、アメリカ経済にとって一九八五年は歴史的な転換点となった。貿易赤字は一二二一億四八〇〇万ドル、対外債務は一〇七四億ドルとなり、アメリカは七一年ぶりに債務国に転落したのである。さらに翌年には、貿易赤字が一四四三億三九〇〇万ドルに、対外債務は二六三六億ドルに拡大し、「双子の赤字」が深刻化した。

ドル高の放任に耐え切れなくなったレーガン政権は、ジェームズ・ベーカー（James A. Baker）財務長官のもと、ドル高是正に乗り出した。一九八五年六月に来日したベーカー財務長官は、竹下登蔵相との間で、為替レートやマクロ経済政策に関して日米が緊密に協議することで合意した。そして、一九八五年九月二二日に、日本、アメリカ、西ドイツ、イギリス、フランスによる蔵相・中央銀行総裁会議がニューヨークのプラザ・ホテルで開催され、ドル高是正をめざす協調介入で合意したのである。このいわゆる「プラザ合意」以降、円とドルの交換レートは一ドル＝二四〇円前後から急激にドル安となり、一九八六年に入ると一五〇円台へと円高が進んだ。

他方、一九八〇年代には、ヨーロッパ統合が新たな段階に達していた。とりわけ、フランスのジャック・ドロール（Jacques L. J. Delors）が一九八五年一月に欧州共同体（ＥＣ）の執行機関である欧州委員会委員長に就任すると、さらなる欧州統合を強力に推進した。一九八六年二月に調印された「単一欧州議定書」（一九八七年七月に発効）は、障壁の除去や制度面の調整を図り、一九九二年までに単一市場を成立させることを目標として掲げた。そして、一九九二年二月に通貨統合と政治統合を進めるマーストリヒト条約が調印された。イギリスが批准を否決し、フランスが僅差で批准にこぎつける等、その過程は必ずしも順調ではなかったが、結局マーストリヒト条約は一九九三年一一月に発効し、欧州連合（ＥＵ）が誕生した。

こうしてヨーロッパが統合を進めるなか、とりわけ一九八五年のプラザ合意以降、日米欧諸国は、「双子の赤字」を抱えるアメリカが世界経済に与える影響を注視しつつ、マクロ政策協調を進めた。一九八六年五月四〜六日に東京で開催された第一二回先進国首脳会議（東京サミット）では、そのための種々の経済指標のサーベイランス（監視）が重要なテーマとなった。一九八七年二月二二日にパリのルーブル宮殿で開かれた先進七カ国蔵相・中央銀行総裁会議（Ｇ７）は、ドルと各国通貨の為替レートを現行水準で安定させること等、政策協調の強化で合意した（ルーブル合意）。

中曽根首相は、こうした先進国間の政策協調と国内対策を調和させるべく、前川春雄元日銀総裁を座長に「国際協調のための経済構造調整研究会」を設置して提言を求めた。一九八六年四月にまとまった報告書、通称「前川レポート」は、内需拡大、輸出依存型の産業構造の転換、一層の市場開放、金融の自由化・国際化等を提案した。ルーブル合意が成立すると、中曽根内閣は、公定歩合の再引き下げ、公共事業の前倒し実施、大型補正予算の執行等の内需拡大策をさらに押し進めた。一九八七年一〇月に世界的な株価暴落（ブラック・マンデー）が起きると、日本は株価の暴落を阻止するためにさらなる低金利政策をとった。その結果、逆に株価や地価の高騰が引き起こされ、一九八〇年代後半の日本は「バブル経済」に沸くこととなった。

三　竹下登内閣の外交

(1) 市場開放問題への対応

農産物自由化と建設市場開放

自民党総裁の任期延長により五年弱の政権運営を担った中曽根の後継に名乗りを上げていたのは、「ニューリーダー」と呼ばれた竹下登、宮沢喜一、安倍晋太郎であった。自民党の派閥対立の激しさから総裁選が回避され、一九八七年一〇月二〇日の中曽根裁定により後継に指名されたのは、竹下登であった。外交というよりは、中曽根が果たすことのできなかった売上税導入等の国内課題での手腕に期待した後継指名であった。竹下は一〇月三一日の自民党大会で総裁に選出され、一一月六日に竹下内閣（～一九八九年六月三日）が誕生した。

外交での期待値は必ずしも高くなかった竹下であったが、政権発足直後から市場開放問題への対応を迫られることとなり、さっそくその国内調整能力が試された。おりしも、右でみたように、一九八〇年代は、国際経済がレーガン政権下の双子の赤字に揺さぶられ、各国は経済問題への対応に苦慮した時代であった。一九八八年一月一三日のワシントンにおける竹下首相とレーガン大統領の首脳会談のテーマは、もっぱら経済問題となった。会談では、為替安定策、日本の市場開放・内需拡大・構造調整の促進等が取り上げられ、レーガン大統領は公共事業や牛肉・オレンジ等の輸入障壁の除去を強く要請した。そして同日、「経済問題に関するレーガン・竹下共同声明」が発表された。

発足直後の竹下内閣に突きつけられた最初の課題は、GATTの紛争処理小委員会が出した、農産物一二品目中一〇品目の輸入制限をGATT違反とした報告であった。かねてから日本に対して農産物の自由化を要求していたアメリカは、その報告を一九八七年一一月末のGATT総会で採択するよう主張した。結局、GATTの決定は一九八八年二月の理事会まで延期されたものの、その後竹下内閣は一〇品目のうち八品目の自由化を敢行した。

アメリカの公共事業に関する要求とは、アメリカの企業による日本国内の建設市場への参入を求めるものであった。竹下は、一九八八年三月に、交渉力を見込んで小沢一郎官房副長官を訪米させ、公共事業問題は三月二九日に日本側が大幅に譲歩する形で決着した。その結果、明石海峡大橋等一七件の大型公共事業について特例措置を設けて、外国企業による参加の道が開かれた。さらに、一年後のアメリカとの見直し協議で、一七件の公共事業が追加された。

牛肉・オレンジ輸入の自由化

同時に竹下内閣には、アメリカとの牛肉・オレンジをめぐる自由化交渉が待ち受けていた。牛肉とオレンジをめぐっては、一九七〇年代終盤以降、農産物輸入自由化の一環として断続的に日米間の交渉が続いていた。一九八四年には、中曽根内閣下で、輸入枠を拡大し四年後に再協議することで妥協が図られた。竹下内閣は、発足直後にその四年後の再協議という重責を抱えたのである。

一九八八年三月に始まった牛肉・オレンジをめぐる再協議においては、日本側が輸入割当の枠をめぐって再交渉する前提に立っていた一方で、アメリカ側は、輸入割当制を廃止し関税方式に移行した上で、その後関税を徐々に引き下げる方針であった。日米交渉が難航するなか、アメリカが再びGATT提訴に踏み切ると、竹下は問題の多国化を避け日米交渉の場での妥結に踏み切る決断を下した。四年前の日米合意が四月に失効するなか、六月一九日の東京での佐藤隆農水相とクレイトン・ヤイター（Clayton K. Yeutter）通商代表部代表との間で、アメリカの要求通り牛肉・

オレンジの輸入割当撤廃が合意された。農業自由化の問題が主要議題となっていたカナダのトロントでの第一四回先進国首脳会議が開幕する六月一九日を背にした、ギリギリの決着であった。

一連の農産物の輸入自由化措置に関しては、農業従事者はもちろん、業界組織や自民党の農林部会から激しい反対の声が上がった。当然ながら竹下にとっても困難な決断であったが、竹下は、日本の経済構造の転換のために、自由化にともなう農業合理化のための資金投入等、国内対策にその調整能力を発揮した。

(2) 世界に貢献する日本

国際協力構想とODA政策

政権発足早々、困難な国内対策を要する市場開放問題を処理した竹下首相は、「世界に貢献する日本」という基本方針を打ち出した。それは、外務省での検討を経て三本柱からなる「国際協力構想」にまとめられた。その構想は、竹下が、一九八八年四月三〇日から五月五日にかけてバチカン、イタリア、イギリス、西ドイツを歴訪した際、五月四日のロンドン市長主催午餐会におけるスピーチ「日欧新時代の開幕」で詳しく語られた。竹下は、「先進民主主義国の主要な一員たる我が国にとって、世界の平和を守り、国際社会の繁栄を確保するため、その増大した国力に相応しい役割を積極的に果たすことは当然の責任であると信ずる」と述べ、「平和のための協力強化」、「国際文化交流の強化」、「政府開発援助(ODA)の拡充強化」という三本柱を表明したのである。

第一の「平和のための協力強化」については、「軍事面の協力を行いえない」ことを確認しつつ、「紛争解決のための外交努力への積極的参加、要員の派遣、資金協力等を含む、新たな『平和のための協力』の構想を確立し、国際平和の維持強化への貢献を高めてまいります」との決意を表明した。もっとも、自衛隊による国際平和協力はまだタブー視されており、実際の貢献は、国連アフガニスタン・パキスタン仲介ミッションや国連イラン・イラク軍事監視団等へ、政務官として外務省職員を派遣するものにとどまった。

第二の「国際文化交流の強化」に関しては、「多様な文化の積極的な交流活動に力を注がなければなりません」と述べ、「世界的な文化遺跡の保存及び文化の振興のため、適当な国際機関に協力して、積極的貢献を行う」ことを表明した。この方針に基づき、一九八八年五月二五日に、平岩外四東京電力会長を座長とする「国際文化交流に関する懇談会」の第一回会合が開催され、一九八九年五月一八日の第九回会合で最終報告書が竹下首相に提出された。

第三の「ODAの拡充強化」は、竹下が述べたとおり「我が国の国際的貢献の面で最も期待されているもの」であり、日本は「三度にわたりODA拡充のための中期目標を掲げ、開発途上国に対する支援の強化につとめて」きた。その上で竹下は、「今後とも、その量・質両面における改善をはかり、より積極的な貢献を行っていく所存であります」との決意を表明した。

竹下が述べた三度にわたるODA中期目標は、それぞれ一九七八年七月、一九八一年一月、一九八五年九月に策定されたものであった。第一次中期目標（一九七八〜一九八〇年）は、一九七七年の実績一四・二億ドルを一九八〇年までに倍増することをうたった。第二次中期目標（一九八一〜一九八五年）は、その五年間の総額を一九七六〜一九八〇年の総額（一〇八・八億ドル）の倍以上とすることを目標とした。第三次中間目標（一九八六〜一九九二年）は、一九八六〜一九九二年の実績総額を四〇〇億ドル以上（一九九二年の実績を一九八五年実績三八億ドルの倍以上）とすることをめざした。

すると、プラザ合意以降の円高により、一九八五年実績からの倍増目標が一九八七年にほぼ達成（実績七四・五億ドル）されたため、竹下が表明した第三の柱である「ODAの拡充強化」方針に基づき、一九八八年六月に第四次中期目標（一九八八〜一九九二年）が策定された。そして新たに、一九八八〜一九九二年のODA実績総額を一九八三〜一九八七年の倍以上の五〇〇億ドル以上とする目標がうたわれたのである。その間、一九八九年には、日本はODA支出純額でアメリカを抜いて、世界最大のODA供与国となった。

昭和の終焉と竹下退陣

冷戦時代最後の政治と外交を託されることとなった竹下内閣は、右以外にも様々な課題に取り組むこととなった。

一九八八年秋から容体が悪化していた昭和天皇が、一九八九年一月七日早朝、皇居・吹上御所で崩御された。同日午後、翌日一月八日からの新元号が「平成」となることが、小渕恵三内閣官房長官によって発表された。竹下首相が大喪の礼委員会委員長となり、二月二四日に東京・新宿御苑の葬場で行われた内閣主催の「大喪の礼」には、ジョージ・H・W・ブッシュ（George H. W. Bush）大統領をはじめ元首級五五名を含む一六四カ国と欧州共同体（ＥＣ）委員会および二七の国際機関の代表が参列した。

その間竹下は、一九八九年一月三一日に訪米し、二月一日にブッシュ大統領との首脳会談にのぞんだ。そのころアメリカでは、日本への技術流出を警戒する議会を中心に、一九八八年一一月二九日に交わされたばかりのＦＳＸ（次期支援戦闘機）の日米共同開発に関する「了解覚書」の見直しを求める動きが起きていた。ブッシュ政権が日本との再交渉に動き出し、一九八九年四月二八日に、日本側がアメリカ側に作業分担率約四〇％を保証し、開発成果をすべてアメリカ側に供与すること等を約束する最終合意が成立した。一九八九年のアメリカの世論調査では、七割近くがソ連の軍事力よりも日本の経済力を脅威とみなしていた。

そのとき竹下は、一九八八年一二月二四日に税制法案を成立させ、念願の消費税導入を実現しながら、内閣は同年六月に発覚した「リクルート事件」でレイムダック化し始めていた。七月には、リクルート・コスモス社の未公開株が、竹下登首相、宮沢喜一副総理・蔵相、安倍晋太郎自民党幹事長、渡辺美智雄自民党政調会長等、竹下政権の中心的人物に譲渡されていたことが発覚した。竹下は、一一月一五日に衆議院に「リクルート問題調査特別委員会」を設置し、リクルート・コスモス未公開株の譲渡リストを公表し、リクルート社関係者の証人喚問に応じることで、危機を乗り切ろうとした。一二月九日に宮沢副総理・蔵相が辞任すると、竹下自らが大蔵大臣を兼任することで強い決意を示し、消費税導入にこぎつけた。

しかし、リクルート事件と消費税導入に対する世論の風当たりは強かった。そこで竹下は、総裁直属の「自民党政治改革委員会」を設置し、提言を求めた。一九八九年五月一九日に竹下に提出された「政治改革大綱」は、小選挙区制導入、派閥解消等の党改革、政治資金の規制強化等を答申した。しかしその間、三月末から四月はじめにかけて、首相就任前から、竹下に対してリクルート社からの多額のパーティー券購入や寄付金があった事実が判明し、竹下は追い込まれた。四月半ばの共同通信社による電話世論調査では、内閣支持率は三・九%にまで落ち込んだ（不支持率は八七・六%）。ついに竹下は、四月二五日に退陣を表明し、六月二日に竹下内閣は総辞職した。

後任には、外務大臣の職にあった宇野宗佑が就任した。宇野は、六月二日に組閣し三日に正式に宇野内閣が発足した（～一九八九年八月一〇日）。宇野が首相就任直後に女性スキャンダルに見舞われるなか、七月二三日に行われた参議院議員選挙で自民党は惨敗した。改選議席の六九議席のうち三六議席しか獲得できず、自民党は結党以来はじめて参議院で過半数割れとなったのである。宇野は翌日退陣を表明し、八月八日に海部俊樹が林義郎と石原慎太郎を破り後継自民党総裁に選出された。

四．新冷戦下のアジア外交

（1）日中関係の拡大と動揺

歴史教科書問題

一九八〇年代の日本の近隣外交は、基本的には安定的な拡大路線を歩んだ。その一方で、一九八〇年代は、歴史教科書問題や中曽根首相による靖国神社「公式参拝」問題等、歴史認識問題が戦後はじめて外交問題に発展した時期でもあった。それでもまだ一九八〇年代は、歴史問題の政府間解決が可能であった。しかしながら、その後一九九〇年代から二一世紀にかけて、徐々に政府間交渉に関係国の国民感情が複雑に絡みあうようになり、悪循環の構図が定着するようになる。

一九八〇年代のそのはしりは、一九八二年の歴史教科書問題であった。同年六月二六日の主要紙および各テレビ局ニュースは、二五日までに検定をパスした高校の歴史教科書（前年九月提出の「後期本」）で、中国への「侵略」が「進出」に書き換えられたとするニュースを一斉に報道した。しかし、日本の教科書検定制度のもとで、この種の検定意見がつくことは新しいことではなかった。たとえば一九八一年一二月二六日付の『読売新聞』は、四月に提出された高校二、三年生用の日本史と世界史の教科書（「前期本」）の検定作業に関して、「読売新聞社の調べによると」として、「日本の中国大陸への『侵略』は『進出』とせよ」との検定意見が出ていると報道していた。

しかしながら、六月の日本での報道からちょうど一カ月が経った七月二六日、中国政府が北京の日本大使館に対して正式に抗議を伝え、日中間の外交問題に発展した。当初「静観する」としていた韓国の全斗煥政権も、八月三日に、同じくソウルの日本大使館に対して抗議に踏み切った。中国の抗議は、①華北「侵略」を「進出」に、②中国に対する「全面的侵略」を「侵攻」に、③一九三一年の「九・一八事件」（柳条湖事件）を「南満洲鉄道爆破事件」に、④一九三七年の「南京大虐殺事件」を中国軍の抵抗のためと、それぞれ文部省の指導で「改ざん」が行われたとするものであった。

報道の見出しを飾った「侵略」を「進出」に変えるようにとの検定意見は、満洲事変の端緒となった柳条湖事件以前の日本の華北への勢力拡大に関する表記についてのものであった。七月二九日の参議院文教委員会での文部省初等中等教育局長の説明によれば、「列強については中国への『進出』で、日本は『侵略』ではおかしいので、進出に統一した」とのことであった。そして、小川平二文部大臣が、検定の実態を以下のとおり説明した（『朝日新聞』一九八二年七月三〇日）。

日本史の教科書は十点あるが、「侵略」と書いていたのは三点、四カ所。このうち改善意見によって記述を改めたもの一点、一カ所。従わないものは二点、三カ所。世界史では「侵略」と書いていたものが六点、十カ所。このうち改善意見に従ったもの二点、三カ所。従わなかったものは四点、七カ所。

……改善意見にもかかわらず「侵略」を使っている教科書はいくつもある。「進出」を使っても、教科書全体を通読すると、日本が中国に対して仕掛けた戦争が、正当化できない戦争であることは理解できる。

中国や韓国の要求に対して、日本国内では内政干渉だという批判が高まるとともに、当初日本政府には、こうした日本側の実情を正確に伝えれば理解されるのではないかという合理的な楽観論もあった。しかし結局この事件は、中国や韓国が歴史問題で一度こぶしを振り上げた場合、日本の何らかの譲歩がなければ、政治的そして心情的にそれを下ろすことができないという構図のさきがけとなった。

鈴木内閣は、日韓両国との関係を安定的に発展させるというそれまでの日本政府の基本方針に沿って対応を模索した。そして、一九八二年八月二六日付で「『歴史教科書』についての官房長官談話」を発表し、「我が国としては、アジアの近隣諸国との友好、親善を進める上でこれらの批判に十分に耳を傾け、政府の責任において是正する」と表明した。そして、一一月の教科用図書検定調査審議会の答申を受けて、検定基準に「近隣のアジア諸国との間の近現代の歴史的扱いに国際理解と国際協調の見地から必要な配慮がされていること」という、いわゆる「近隣諸国条項」が新たに設けられた。

中国は、八月の官房長官談話を経て、九月に日本側の対応を受け入れて事態は収束した。そして、一九八二年九月二六日から一〇月一日にかけて、日中国交正常化一〇周年を祝って鈴木首相が訪中した。鈴木首相は、中国の首脳に歴史教科書問題に対する日本政府の考えと対応を改めて説明した。

対日外交に歴史問題を持ちこんだ中国の意図は戦略的であった。当時中国は、一九七〇年代終盤に実権を握った鄧小平の主導で、大胆な改革開放路線に踏み出していた。やがてそれが、中国社会の多元化を促し、中国共産党の正統性にも影響を与えることは、十分に予想されることであった。そこで、改革開放路線と表裏一体の戦略として、アヘン戦争以来の「屈辱の百年」の歴史が強調されることとなったのである。そこで日本の中国侵略の歴史は、おのずと際立つこととなる。

事実、突如教科書問題が提起された一九八二年には、中国共産党中央委員会が中国侵略の記念館・記念碑を建立するよう全国に指示を出していた。これを受けて、抗日戦争終結四〇周年に当たる一九八五年八月一五日に「南京大虐殺紀念館」がオープンした。続いて一九八七年七月には、柳条湖事件五〇周年の節目に「中国人民抗日戦争紀念館」

が建立された。

中曽根の対中外交

教科書問題が収束し、一九八二年一一月に中曽根内閣が成立してから一年後の一九八三年一一月に、胡耀邦中国共産党総書記が来日し、中国の指導者としてはじめて国会で演説した。その際中曽根は、胡耀邦に対して「日中友好二十一世紀委員会」の設立を提案し、原則的な賛同を得た。胡耀邦は、三〇〇〇名の日本の青年を中国に招待するという壮大な計画を発表し、日中関係の発展にかける意気込みを示した（青年訪中は一九八四年九月に実現した）。

次に中曽根は、一九八四年三月に中国を訪問し、大平が始めた対中政府開発援助（ＯＤＡ）を拡充し、七つの案件に七年間総額四七〇〇億円の新規円借款（第二次円借款）の用意があることを表明した。趙紫陽《ちょうしよう》総理、胡耀邦総書記、鄧小平中央軍事委員会主席らとの会談は、趙紫陽総理が「日本の防衛政策は理解している。決して心配していない。中曽根内閣が軍国主義の政策をとっているとは決して考えていない」と述べ、胡耀邦総書記が日本の経済協力について「心から感謝している。中国はあなた方の厚い友情を忘れることはないであろう」と発言する等、きわめて友好的に進んだ。中曽根の北京大学での「二十一世紀をめざして」と題する講演は、テレビで生中継された。その後中曽根は、胡耀邦とは家族ぐるみの交流を深めた。

帰国後中曽根は、首相として一〇回目となる一九八五年八月一五日の参拝を「公式参拝」とすべく、官房長官の私的諮問機関として「閣僚の靖国神社参拝問題に関する懇談会」を設置し、憲法に違反しない形での公式参拝のあり方の検討を諮問した。そして中曽根は、約一年間の検討を経て一九八五年八月九日付でまとまった報告書の提言を受けて、「宗教儀式を一切排除した形で行うのであれば、憲法には触れない」という論理で、八月一五日の「公式参拝」を実行した。

それまで日本国内では、閣僚等の靖国神社参拝問題は、もっぱら「国及びその機関は、宗教教育その他いかなる宗教的活動もしてはならない」との憲法二〇条三項の規定、すなわち政教分離原則の問題であった。しかし、中国が中曽根の靖国「公式参拝」を問題としたことで、この問題が戦後はじめて外交問題となった。

中国では、九月から一〇月にかけて、北京、西安、成都等の主要都市で官製の反日運動が動員され、『人民日報』や要人による対日批判が沸き起こった。中曽根は、靖国神社からのA級戦犯の分祀等を試みながら、翌年の参拝も模索するが、結局は断念した。そして、現職の首相、官房長官、外務大臣は参拝しないとする「紳士協定」で中国と手を打った。中曽根は、それは、「親日」とのレッテルを張られかねない胡耀邦を助けるためであったと回想する。事実、「親日」をひとつの罪状として、中国指導部における胡耀邦の立場は窮しつつあった。そして一九八七年一月、胡耀邦は、学生や市民による民主化要求に寛容な姿勢をとったことを最大の理由として、政治局拡大会議で総書記を解任されるのである。

以上のとおり、教科書問題や靖国神社参拝問題で日本政府が譲歩を重ねたことは、日本の保守派を刺激した。一九八六年六月に、保守系団体の「日本を守る国民会議」が編纂した高校用日本史教科書が中国と韓国による批判を受けると、再審査が行われた上で検定に合格するという事態となった。第二次教科書問題である。中曽根内閣の対応に不満を募らせた文部大臣の藤尾正行が、東京裁判、日韓併合、南京事件、原爆投下等について、自国中心的な発言を続けると、一九八六年九月八日、ついに中曽根は藤尾を罷免した。首相による閣僚の罷免は、第四次吉田内閣以来三三年ぶりのことであった。

さらには、一九八七年にいわゆる「光華寮事件」が日中関係を揺さぶった。同年二月に、大阪高等裁判所が京都大学の中国人学生寮「光華寮」の所有権が台湾政府にあるとする判決を下した。すると、鄧小平がそれを批判し、「日本は世界のどの国よりも中国に対する借りが一番多い国だ」と、戦争賠償問題を連想させる発言をした。それに対して外務省首脳は、日本の三権分立からして政府が介入できる問題ではないことを指摘し、鄧小平も「雲の上の人になってしまった」との言葉を返し、中国の反発を招いた。

中曽根が、こうした感情に走りやすい日中間の問題にやや落ち着いた対応をすることができたのは、日本のアジア侵略の歴史に関して国際的および世界史的に通用する認識を持っていたからであった。中曽根の思想には、アジアでの戦争を侵略と認め、未来のアジアの共生、一種の共同体を志向する発想と、アジア主義を国際主義と融合させようとする感性があった。

竹下と宇野の対中外交

中曽根を継いだ竹下首相は、一九七八年八月一二日の日中平和友好条約締結から一〇周年を迎える機をとらえて、日中関係の修復に意欲を示した。竹下は、一九八八年八月二五日から九月一日にかけて中国を訪問し、四二事業、八一〇〇億円にのぼる第三次円借款の供与を表明した。

竹下は、李鵬《りほう》総理、鄧小平中央軍事委員会主席、趙紫陽総書記らとの会談で、光華寮問題に関する善処、中国近代化支援、アジア諸国との協力等の方針を明言した。さらに、中国の文化遺跡保護への支援も表明し、「国際協力構想」の三本目の柱である国際文化交流を対中外交においても推進した。

そのころ中国では、一九八六年末に発生した学生を中心とする自由化運動が、さらに高まりをみせていた。警戒心を募らせた中国共産党政権は、一九八九年四月二六日付の『人民日報』で、学生たちの動きを「動乱」と規定した。そうしたなか、五月一五日から一八日にかけてソ連のゴルバチョフ共産党書記長が訪中し、五月一六日に鄧小平をはじめとする中国首脳との一連の会談で、中ソ関係の全面的な正常化で合意した。両国の首脳会談は、実に三〇年ぶりであった。中国の学生たちは、歴史的な中ソ和解を報道するために北京に押し寄せた世界からの報道陣をも意識して、民主化運動をさらに活発化させた。当時、北京中心部に押し寄せた学生や市民の数は、一二〇万人に達したといわれる。

民主化要求運動が共産党政権による統制が効かないものに発展することを恐れた鄧小平は、戒厳令を敷き、ついに人民解放軍に出動を命じた。こうして、六月四日未明の「天安門事件」が発生したのである。中国の軍隊が学生や市民に銃を水平発射する生々しい映像は、北京に集結していたメディアにより世界中に配信された。

竹下は、そうした中国国内の騒乱の最中の四月二五日に退陣表明をし、六月二日に竹下内閣は総辞職した。そして、天安門事件への対応は宇野宗佑内閣の手に委ねられた。欧米諸国が厳しい対中批判を繰り広げるなか、日本政府は、中国を孤立化させないことに意を尽くす対応をとった。宇野首相は、六月七日の衆議院本会議で「日中関係は米中関係と全く違うことを自覚しなければならない」と述べ、翌日の参議院本会議では、事件について「人道上の見地から容認しうるものではない」としつつも、「制裁措置をとることは、隣国に礼を失することになる。一日も早く事態が正常に戻ることを願っているので、抗議はしない」と発言した。

実は、アメリカのジョージ・ブッシュ（父）政権も、七月初旬に秘密裏にブレント・スコウクロフト（Brent Scowcroft）安全保障担当大統領補佐官らを訪中させていた。アメリカの世論や議会とは異なり、中国の孤立化を防ぐ方針でブッシュ政権と日本政府との間に大きな相違はなかったのである。その結果、七月一四〜一六日にパリ近郊のラ・デファンスで開催された第一五回先進国首脳会議（アルシュ・サミット）では、「我々は、中国当局が、政治、経済改革と開放へ向けての動きを再開することにより、中国の孤立化を避け、可能な限り早期に協力関係への復帰をもたらす条件を作り出すよう期待する」との宣言が発せられた。

（2）朝鮮半島外交の新展開

全斗煥政権の対日戦略援助要求

一九七九年一〇月二六日、中央情報部の宴会場で晩餐中の朴正熙大統領が、中央情報部長の金載圭《キムジェギュ》によって暗殺された。国軍保安司令官の地位にあった全斗煥が事態の収拾に動き、一二月に粛軍クーデタを起こし実権を握った。一九八〇年五月には非常戒厳令を拡大し金大中の逮捕に踏み切ると、全羅道の光州で大規模な抗議運動が発生した。全斗煥はそれを武力鎮圧し（光州事件）、九月一日に大統領職に就いた。さらに、その後の憲法改正を経て、一九八一年三月に第五共和国憲法のもとで改めて大統領に就任した。その最中一九八〇年七月に誕生した鈴木内閣は、直後の金大中の死刑判決には憂慮を示すものの、全般的には従来通りの協力関係を維持する方針をとった。

一九八一年二月はじめ、全斗煥が訪米しレーガン大統領と会談し、アメリカによる経済および軍事面で韓国支援を明確にうたった共同声明が発表された。全斗煥訪米直前の一月下旬には、米韓の秘密交渉の結果、金大中の死刑が終身刑に軽減され、非常戒厳令が解除されていた。全斗煥は、日本に対する米軍二個師団の韓国駐留維持経費に相当する経済支援要求という具体的なイメージを語り、レーガン大統領の支援も要請した。

帰国後全斗煥は、緊密な米韓関係をテコに、前年五月の鈴木・レーガン共同声明が「日本の防衛並びに極東の平和及び安定を確保するに当たり、日米両国間において適切な役割の分担が望ましい」とうたったことに着目し、日本に対して安全保障がらみの対韓借款を求めるようになった。まずは、一九八一年三月の大統領就任式に出席した伊藤正義外相に対して、全斗煥自らが北朝鮮に対する韓国の防衛努力を引き合いに経済協力を求めた。翌四月には、須之部量三駐韓大使を介して五年間で総額一〇〇億ドルの支援を要請した。

続いて韓国は、一九八一年八月の日韓外相会議で、五年間六〇億ドルの円借款を正式に要求した。「同盟」騒動で辞任した伊藤正義の後任としてこの外相会談にのぞんだ園田直外相は、安全保障と経済協力は別個のものであるとの鈴木内閣の立場を唱え、両国の主張は平行線をたどった。園田外相によれば、韓国の要求は「困難ではなく不可能」であった。

しかし、レーガン政権は基本的に韓国の方針を後押しした。前章でみたように、韓国への経済支援を含めたアメリカによる日本に対する責任分担要求は、カーター政権から継続していた。その上でレーガン政権は、日本の防衛費増額、在日米軍駐留費分担の拡大、日本の対韓経済支援を三位一体のパッケージとしてとらえ、全斗煥大統領が求める経済支援要請を位置づけたのである。

一九八一年一一月の内閣改造で桜内義雄が外務大臣に就任すると、日韓の実務レベルでの交渉が進展しはじめた。しかしながら、単年度主義に立つ日本の原則と、政治判断による多年度にわたる総額提示を求める韓国の主張との溝はなかなか埋まらなかった。鈴木内閣は、レーガン政権の要請への対応を迫られながらも、基本的に日本国内の事情や制約を抱える戦後の枠を踏み外すことには、あくまで慎重であった。

中曽根による妥結

一転して中曽根は、日米関係とともに日韓関係の修復に動いた。懸案となっていた経済協力問題については、伊藤忠商事相談役の瀬島龍三を水面下の交渉役として起用し、政権発足からわずか一カ月もたたない一九八三年一二月二三日に、韓国側との秘密交渉で「総額四〇億ドル、うち、円借款一八・五億ドル、輸銀融資二一・五億ドル、期間七年、金利六パーセント台」で基本的な合意に達した。瀬島は、同月二九日に中曽根訪韓の根回しのために訪韓し、その秘密合意に関する全斗煥大統領の了解も得た。

こうして中曽根は、訪韓準備を水面下で進め、一九八四年一月一一〜一二日に電撃的に韓国を訪問した。戦後日本の首相としてはじめての公式訪問であった。中曽根はその一年前から韓国語を勉強し、ソウルの晩餐会でのスピーチの最初と最後、全体の三分の一を韓国語で行った。それは、中曽根のいう「手作り外交」であった。

懸案となっていた対韓援助問題に関しては、七年間四〇億ドルの合意が発表された。また、一月一二日に発表された日韓共同声明は、「日韓両国が自由と民主主義という共通の理念を追求する隣邦として相互に緊密な協力関係を維持発展させていくことが両国民の利益になる」とうたった。そして中曽根は、「韓国の防衛努力が、……朝鮮半島の平和維持に寄与していることを高く評価」した。中曽根は、首脳会談の場で「日本の防衛力の増大は米軍の機動力を増やし、日本にとってのみならず、広くアジアの平和と安定に寄与する」とも発言した。

一九八四年九月六〜八日に、全斗煥大統領が国賓として来日した。中曽根は、天皇の「お言葉」を重視し、自らその起草にかかわった。昭和天皇は、九月六日の宮中晩餐会の席上、「今世紀の一時期において両国の間に不幸な過去が存在したことはまことに遺憾であり、繰り返されてはならない」と述べた。中曽根も七日の昼食会でのあいさつで、「今世紀の一時期、わが国が貴国および貴国民に対し多大の苦難をもたらした」と述べ、「政府およびわが国民がこのあやまちに対し、深い遺憾の念を覚える」と、加害者としての立場から「あやまち」を認める発言に踏み込んだ。それにこたえて、全斗煥は、両国が「真の善隣同伴時代」に向けて努力すべきであると述べた。

竹下の朝鮮半島外交

全斗煥退任後の韓国では、竹下内閣発足の約三カ月後の一九八八年二月二五日に、民主的な大統領選挙により、金《キム》大中《デジュン》と金泳三を破り盧泰愚政権（～一九九三年二月二四日）が発足した。九月一七日～一〇月二日に開催されたソウル・オリンピックを成功裏に終えた盧泰愚大統領は、ソ連のゴルバチョフ書記長が進める新思考外交の気運に乗じて「北方外交」を積極的に展開した。一九八九年二月にハンガリー、一一月にポーランド、一二月にユーゴスラビア、一九九〇年三月にチェコスロバキア、ブルガリア、ルーマニアとの国交正常化を成し遂げた。そして、ついに盧泰愚政権は、北方外交の最大の目標であったソ連および中国との国交樹立を、それぞれ一九九〇年九月三〇日と一九九二年八月二四日に達成した。

盧泰愚政権は、こうして北方外交を推進しつつ、日本やアメリカによる北朝鮮との関係改善を奨励し、「クロス承認」の方針を表明した。そうしたなか、南北朝鮮問題に関して盧泰愚大統領が特別宣言を発表した一九八八年七月七日、竹下内閣の小渕恵三官房長官が、北朝鮮との直接対話に乗り出す方針を公表した。そして、前年一一月の大韓航空機爆破事件に際して発動した対北朝鮮政策措置を、九月のソウル・オリンピック開催直前に解除した。

一九八九年三月三〇日には、竹下首相が、衆議院予算委員会で「朝鮮民主主義人民共和国」との正式名称を用いて、過去の植民地支配に関して北朝鮮を含む朝鮮半島全体への「遺憾」の意を表明し、日朝政府間対話の早期実現を呼びかけた。同日、社会党の田辺誠副委員長が率いる訪朝代表団が北京から平壌入りした。四月四日に田辺と会談した金日成主席は、竹下首相の「新見解」を評価すると発言した。また田辺は、竹下首相の後見人的立場にあった自民党の実力者である金丸信《かねまるしん》による、自らの訪朝の意向を伝える親書を手交した。そして、金丸と田辺を共同代表とする自民・社会両党の代表団が、一九九〇年九月に訪朝することとなる（次章）。

第七章

冷戦後の日本外交（1990年代）

日韓首脳会談前に握手する小渕恵三首相と金大中大統領
（1998年10月８日、東京）

一．冷戦の終焉と日本

(1) 日本政治の変動

停滞する政治改革

冷戦が終焉した時点から振り返ると、一九七五年八月一日に全欧安全保障協力会議で採択された安全保障および相互協力に関する「最終文書」(ヘルシンキ宣言)が、冷戦終結に向けた道のりを開く転換点になったことがわかる。ヘルシンキ宣言は、第一バスケット「欧州における安全保障に関する諸問題」、第二バスケット「経済、科学技術および環境の分野における協力」、第三バスケット「人道およびその他の分野における協力」からなっていた。第一バスケットは、戦後の国境線を現状通り確定し、欧州諸国間の相互関係を律する諸原則をうたった。その上で、第二、第三のバスケットでの合意により、東西ヨーロッパ諸国間の機能的な協力や人および情報の交流が制度化された。その結果、西側の情報が東欧諸国に着実に浸透し、それは東欧の社会主義政権に対する長期的な「ボディーブロー効果」をもたらすこととなった。

第五章でみたように、デタントは短命に終わり一九七〇年代終盤には新冷戦に逆戻りする。しかし、一九八五年にゴルバチョフソ連共産党書記長が登場すると、国内的にはペレストロイカ(改革)とグラスノスチ(情報公開)を進め、対外的にはアフガニスタンやベトナムからの撤退を進める一方、東欧諸国に一定の自由度を認める新思考外交を展開した。

とりわけ重要であったのは、一九八八年三月一八日にゴルバチョフ書記長がユーゴスラビアの連邦議会で行った演説であった。ゴルバチョフは、両国の関係は「完全な同権、自主、相互尊重」の原則の上に立つべきことを強調した。それは、「ブレジネフ・ドクトリン」を撤回したものと受け止められ、「新ベオグラード宣言」と呼ばれた。東欧諸国の主権制限をうたった「ブレジネフ・ドクトリン」とは、一九六八年の「プラハの春」と呼ばれたチェコスロバキアの自由主義的改革を八月二〇日にソ連率いるワルシャワ条約機構軍が軍事制圧した際に、ブレジネフソ連共産党書記長が、東欧諸国の主権が制限されることを正当化したものである。

ゴルバチョフによる新原則の表明により東欧諸国の民主化要求が勢いづき、ついには一九八九年一一月のベルリンの壁の崩壊をもたらした。東ドイツ政府が国民の出国の自由化に踏み切るとの情報が流れると、東ベルリンの市民がベルリンの壁に押し寄せ、文字通り壁を乗り越えたのである。そしてその直後、一二月二日と三日に地中海のマルタ島で会談したブッシュ大統領とゴルバチョフ書記長が、冷戦時代の米ソの闘争はもはや過去のものとなったことを宣言したのであった。

日本で冷戦終結に立ち会ったのは、海部俊樹内閣（一九八九年八月一〇日～一九九一年一一月五日）であった。リクルート事件による竹下内閣の退陣と短命に終わった宇野内閣の後を受けて、清廉なイメージから自民党に担がれた形の、当の本人が一番驚いたといわれた首相就任であった。海部首相は、一九九〇年一月八日から一八日にかけて、西ドイツ、ベルギー、フランス、イギリス、イタリア、バチカン、ポーランド、ハンガリーを歴訪し、ポーランドとハンガリーに体制転換を支援する資金援助を申し出た。また海部内閣は、以下でみるように、イラクによるクウェート併合に端を発する湾岸戦争への対応に苦慮した。

冷戦終焉という国際政治の大変動のなかにあっても、日本の政治では依然として竹下派による自民党支配が続いていた。海部首相は、リクルート事件からの復権をめざす竹下派の動きに抵抗を示し、政治改革を進めようとするが挫折し、次期総裁選不出馬に追い込まれた。後任を決める総裁選で竹下派の支持を得た宮沢喜一が渡辺美智雄と三塚博を破り、宮沢内閣が成立した（一九九一年一一月五日～一九九三年八月九日）。宮沢は、以下でみるように、PKO協力法の策定と自衛隊のカンボジア派遣、天皇訪中、慰安婦問題への対応等、次々と重要案件を処理した。また、一九九二年六月には、政府開発援助に関するポスト冷戦にふさわしい基本理念や重点事項を集大成したODA大綱を閣議決定した。しかし、国際派を自認する宮沢は、政治改革には後ろ向きであった。

「一九五五年体制」の崩壊

そうしたなか、一九九二年五月に細川護熙《もりひろ》により日本新党が結成され、七月の参議院選挙で四議席を獲得した。こうして冷戦後の日本政治に新風が吹きこまれる最中、自民党副総裁の地位にあった金丸信に対する佐川急便からの五億円もの裏金問題が生じ、金丸は一〇月に議員辞職に追い込まれた。金丸が竹下派・経世会の会長職からも身を引くと、金丸の後ろ盾を得ていた小沢一郎は羽田孜《はたつとむ》を立てて羽田派を結成した。一九九三年三月の金丸逮捕を経て、六月に野党が提出した宮沢内閣不信任案に羽田派が賛成すると同案は可決され、解散総選挙となった。七月の衆議院総選挙を前にして、武村正義らが自民党を離党し新党さきがけを結成し、羽田派も同じく新生党を結成し自民党を離れた。

一九九三年七月一八日の総選挙の結果、自民党は善戦したが過半数を得ることはできず、新党が躍進した。その結果、非自民・非共産八党派が結集して日本新党の細川護熙を首班とする内閣（一九九三年八月九日～一九九四年四月二八日）が誕生した。自民党は、一九五五年の結党以来はじめて下野し、ここに自社対立を基盤とする「一九五五年体制」は崩壊した。

細川内閣は七〇%を超える支持率を記録し、海外の変わりつつある日本に対する関心も一気に高まった。そして、一九九四年三月に、小選挙区三〇〇議席、比例代表二〇〇議席とする案を中核とする、政治改革関連四法改正案が国会で成立した。しかし細川は、佐川急便からの借り入れ問題を追及され、四月に突然辞任表明をした。こうして細川内閣は短命に終わり、再び政治は混沌とした。

細川内閣を継いだ羽田孜内閣（一九九四年四月二八日～六月三〇日）のもと、社会党との政策協議が決裂すると、社会党の賛同を見込んで自民党が内閣不信任案を提出した。不信任案の成立が不可避となる状況のなかで、羽田は内閣総辞職を迫られた。野党暮らしに焦燥感を深めた自民党は、一九九四年六月に日本社会党委員長の村山富市を首班とする自社さ連立内閣（一九九四年六月三〇日～一九九六年一月一一日）を画策し、再び政権に復帰した。

村山は、翌月の所信表明演説で「私は、日米安全保障体制を堅持しつつ、自衛隊については、あくまで専守防衛に徹し、国際情勢の変化を踏まえてそのあり方を検討し、必要最小限の防衛力整備を心がけてまいります」と述べた。

こうして村山は、自衛隊合憲、日米安保堅持の立場を表明し、それまでの社会党の党是をひっくり返したのである。すると、一九九五年七月二三日の参議院議員選挙で、社会党は惨敗を喫し、選挙後の総議席は選挙前の七一議席から三七議席へと激減した。心中複雑な村山は、一九九六年一月五日に突如辞任を表明し、自社さの連立協議に基づき、一月一一日に自民党総裁橋本龍太郎を首班とする連立内閣（～一九九八年七月三〇日）が誕生した。その後、長年一九五五年体制の一翼を担ってきた社会党は、一九九六年一〇月二〇日の衆議院議員選挙に社会民主党と党名を改称してのぞんだものの、議席数をわずか一五へと激減させ、実質的に日本の政治と外交での役割を終えた。

（2）湾岸戦争からカンボジア和平へ

湾岸戦争のトラウマ

ブッシュ大統領とゴルバチョフ書記長がマルタ会談で冷戦終結を宣言して一年も経たない一九九〇年八月二日、サッダーム・フセイン（Saddam Hussein）大統領の独裁下にあったイラクが突如クウェートに軍事侵攻し、併合を宣言した。翌日海部内閣は、日本におけるクウェート資産の売却を凍結する措置をとったものの、新事態への対応に手間どり、八月に予定されていた海部首相の中東歴訪は取りやめとなった。米軍の中東地域への増派が続くなか、日本政府内でも海上自衛隊による掃海艇派遣案等人的貢献に関する議論が起きたが、海部首相は自衛隊の参加には慎重な姿勢を崩さなかった。

そこで、自衛隊とは別組織の「国連平和協力隊」を創設する構想の検討が進み、海部首相が九月二九日のニューヨークにおける首脳会談でブッシュ大統領にも説明した。そして、「国連平和協力法案」が、一〇月一二日に開かれた臨時国会に提出された。しかし、「国連平和協力本部」の本部長（内閣総理大臣）の要請により自衛隊が参加可能とされたことに対する野党の反発は強かった。結局、一一月八日に「自衛隊とは別個に、国連の平和維持活動に協力する組織をつくる」ことを柱とする「国際平和協力に関する合意覚書」が、自民、公明、民社三党の間で交わされ、「国連平和協力法案」は一〇日に審議未了扱いとなり廃案となった。

こうして日本が対応策で迷走している最中、国連では、一一月二九日に武力行使を事実上容認する安保理決議六七八号が採択された。安保理決議が定めたイラクの撤退期限である一九九一年一月一五日が過ぎると、国際社会の緊張が一気に高まるなか、一月一七日、多国籍軍がついにイラク攻撃を開始した。この第一次湾岸戦争には、北米、南米、ヨーロッパ、オセアニア、アジア、中東、アフリカから二九カ国が多国籍軍の軍事行動に、一二カ国が海上阻止行動に参加し、戦闘は三カ月あまりで収束しクウェートの原状は回復された。

自衛隊の参加はもちろん、その他の人的貢献にも失敗した日本政府に残された道は、財政支援しかなかった。湾岸戦争が勃発した直後に訪米した橋本龍太郎蔵相は、一月二〇日にニコラス・ブレイディ（Nicholas F. Brady）財務長官と会談し、アメリカが要求する九〇億ドルの経費分担を、その内容の説明をしようとするブレイディを制して即座に丸飲みした。東京では、小沢一郎自民党幹事長とマイケル・アマコスト（Michael H. Armacost）駐日大使との間で、緊密な接触が続いた。結局日本政府は、法人や石油に対する臨時増税等の措置を駆使して、最終的に総額一三〇億ドルの貢献で当座をしのいだ。それは、アメリカ等から「小切手外交」と揶揄され、クウェート政府が『ワシントン・ポスト』等アメリカの主要紙に掲載した三〇カ国への感謝広告に、日本の名前はなかった。湾岸戦争での日本の「敗北」は、政策決定者のトラウマとなった。

カンボジア和平と自衛隊派遣

日本が湾岸戦争への対応で苦慮している最中、東南アジアではカンボジア和平の流れが生まれていた。冷戦の終焉にともない国際政治が流動化したことがイラクのクウェート侵攻を招いた一方で、米ソ対立の解消は国連の機能を再生させた。その結果、国連安保理の常任理事国（P5）が、カンボジア紛争の終結に中心的役割を果たすこととなった。

そして、一九九一年一〇月二三日に、パリでの会合で「カンボジア紛争の包括的政治解決に関する合意」およびその関連文書が採択されたのである。続いて、一九九二年二月二八日の国連安保理決議七四五号により、選挙による新政権樹立を支援すべく国連カンボジア暫定統治機構（ＵＮＴＡＣ）の設立が決まった。ＵＮＴＡＣの国連事務総長特別代表には、国連事務次長の明石康が任命された。

湾岸戦争への貢献に失敗した海部内閣は、カンボジア和平に全力で取り組む一方、予想される国連ＰＫＯ活動に自衛隊を派遣すべく、一九九一年九月一九日に「国際平和協力法案」を閣議決定した。その過程で、国連ＰＫＯへの自衛隊参加と武力行使を禁ずる憲法解釈との整合性をとるために、以下のＰＫＯ五原則が策定された。

1. 紛争当事者の間で停戦の合意が成立していること
2. 紛争当事者が平和維持隊の活動および平和維持隊への我が国の参加に同意していること
3. 平和維持隊が特定の紛争当事者に偏ることなく、中立的な立場を厳守すること
4. 上記の原則のいずれかが満たされない状況が生じた場合には、我が国から参加した部隊は撤収することが出来ること
5. 武器の使用は、要員の生命等の防護のために必要な最小限のものに限られること

国会での審議が混乱するなか、政治改革をめぐる与党内の対立により海部首相は退陣し、国際平和協力法の扱いは、宮沢喜一内閣に引き継がれた。日本の軍事的貢献にアレルギーのある世論や野党の抵抗は大きく、法案の修正案審議のため一九九二年六月六日未明に始まった参議院本会議では、野党が抵抗を示す最後の手段である牛歩戦術が繰り返され、徹夜の審議が三日間続いた。結局法案は九日未明に参議院を通過し、六月一五日に衆議院本会議で「国際連合平和維持活動等に対する協力に関する法律」（国際平和協力法）が成立した（八月一〇日施行）。こうして日本は、国際連合平和維持活動、人道的な国際救援活動、国際的な選挙監視活動において、人的貢献に踏み出すこととなった。

同年九月、活動を開始していたＵＮＴＡＣのもとに、自衛隊施設部隊六〇〇名が派遣された。同部隊は半年で交代し、一九九三年九月までの一年間で計一二〇〇名の自衛隊員が、道路の修理や選挙会場の設置等の作業に従事した。ＵＮＴＡＣの代表が日本の事情をよく知る明石康であったことも幸いし、自衛隊はポル・ポト派による妨害活動の可

能性の低いプノンペン南部のタケオ州に配置された。幸い自衛隊が武器使用を迫られる事態は発生せず、無事に一年間の任務を終えた。しかし、より危険な地区で活動していた国連ボランティアの日本人の若者と、文民警察部門に派遣されていた日本の警察官が、ポル・ポト派の銃弾で命を落とした。

一九九三年五月二三日から二八日にわたって実施された選挙では、有権者の九〇％が文字通り投票場に殺到した。選挙の結果、それぞれ第一、第二党となったＦＵＮＣＩＮＰＥＣ（旧シアヌーク派）のノロドム・ラナリット（Norodom Ranariddh）殿下とカンボジア人民党のフン・セン（Hun Sen）が暫定政権の首相に選ばれ、九月に公布された新憲法のもとシハヌークが国王となり「カンボジア王国」が再出発した。こうしてＵＮＴＡＣは、国連の歴史上類をみない自由で公正な選挙による政権作りに成功し、一年半に及ぶ活動を終えた。

二 同盟漂流から再確認へ

（1） 北東アジア情勢の変動

日米同盟の揺らぎ

前章まででみたように、一九七〇年代から一九八〇年代にかけて、日米両国は安全保障面での結束を強めながらも、貿易や経済面では両国間に深刻な摩擦が恒常化した。とりわけ冷戦が終焉に向かい出すと、アメリカの世論や議会において、ソ連の軍事的脅威よりも日本の経済力や経済政策を懸念する声が高まった。そうした流れのなかで誕生したビル・クリントン（William J. Clinton）政権（一九九三年一月二〇日〜二〇〇一年一月二〇日）は、経済安全保障に力点を置く戦略を推進し、一九九三年に日本との貿易赤字の縮小をめざして日米包括経済協議を仕掛けてきた。

こうして日本は、冷戦が終焉し湾岸戦争の試練に直面したかと思うと、電気通信や自動車分野で数値目標を掲げ強硬な要求を突きつけるアメリカと再び対峙することになった。一九九三年一一月一九日には、シアトルにおいてはじめてのＡＰＥＣ（アジア太平洋経済協力）非公式首脳会議が開催され、その際に会談した細川首相とクリントン大統領は、一九九四年二月までに日米包括経済協議の合意をめざすことで一致した。しかし、一九九四年二月一一日のワシントンの日米首脳会談では、政府調達、保険市場、自動車等の分野におけるアメリカの数値目標要求を細川首相が拒否し、交渉は決裂した。

するとクリントン大統領は、包括貿易法スーパー三〇一条を復活させ、経済制裁を武器に日本への圧力を強めた。村山富市内閣のもと、一九九五年五月五日にカナダのウィスラーで行われた橋本龍太郎通産相とミッキー・カンター（Michael "Mickey" Kantor）米通商代表部代表（ＵＳＴＲ）の交渉は、日本の自動車メーカーによるアメリカ製自動車部品購入自主計画の上積み問題で対立し決裂した。そして、六月二八日にジュネーブで再び会談した両者は、数値目標に関する日米の主張を両論併記とし、双方が歩み寄る形で自動車・同部品問題で基本合意に達した。それを受けて、クリントン大統領がワシントンで、日本の自動車メーカーがアメリカ製部品の購入を五〇％増やし、日本が外車を扱うディーラーを五年以内に一〇〇〇店増やすことになると一方的に表明し、制裁措置の発動は回避された。

冷戦の終焉は、経済面のみならず、安全保障面でも日米同盟に揺らぎをもたらした。ゴルバチョフ書記長と冷戦の終焉をうたい上げたブッシュ政権は、さっそく冷戦中に拡大した前方展開兵力の削減に着手した。一九九〇年四月にアメリカ国防省が議会に提出した「アジア環太平洋戦略枠組み」は、以後一〇年間で三段階にわたり極東米軍を削減する方針を示した。第一段階（一～三年）で在日米軍五〇〇〇～六〇〇〇人、在韓米軍七〇〇〇人の削減がうたわれ、第二段階（三～五年）にも同程度の削減を行うとされた。

冷戦終焉の機運に乗って、フィリピン議会で米軍基地協定更新に反対する声が大きくなるなか、奇しくも一九九一年六月のピナトゥボ山噴火で被害を受け、クラーク空軍基地とスービック海軍基地が使用不能となった。それでも米比両政府は、八月二七日に米比友好協力防衛条約に調印し、両基地使用の一〇年延長で合意するが、九月一六日、フィリピン上院はその新条約の批准を否決した。その結果、冷戦時代にはアメリカのアジア太平洋戦略の要であった両基地は、フィリピンに返還されることとなった。

しかしアメリカが、イラクとの湾岸戦争を経験し、フィリピンからの撤退を余儀なくされるなかで、アジアにおける兵力削減の流れはひとまず終息した。一九九二年の「アジア環太平洋戦略枠組み」(国防省)は、在日・在韓米軍の縮小規模を見直した。そして、一九九三年一月に誕生したクリントン政権は、イラクと北朝鮮における戦争を同時に戦うという二正面戦略を「ボトム・アップ・レビュー」で構想し、東アジアでは一〇万人規模の兵力維持という方針を打ち出した。事実、朝鮮半島情勢は、北朝鮮の核開発疑惑をめぐって一九九四年に危機的状況に直面した。

朝鮮半島危機

前述のとおり、冷戦が終焉するころ、朝鮮半島では韓国の盧泰愚政権が積極的な北方外交を展開した。韓国は、一九九〇年三月にチェコスロバキア、ブルガリア、モンゴル、ルーマニアと、同年九月にソ連と、そして一九九二年八月に中国と国交正常化を果たした。その過程で、一九九一年九月、韓国と北朝鮮の国連同時加盟が実現した。北朝鮮にそれを決意させたのは、基本的に孤立への不安であった。

以上のような流れのなかで注目すべきは、同時期に日朝間の国交正常化交渉が進んだことである。盧泰愚政権は、北方外交の終着点としてソ連および中国との国交正常化をみすえながら、「クロス承認」の考え方を表明し、日本とアメリカにも北朝鮮との関係正常化を奨励していた。

一九九〇年九月二四日に、金丸信元副総理と田辺誠社会党副委員長を代表とする自民・社会両党訪朝団が、平壌を訪問した。直接の目的は、一九八三年一一月以来北朝鮮に拘留されていた、日朝交易に従事する貨物船「第一八富士山丸」の乗組員二名を帰国させることであった。代表団と面会した金日成は、投獄中の第一八富士山丸の二名の解放を約束し、日朝国交正常化のための政府間交渉を提案した。

こうして、一九九一年一月から一九九二年一一月までの間に、八次にわたる日朝国交正常化交渉が持たれた。孤立した北朝鮮が日本との関係改善に閉塞状態からの出口を求めるという構図は、二〇〇二年の小泉純一郎首相の訪朝の際にも繰り返されることとなる(第八章)。結局日朝交渉は頓挫するが、孤立する北朝鮮のもうひとつの拠り所が、核兵器であった。

事実そのころ、北朝鮮による核開発疑惑が浮上する。すると北朝鮮は、一九九二年一月に国際原子力機関（IAEA）との保障措置協定に調印し、二月に平壌で開催された第六回南北首相会談で「朝鮮半島の非核化に関する共同宣言」が発表された。そして、IAEAによる北朝鮮の核関連施設査察が実現する。ところが、限定的な査察でかえって核開発疑惑が深まることとなり、北朝鮮は一九九三年二月にIAEAの特別査察を拒否し、三月一二日に核不拡散条約（NPT）からの脱退を通告した。また北朝鮮は、一九九三年五月末に、中距離ミサイル・ノドン一号をはじめて日本海の能登半島沖に向けて発射した。宮沢内閣の官房副長官の石原信雄は「射程は千キロで、大阪が入る」と、アメリカ提供の情報を公表したが、日本国内での関心はまだあまり高くなかった。

こうした状況において、事態を座視できないとの決断を固めたアメリカのクリントン政権は、制裁措置の検討に入った。すると北朝鮮は、経済制裁は宣戦布告を意味するとし、一九九四年三月の南北実務者協議の場で「戦争が勃発すればソウルは火の海になる」との威嚇を発した。事態が一気に緊張するなかで、アメリカは最悪の場合に備えた臨戦態勢を整えた。ウィリアム・ペリー（William J. Perry）国防長官によると、北朝鮮に大規模な核開発を許すことは、戦争のリスクを冒すことよりもはるかに危険なことであった。こうして、一九九四年五月、朝鮮半島危機がピークに達したのである。

結局、六月中旬、北朝鮮はカーター元アメリカ大統領の訪朝を受け入れ、危機の回避に動いた。六月一六日にカーターと会談した金日成は、核開発計画の凍結を表明し、IAEAの査察官の追放を撤回したのである。その結果七月に米朝協議が始まり、一〇月に米朝合意枠組みが成立した。それは、北朝鮮が再処理されたプルトニウムをIAEAの査察下に置くことと引き替えに、朝鮮半島エネルギー開発機構（KEDO）による軽水炉建設支援、および軽水炉完成までのエネルギー代替としての重油の供給を取り決めたものであった。こうして、北朝鮮の核開発疑惑によって引き起こされた朝鮮半島危機は、いったん収束した。

（2）冷戦後日本の防衛構想

樋口レポートとナイ・イニシアティブ

ソ連の脅威が消滅し、経済摩擦と米軍の削減が二正面から日米同盟を揺さぶるなか、日本は冷戦後の新たな防衛政策を模索した。一九九三年八月に誕生した細川内閣のもと、一九九四年二月に細川首相の私的諮問機関としてアサヒビール会長の樋口廣太郎を座長とする「防衛問題懇談会」が設置され、防衛政策の再検討が進んだ。そして、懇談会の報告書「日本の安全保障と防衛力のあり方――21世紀へ向けての展望」（通称「樋口レポート」）が、細川退陣後、一九九四年八月に村山首相に対して提出された。報告書は、大国間対立が後退した冷戦後の機運のなかで、「日本国民は、いま新しい気持で、もう一度出発点に立ち戻って、将来の世界の平和と日本の安全保障の問題について、真剣に取り組み始めた」と宣言し、「米国はかつてのような圧倒的優位はもはやもっていない」と述べていた。そして、日本の「能動的・建設的な安全保障政策」として、以下の三点を唱えた。

第一は世界的ならびに地域的な規模での多角的安全保障協力の促進、第二は日米安全保障関係の機能充実、第三は一段と強化された情報能力、機敏な危機対処能力を基礎とする信頼性の高い効率的な防衛力の保持である。

知識人、経済人、元政府関係者らからなる懇談会に国際情勢分析および日本の安全保障政策と防衛力のあり方の検討を諮問する方式は、一九七〇年代の経験にならったものであった。第五章でみたように、高坂正堯が重要な知的貢献をした「防衛を考える会」の提言は、一九七六年一〇月の「防衛計画の大綱」を策定する際の指針となった。「樋口レポート」も、ほぼ二〇年ぶりの防衛計画の大綱の改定を想定していた。

こうして「樋口レポート」が多国間安全保障協力の重要性を打ち出したとき、アメリカはアジアにおける軍事戦略の見直しを進め、朝鮮半島ではピークに達した危機が収束したばかりであった。そして、その直後の一九九四年九月一五日に、ハーバード大学の国際政治学者ジョセフ・ナイ（Joseph S. Nye, Jr.）が国防次官補に就任した。

さっそくナイは、一九九四年一一月の日米安全保障高級事務レベル協議（SSC）に参加するため来日し、それ以降、防衛計画の大綱の改定をにらんで日米間の極秘協議が始まった（ナイ・イニシアティブ）。漂流する日米同盟を立て直すべく日本との接触を進めるにあたり、クリントン政権の東アジア戦略の基本的輪郭を示したのが、一九九五年二月に公表された「アメリカの東アジア太平洋地域安全保障戦略」（通称「東アジア戦略報告」または「ナイ・レポート」）であった。「ナイ・レポート」は、安全保障とは、なくなると途端にその重要性がわかる「酸素」のようなものだとの比喩を述べ、東アジアに一〇万人規模の米軍を維持する方針を確認した。そして、多国間安全保障は二国間同盟を補完するものであるとして、日米同盟を優位に置くアメリカの見方を明確にした。

新・防衛計画の大綱

「樋口レポート」が想定していた防衛計画の大綱の改定は、こうしてアメリカの新たな東アジア戦略と歩調を合わせつつ進展することとなった。そして、一九九五年一一月二八日、「新・防衛計画の大綱（平成八年度以降に係る防衛計画の大綱）」が閣議決定された。一九七六年の制定以来ほぼ二〇年ぶりの改定であった。「新・防衛計画の大綱」は、旧大綱にあった基盤的防衛力構想を踏襲するとしながらも、「限定的小規模な侵略」に対しては独力で対処するという従来の方針を変え、侵略の未然防止や侵略への対処はアメリカとの協力のもとに行うとし、日本の防衛における日米同盟の重要性を前面に打ち出した。そして、「米国との安全保障体制は、我が国の安全の確保にとって必要不可欠なものであり、また、我が国周辺地域における平和と安全を確保し、より安定した安全保障環境を構築するためにも、引き続き重要な役割を果たしていく」と、日米同盟の重要性を再確認した。

ここで当時最大の問題となったのが、周辺地域における平和と安全の問題、いわゆる「周辺事態」への対応であった。前にみたように、その背景にあったのは、一九九四年に北朝鮮の核開発疑惑をめぐって朝鮮半島危機がピークに達したことであった。日米当局の間では、第二次朝鮮戦争が懸念されるなかで、極東有事の際の日本の対米支援のあり方が全く検討されてこなかったことへの懸念が高まっていた。しかし、日米同盟の軍事的強化に関しては、依然として日本の政治と社会に抵抗感があり、内閣法制局も憲法論の観点からきわめて慎重な姿勢をとっていた。
そこで新・防衛計画の大綱は、「防衛力の役割」という項目の下に「大規模災害等各種の事態への対応」を設け、そのさらなる下位項目の二番目として（一番目は、大規模な自然災害等への対応）、以下のとおり記した。

我が国周辺地域において我が国の平和と安全に重要な影響を与えるような事態が発生した場合には、憲法及び関係法令に従い、必要に応じ国際連合の活動を適切に支持しつつ、日米安全保障体制の円滑かつ効果的な運用を図ること等により適切に対応する。

朝鮮半島有事を想定した周辺事態を「大規模災害等各種の事態」のうちの「等」に含めるという、悪くいえば回りくどい、よくいえば慎重な取り扱いであった。こうして、「新・防衛計画の大綱」に周辺事態への対応が盛り込まれることで、以下にみるとおり「日米防衛協力のための指針（ガイドライン）」の改定と周辺事態法の整備が進むこととなる。

（3）日米安全保障協力の深化

「日米安全保障共同宣言」と沖縄米軍基地問題

日米間では、日本の新・防衛計画の大綱の策定過程と並行して、一九九四年一一月のナイ・アメリカ国防次官の来日を契機として、冷戦後の日米同盟のあり方を日米首脳による「日米安全保障共同宣言」として発表する計画が進んでいった。そこでは、沖縄米軍基地の縮小をうたうことでも合意された。そして、一九九五年九月四日に再来日したナイと折田正樹外務省北米局長および秋山昌廣防衛庁防衛局長との会談で、クリントン大統領が一一月にＡＰＥＣ首脳会談に出席するため来日する際に「日米安全保障共同宣言」を発出する方針が確認された。
奇しくもその九月四日に、沖縄駐留米海兵隊員による少女暴行事件が発生した。それは沖縄の反米軍感情に火をつけ、大田昌秀沖縄県知事が、米軍による借用期限が切れ再契約の対象となっている土地の代理署名を拒否する事態となった。アメリカによる統治下の沖縄では、米軍によって強制的に接収された民有地の契約に応じない所有者が少なくなかった。米軍用地特措法に基づき、それらの所有者に代わって知事が行ってきたのが代理署名である。そして、一一月五日の村山首相と大田知事の会談は決裂し、本来沖縄に同情的な社会党の村山首相が大田知事に対して、職務執行命令を求める行政訴訟を起こすというねじれた状況となった。

すると、大阪で開催予定の第三回ＡＰＥＣ首脳会議直前の一一月一八日に、クリントン大統領の訪日が突如キャンセルされた。その結果、もともとはクリントン来日の際に「日米安全保障共同宣言」を発表し、それを受けて「新・防衛計画の大綱」を公表する計画であったが、結局前述のとおり一一月二八日に「新・防衛計画の大綱」を単独で閣議決定することとなったのである。

同じく一一月に、沖縄少女暴行事件の影響の大きさを懸念した日米当局は、「沖縄における施設及び区域に関する特別行動委員会（ＳＡＣＯ）」を立ち上げ、沖縄の基地縮小の本格的な検討に取り組み始めた。その最中、翌一九九六年一月に、村山首相が突然辞任を表明し、橋本龍太郎自民党総裁が後任となった。橋本首相はさっそく大田沖縄県知事と会談すると、知事から普天間基地の返還という要望が出された。すると橋本は、事務方の慎重論をよそに、二月下旬のサンタモニカでのクリントン大統領との首脳会談でその要望を伝えた。それが引き金となって、沖縄での従軍経験もあるペリー国防長官の意向も働き、外務省北米局審議官の田中均と国防次官補代理のカート・キャンベル（Kurt M. Campbell）を軸に、ごく一部の関係者による秘密裏の検討が進んだ。

一九九六年四月一三日、橋本首相とウォルター・モンデール（Walter F. Mondale）駐日大使によって、海兵隊普天間基地の五～七年以内の返還合意が発表された。そして、四月一七月、改めて来日したクリントン大統領と橋本首相が「日米安全保障共同宣言」に署名した。冷戦後の日米同盟に関する綱領的文書となった同宣言は、日米同盟が「21世紀に向けてアジア太平洋地域において安定的で繁栄した情勢を維持するための基礎であり続けることを再確認」し、冷戦後の日米安保協力の五つの領域のひとつとして、一九七八年の「日米防衛協力のための指針」の見直しを挙げた。

新・ガイドラインと周辺事態法

第五章でみたように、一九七八年に策定された「日米防衛協力のための指針（ガイドライン）」は、「侵略を未然に防止するための態勢」、「日本に対する武力行使に対しての対処行動等」、および「日本以外の極東における事態で日本の安全に重要な影響を与える場合の日米間の協力」という三つの領域での日米協力のあり方を定めた。しかし、戦後日本の法的、政治的、社会的制約により、第三のいわゆる「極東有事」の際の協力については、中身に関する実質的な協議は停止状態にあった。それが、右のとおり、日米防衛協力のあり方が模索される過程で、周辺事態として日米間の検討課題に浮上したのである。

周辺事態への対応は、一時期漂流した日米同盟を立て直すにあたっての核心的課題であった。その際、漂流する日米同盟に対する危機意識を高める作用を果たしたのが、北朝鮮による核開発疑惑に端を発する一九九四年の朝鮮半島危機であった。この時期は、朝鮮戦争に次いで、第二次世界大戦後の日本が直面した安全保障上の最大の危機であった。実際にアメリカが戦争を覚悟するなかで、日本がアメリカへの支援ができないということになれば、日米同盟関係自体が維持不可能になるとの認識を、日米双方が持つに至ったのである。

一九九四年二月の日米首脳会談から帰国した細川は、「米情報機関筋によれば、……今後六―一八カ月のタイム・スパンで考えると、北が武力侵攻する可能性五〇％以上」と日記に記した。そうした危機の最中にあって、日本では各省庁の担当者が首相官邸で日本の対応について点検を進めた。そして、経済制裁、海上臨検や海上阻止行動、朝鮮半島での武力衝突という三つのシナリオについて日本の対応や法的問題を検討したところ、「国の欠陥がぼろぼろ出てきた」（田中均）のであった。

幸い危機は早期に収束したが、朝鮮半島危機は日本の防衛安全保障政策の欠陥を明瞭に浮かび上がらせ、課題を鮮明にした。そこにおける核心が、まさに周辺事態における日本の対米支援の問題であった。

「新・ガイドライン」策定への取り組みは、「日米安全保障共同宣言」が発表された翌月の一九九六年五月から始まった。見直しの基本方針として、日米同盟の枠組みを変更せず、憲法の枠内で進めることが確認され、検討項目としては、一九七八年のガイドラインの枠組みをほぼ踏襲し、①平素から行う協力、②日本に対する武力攻撃への対処行動等、③日本周辺地域において発生しうる事態で日本の平和と安全に重大な影響を与える場合の協力、が設定された。

とりわけ注目されたのは、その第三の項目、すなわち周辺事態への対応であった。それは、周辺事態における日本による対米協力項目の例として、「日米両国政府が各々主体的に行う活動における協力」、「米軍の活動に対する日本の支援（施設の使用および後方地域支援）」、「運用面における日米協力」を列挙した。「米軍の活動に対する日本の支援」のうち「後方地域支援」は、さらに補給、輸送、整備、衛生、警備、通信、その他に分類された。

いうまでもなく、「新・ガイドライン」が定めた日本の対米支援には、依然として厳格な憲法の制約がかかっていた。たとえば、後方地域支援の「補給」と「輸送」には、それぞれ、「米軍施設・区域に対する物資（武器・弾薬を除く。）及び燃料・油脂・潤滑油の提供」と「公海上の米船舶に対する人員、物資及び燃料・油脂・潤滑油の海上輸送」という事例がある。つまり、日本の自衛隊が保有する武器や弾薬を米軍に「補給」することは排除され、公海上（つまり後方地域）で米船舶に米軍の武器弾薬を含む物資を「輸送」することは可能とされたのである。前者は自衛隊と米軍との「一体化」となり憲法に抵触する恐れがあり、後者は、戦闘地域への「輸送」は「一体化」の可能性があるが公海上であればそうではない、という憲法解釈を意味している。

こうして、本来であれば一九七八年の制定時には先送りされた周辺事態への対応が、憲法の制約を抱えたまま、ようやく一九九七年九月に合意されたのが「新・ガイドライン」であった。「新・ガイドライン」に基づいて一九九九年五月に成立したいわゆる周辺事態法は、周辺事態を「そのまま放置すれば我が国に対する直接の武力攻撃に至るおそれのある事態等我が国周辺の地域における我が国の平和及び安全に重要な影響を与える事態」と定義し、アメリカに対する後方地域支援については、「周辺事態に際して日米安保条約の目的の達成に寄与する活動を行っているアメリカ合衆国の軍隊に対する物品及び役務の提供、便宜の供与その他の支援措置であって、後方地域において我が国が実施するもの」と定めた。対米支援の対象である周辺事態が「我が国の平和及び安全に重要な影響を与える事態」と規定されたのは、憲法第九条に由来する専守防衛原則に基づくものに他ならなかった。

三．北東アジア外交の新展開

（1）日中関係の変貌

天皇訪中

一九九〇年代に入り天安門事件の後遺症から立ち直りつつあった中国は、冷戦後の国際秩序が流動化するなかで自己主張を強め始めた。まず、一九九一年にアメリカがフィリピンからの撤退を始めると、一九九二年二月に領海法を制定し、南シナ海のみならず尖閣諸島も自国の領土であると規定した。ウクライナからの空母の購入を検討し始めたのも同じころである。そして、一九九五年二月には、フィリピンが定期的にパトロールを行い支配下に置いていたミスチーフ礁を占拠し、建造物を構築していたことが明らかになった。

中国は、それまでに西沙諸島や南沙諸島をめぐりベトナムと衝突してきた。一九八八年には、中国海軍の攻撃でベトナム海軍の艦艇二隻が撃沈され、浅瀬に兵士の壁を配して文字通り身を挺して島を守ろうとするベトナム兵数十名に機銃掃射まで行い、ジョンソン礁を奪うという事件まで起きていた。しかし、南沙諸島でベトナム以外の国と事を起こしたのは、ミスチーフ礁がはじめてであった。その中国が領海法を制定してそこに尖閣諸島も含めたことは、日本政府や専門家の間に対中警戒心を深める転機となった。

しかしながら、一九九二年段階での日本政府の対中政策は、基本的にそれまでの方針の延長線上にあった。一九七九年末に大平政権によって中国への政府開発援助（ODA）が始まると、中国の安定的発展と西側社会との協調関係の構築に資するとの方針のもと、日本による中国の現代化支援は飛躍的に拡大していく。その方針は、天安門事件により中国が欧米諸国の厳しい批判に晒されるなかでも変わらず、その流れのなかで、一九九二年一〇月には天皇訪中が実現した。

一九九二年六月に自衛隊のカンボジア派遣への道を開いた国際平和協力法を成立させると、宮沢内閣の次の重要案件は天皇の訪中へと移った。中国は、改革開放路線を確固たる軌道に乗せるべく、一九八〇年代半ばから日本に対して天皇訪中を打診し始めた。一九八九年四月に来日した李鵬国務院総理は、天皇に会見するとともに、日本政府に対して天皇訪中を要請し、一九九〇年七月には江沢民総書記が天皇の訪中を歓迎する意向を表明した。一九八九年六月の天安門事件で国際的に孤立した中国にとって、天皇訪中には一層重要な意味が生まれたといえるだろう。そして、一九九二年に来日した江沢民は、天皇との会見において一九九二年秋の訪中を直接要請した。対応をめぐって自民党内や国内世論が二つに割れるなか、宮沢は中国の熱意に応える形で、八月二五日に天皇訪中を閣議決定した。

こうして一九九二年一〇月二三日から二八日にかけて、平成天皇の訪中が実現した。その直前に『北京週報』が市民一一〇〇人に対して行った世論調査で、九割が日本に対して侵略の謝罪や民間賠償を求めたことが示すように、中国の日本に対する国民感情が和らいでいたわけではなかった。しかし、中国政府は歓迎ムードを完璧に演出した。

こうして、一九九二年は、中国の現代化支援を基調とする日本の対中外交が継続される一方、天安門事件から立ち直りつつあった中国の自己主張が明らかになり、日中関係に異なったベクトルが交差する重要な転換点であったといえる。

台湾の民主化と台湾海峡危機

その後、日本をはじめ諸外国の中国認識が急速に悪化するきっかけとなったのは、台湾の民主化を背景として一九九〇年代半ばに起きた台湾海峡危機であった。とりわけ中国を刺激したのは、台湾の民主化と「台湾化」の試みが表裏一体で進行したことであった。長年台湾の中華民国こそ中国を代表する正統政府であるという「一つの中国」の立場を堅持してきた蔣介石が一九七五年に死去すると、米中国交正常化の流れが生まれる一九七八年五月に、息子の蔣経国が国民党総統に就任した。翌年一月の米中国交正常化で台湾の国際的孤立が決定的になり、国民党は体制危機に直面する。そのなかで蔣経国は、政党結成を認め、戒厳令を解除するなど民主化のプロセスに踏み出し、同時に中国大陸との限定的な交流を認める措置をとった。そして、一九八六年九月に民主進歩党（民進党）が誕生した。

一九八八年に蔣経国が死去すると、副総裁の地位にあった李登輝が跡を継いだ。李登輝のもと、台湾の民主化は、台湾が中国大陸とは異なった政体であることを主張する「台湾化」のプロセスと一体化するようになる。一九八九年末に民進党が「台湾独立」の主張を始めると、李登輝はこれを事実上容認した。李登輝は、一九九一年五月に大陸との内戦終結宣言にあたる措置をとるとともに、「万年議員」と称された大陸時代に選出された第一期立法委員を総辞職させ、翌一九九二年の立法院選挙ではじめての全面改選を実施した。

一九九五年六月に、アメリカ議会の圧力に抗しきれずにクリントン政権が李登輝総統の訪米を認めると、中国は同年七月から一一月にかけての一連の軍事演習で対抗し、台湾問題は一気に米中関係に飛び火した。さらに、一九九六年三月二三日に実施された台湾初の総統直接選挙をめぐって、軍事的緊張が高まった。中国は、選挙前に台湾沖に向けて地対地ミサイルの発射実験を行い、選挙日をはさんで十数日間に及ぶ大規模な軍事演習を繰り広げたのである。アメリカは、中国による軍事演習の最中に、ミニッツとインディペンデンスを中心とした航空母艦群を台湾海峡に派遣して、中国を牽制した。

こうして、日米安保再確認が進行する最中に、台湾の安全保障問題がクローズアップされた。前述のとおり、クリントン大統領が訪日し、橋本首相との間で「日米安全保障共同宣言」が発出されたのは、台湾海峡危機の翌月であった。そして、すでにそのとき、カーター元アメリカ大統領の平壌訪問および米朝合意枠組みにより、北朝鮮核危機は収束していた。こうして、表面的には、日米同盟の再確認があたかも中国の脅威に向けられたものであったかのような状況が生まれたのである。

しかし、もともと「日米安全保障共同宣言」は一九九五年一一月に発表すべく、その準備は台湾海峡危機以前にすでにほとんど整っていた。すなわち、台湾海峡危機や中国脅威論の高まりが、新・ガイドラインが象徴的に示す日米同盟の再確認の直接的な原因ではなかった。むしろ日米両国は、頭のどこかで意識しながらも、中国の脅威を明示的に語ることには一貫して慎重であった。

江沢民訪日

一九九六年の台湾海峡危機の際に、大規模な軍事演習等の強硬な対応に出た中国は、その後主要国との関係改善に向けて動いた。一九九七年七月一日の香港返還に道筋をつけた鄧小平は、その日を目撃することなく同年二月一九日に他界した。中国共産党政権での権力を固めた江沢民国家主席は、香港返還を取り仕切ると、アメリカとの関係改善に取り組んだ。江沢民は一〇月下旬に訪米し、アメリカとの「建設的な戦略的パートナーシップ」をうたった。一九九八年六月二三日から七月三日にかけてクリントン大統領が訪中すると、クリントンは、台湾独立、二つの中国、台湾の国際機関への加盟に反対するという「三つのノー」を表明した。

同時に江沢民は、日本との関係改善も模索し、一九九八年四月に胡錦濤国家副主席が来日した。胡錦濤は、橋本龍太郎首相をはじめ日本各界の指導者と会見し、中国の国家主席としてははじめてとなる江沢民訪日の歴史的意義を強調した。そして、いったんは九月六日の江沢民訪日が決まったが、夏に発生した長江の大洪水による被害を理由に、八月二一日に訪日延期が通告された。

結局江沢民は、一一月二五日から三〇日にかけて来日したが、その前に「日韓共同宣言」が出ていた（後述）ことが事態を複雑にした。江沢民が、韓国と同様の謝罪を文書化するよう要求したからである。日本側は、韓国とは異なり歴史問題を提起しないとの約束をためらう中国との間での謝罪の文書化には同意しなかった。しかし、一九九八年一一月二六日付の「平和と発展のための友好協力パートナーシップの構築に関する日本と中国による共同宣言」（日中共同宣言）は、「日本側は、一九七二年の日中共同声明及び一九九五年八月一五日の内閣総理大臣談話を遵守し、過去の一時期の中国への侵略によって中国国民に多大な災難と損害を与えた責任を痛感し、これに対し深い反省を表明した」と、「侵略」に対する責任と反省に言及した。そして、「おわび」については、首脳会談で小渕が江沢民に対して口頭で表明した。

この日本側の対応を快く思わなかった江沢民は、首脳会談、宮中晩餐会、経済団体との会合等で、歴史問題に関する厳しい発言を繰り返した。日中共同声明の内容は総じて未来志向であり、別の文書で具体的に三三項目の協力案件がうたわれる等、両国政府間の交渉は基本的に前向きに行われた。にもかかわらず、江沢民の歴史問題にこだわる姿勢によって、日本国内における対中感情がさらに悪化した。

（2）歴史問題への対応と日韓和解

慰安婦問題

一九九〇年代の日本外交にみられた重要な特徴は、日本政府が歴史問題に正面から取り組んだことであった。日本外交の基盤には、戦後処理と冷戦への対応という、国際政治上の異なった論理が混在していた。冷戦が終わることによって、それまで冷戦の現実によって蓋をされてきた戦後処理の論理がその制約から解き放たれたことは、むしろ自然なことであった。その意味で、終戦から時間が経っているにもかかわらず浮上してきた歴史問題は、ポスト冷戦期の日本外交の重要な戦略的問題であったとすらいえるだろう。したがって、一九九〇年代の日本が、国際主義的発想に立つ新たな安全保障政策や東アジア協力を模索しつつ、歴史問題に正面から向き合ったことは、きわめて自然であった。

なかでも重要であったのは、いわゆる慰安婦問題への取り組みであった。慰安婦問題が外交問題として表面化するきっかけは、一九九一年八月に韓国で元慰安婦が名乗り出て、同年一二月に東京地裁に提訴したことであった。当時の宮沢喜一内閣は、同一二月から問題に関する調査を始め、一九九二年一月に訪韓した宮沢首相が盧泰愚大統領に対して謝罪し、慰安婦に対する「衷心よりお詫びと反省の気持ち」を述べ、「事実究明を誠心誠意行っていきたい」との意向を表明した。こうして生まれたのが、一九九三年八月四日付のいわゆる「河野談話」であり、一九九五年七月に発足した「女性のためのアジア平和友好基金」（アジア女性基金）であった。

河野談話の主要な部分は以下のとおりである。

……慰安所は、当時の軍当局の要請により設営されたものであり、慰安所の設置、管理及び慰安婦の移送については、旧日本軍が直接あるいは間接にこれに関与した。慰安婦の募集については、軍の要請を受けた業者が主としてこれに当たったが、その場合も、甘言、強圧による等、本人たちの意思に反して集められた事例が数多くあり、更に、官憲等が直接これに加担したこともあったことが明らかになった。また、慰安所における生活は、強制的な状況の下での痛ましいものであった。

なお、戦地に移送された慰安婦の出身地については、日本を別とすれば、朝鮮半島が大きな比重を占めていたが、当時の朝鮮半島は我が国の統治下にあり、その募集、移送、管理等も、甘言、強圧による等、総じて本人たちの意思に反して行われた。

いずれにしても、本件は、当時の軍の関与の下に、多数の女性の名誉と尊厳を深く傷つけた問題である。政府は、この機会に、改めて、その出身地のいかんを問わず、いわゆる従軍慰安婦として数多くの苦痛を経験され、心身にわたり癒しがたい傷を負われたすべての方々に対し心からお詫びと反省の気持ちを申し上げる。

河野談話の前段は慰安所や慰安婦に関する一般的な表現となっており、その対象は朝鮮半島以外のインドネシアやフィリピンにおける慰安婦も含んでいた。そこでは、国際的な資料調査に基づいて、慰安婦の募集は「軍の要請を受けた業者が主としてこれに当たった」ことが述べられ、「更に、官憲等が直接これに加担したこともあった」とした。その上で、朝鮮半島出身の慰安婦に関して「その募集、移送、管理等も、甘言、強圧による等、総じて本人たちの意思に反して行われた」と述べたのである。

アジア女性基金については、広く国民からの募金活動を展開し、フィリピン、韓国、台湾、オランダ、インドネシアに対して、一人当たり償い金二〇〇万円、医療・福祉事業一二〇万～三〇〇万円相当の事業を行った。その際、歴代の首相（橋本龍太郎、小渕恵三、森喜朗、小泉純一郎）が署名したお詫びの手紙も添えられた。文面は、以下にみる村山談話を踏襲したものであった。

韓国に関しては、一九九七年一月に基金の代表団が訪韓し、元慰安婦七名に対して橋本首相のお詫びの手紙を手渡した。しかしながら、韓国の民間の被害者支援団体は、日本政府の試みを全面的に拒絶し、償い金を受け取った元慰安婦は、その運動から排除された。その後、アジア女性基金の償い金を受け取った（日本から送金）韓国の元慰安婦は六一名にのぼったことが明らかになった。

村山談話

その他、一九九〇年代の日本政府の歴史問題への取組みとして重要なのは、終戦五〇年の節目に出された「戦後50年に当たっての村山内閣総理大臣の談話」（一九九五年八月一五日）、および日韓の歴史的和解となった小渕恵三首相と金大中大統領による「日本と韓国の共同宣言――21世紀に向けた新たな日本と韓国のパートナーシップ」（一九九八年一〇月八日）である。

村山首相は、「この政権でなければ解決できない課題」として、戦争責任問題にけじめをつけるという決意を示していた。村山が首相への就任を引き受ける際に、連立パートナーである自民党とさきがけとの政策協定には、「歴史問題」に関する国会決議の採択に取り組むことが盛り込まれた。

しかしながら、歴史問題に正面から向き合うとする一九九〇年代前半の流れは、逆にそれに反発する歴史保守主義を強く刺激することとなった。村山が社会党出身の首相であったことが、その種の反動を倍加させたともいえる。その結果、一九九五年六月九日に衆議院で採択された「歴史を教訓に平和への決意を新たにする決議」は、「世界の近代史における数々の植民地支配や侵略行為に想いをいたし、我が国が過去に行ったこうした行為や他国民とくにアジア諸国民に与えた苦痛を認識し、深い反省の念を表明する」と、日本の行為を相対化するものとなった。しかも、採決には大量の欠席者が出て、賛成票は全議員の半分に満たない二三〇名であった。

「これではダメだ」と思った村山は、戦後五〇年の節目の八月一五日に発表する談話の作成に取り組んだ。村山は、その談話を、拘束力の強い「閣議決定」とした。自民党の説得には総裁であった河野洋平外相があたり、日本遺族会の会長であった橋本龍太郎からは村山が直接了承を取りつけた。こうして本心では異論を持つ自民党の閣僚も含めて全閣僚が同意し「閣議決定」となった「村山談話」の主要部分は、以下のとおりである。

わが国は、遠くない過去の一時期、国策を誤り、戦争への道を歩んで国民を存亡の危機に陥れ、植民地支配と侵略によって、多くの国々、とりわけアジア諸国の人々に対して多大の損害と苦痛を与えました。私は、未来に過ち無からしめんとするが故に、疑うべくもないこの歴史の事実を謙虚に受け止め、ここにあらためて痛切な反省の意を表し、心からのお詫びの気持ちを表明いたします。

その後村山談話は、しばしば国内の歴史保守主義的立場からの挑戦を受けながらも、歴代日本政府の歴史認識を表す綱領的文書として定着していった。

日韓新時代パートナーシップ

慰安婦問題に関する河野談話や戦後五〇年の節目に出された村山談話に関しては、日韓両国で全く異なった政治的立場からの反発が起こった。日本では謝罪に後ろ向きな「右」の国家主義者による反対の声が徐々に高まったのに対して、民主化が進む韓国では、「左」のリベラルなグループが日本政府の対応は不十分であるとして反発した。こうした日韓両国社会における正反対の反応は、それぞれの国内政治環境のみならず、日韓関係の管理を複雑なものにしていった。また、外務省や自民党政権にも、必要以上の謝罪が歴史問題に関する日本外交をかえって複雑にすることへの警戒心があり、竹島問題に関する日本政府の原則的主張にも変化はなかった。

しかしそれでも、まだ一九九〇年代には、和解を進めようとする日韓両国の政治的リーダーシップが機能していたといえる。右でみたように、宮沢内閣は河野談話の作成を含め慰安婦問題に真摯に取り組んでいたし、細川首相が歴代首相のなかではじめて、「先の大戦」を「侵略戦争」と認めていたことは、村山談話の作成に向けて村山首相の決意を後押しした。また細川首相は、一九九三年一一月七日の韓国の古都慶州での金泳三大統領（一九九三年二月二五日〜一九九八年二月二四日）との首脳会談後の共同記者会見での冒頭発言で、「過去の我が国の植民地支配により、朝鮮半島の人々が、学校における母国語教育の機会を奪われ、自分の姓名を日本式に改名させられる等、様々な形で耐え難い苦しみと悲しみを経験されたことに、心より深く反省とお詫びの気持ちを申し述べたいと思います」と述べていた。前日の首脳会談で同様の細川発言を聞いた金泳三大統領は、慰安婦問題で日本による補償の必要はないとも明言していた。

続く金大中大統領（一九九八年二月二五日〜二〇〇三年二月二四日）は、北朝鮮に対する「太陽政策」を旗印に掲げ、朝鮮半島の南北融和を最大の課題とした。そのためには周辺国との関係の安定が重要だとするビジョンを掲げ、日韓関係の改善にも取り組んだ。そこで金大中大統領は、一九九八年一〇月七日から一〇日にかけての訪日に際して、植民地支配に関する謝罪を共同声明に文書化することを求めるとともに、在任中は歴史問題を提起することはないことを約束した。金大中大統領の戦略的ビジョンを理解した小渕恵三首相（一九九八年七月三〇日〜二〇〇〇年四月五日）はその要求を受け入れ、一〇月八日の首脳会談後に発表された「日韓共同宣言」は、以下のとおり両首脳の決意を示した。

小渕総理大臣は、今世紀の日韓両国関係を回顧し、我が国が過去の一時期韓国国民に対し植民地支配により多大の損害と苦痛を与えたという歴史的事実を謙虚に受けとめ、これに対し、痛切な反省と心からのお詫びを述べた。
金大中大統領は、かかる小渕総理大臣の歴史認識の表明を真摯に受けとめ、これを評価すると同時に、両国が過去の不幸な歴史を乗り越えて和解と善隣友好協力に基づいた未来志向的な関係を発展させるためにお互いに努力することが時代の要請である旨表明した。

金大中大統領は、日本の国会における演説でも植民地支配に触れずに、戦後の日本について「平和憲法の下での専守防衛および非核三原則をはじめとする安全保障政策並びに世界経済および開発途上国に対する経済支援等、国際社会の平和と繁栄に対し日本が果たしてきた役割を高く評価」した。そして帰国後、戦後長い間規制されてきた日本の大衆文化を受け入れる措置をとったのである。

また、一九九九年三月に韓国を訪問した小渕首相は、高麗大学での「新世紀の日韓関係──新たな歴史の創造」と題するスピーチで、「私は、日韓両国が、今後以下の三つの課題、すなわち『北東アジアの安全保障』、『アジアの再生・繁栄のための協力』、『人類社会全体の安寧と福祉』、英語で言えば『ヒューマンセキュリティ』に積極的に取り組む必要があると考えます」と述べた。そして、「日韓両国は、アジアのリーダー役として『ヒューマンセキュリティ』の問題を真剣に考え、問題解決のためにその持てる英知と資源を投入していく必要があります。日韓両国が国連をはじめとする国際の場において、共同作業に参加し、『ヒューマンセキュリティ』のための国際的な体制作りに貢献していくこと、これこそが世界の中の日韓協力の核心であります」と、全く新しい韓国へのアプローチを披露した。

一九九〇年代後半以降しばらくの間、日韓関係は間違いなく戦後最良の状態にあった。

（3）北方領土問題の前進と停滞

ゴルバチョフ政権下の新展開

一九五六年の日ソ共同宣言後、一九六〇年に日米安全保障条約が改定されると、ソ連側が「日本領土からの全外国軍の撤退」を新たな条件としたため、領土問題の交渉は事実上ストップした。その間、第五章でみたように、米中和解と米ソ・デタントが進むなか一九七三年の田中角栄首相の訪ソ時に、ソ連側は「未解決の諸問題」を解決して平和条約を締結することに同意した。しかし、その後の国際政治が、日中平和友好条約や米中国交正常化の流れから新冷戦へと展開すると、日ソ関係は悪化した。ソ連は「領土問題は存在しない」という頑なな立場を表明し、日本では四島一括返還の主張が強まっていった。

事態が動き出すのは、一九八五年三月一〇日にコンスタンティン・チェルネンコ（Konstantin U. Chernenko）ソ連共産党書記長が死去し、翌日にゴルバチョフが書記長に就任してからである。三月一三日のチェルネンコの葬儀に中曽根首相が参列し、一四日にゴルバチョフ新書記長と会談した。するとさっそく、一九八六年一月一五日にエドゥアルド・シュワルナゼ（Eduard A. Shevardnadze）外相が来日した。前任のグロムイコ外相とは打って変わって、シュワルナゼの柔らかな物腰は、ソ連の対日姿勢の変化をうかがわせた。五月に安倍晋太郎外相が訪ソすると、文化協定と北方領土への墓参の再開が合意された。

しかし、安倍外相と会談したゴルバチョフの領土問題に関する姿勢には、大きな変化はみられなかった。日本は何よりも領土問題の前進が先決という主張に立っていたのに対して、ソ連は、領土問題に対する方針は示さないままに、経済を中心として日ソ関係全体を進展させようという立場であった。にもかかわらず、一九八八年一二月一八日からのシュワルナゼ外相による第二回目の来日では、地域問題、二国間実務問題、そして平和条約に関するワーキング・グループの設置について合意が成立した。

一九八九年四月三〇日に訪ソした竹下内閣の宇野宗佑外相が日ソ関係の「拡大均衡」を提起すると、ソ連側は肯定的に反応した。シュワルナゼ外相は、国連総会出席中の一九八九年九月二七日に、海部内閣中山太郎外相との会談で、一九九一年のゴルバチョフ訪日の意向を伝えてきた。そのときゴルバチョフは、日本との交渉を一気に妥結させようと目論んでいたようである。一九九〇年春ごろから、裏チャンネルを使って海部内閣期の自民党幹事長小沢一郎のラインとの秘密接触が行われていたのである。

しかし結局は、裏チャンネルの交渉は実を結ばずに、一九九一年四月一六日から一九日にかけてゴルバチョフソ連大統領が来日した。ゴルバチョフは、その直前の三月に大統領制を導入し大統領に就任していた。ゴルバチョフと海部首相の間の首脳会談は六回を数え、ゴルバチョフは国会でも演説した。四月一八日に発表された日ソ共同声明は、両首脳は「歯舞群島、色丹島、国後島及び択捉島の帰属についての双方の立場を考慮しつつ領土画定の問題を含む日本国とソヴィエト社会主義共和国連邦との間の平和条約の作成と締結に関する諸問題の全体について詳細かつ徹底的な話し合いを行った」と述べ、国後・択捉に関する問題も含めた上で平和条約締結交渉を進めるという方向性を確認した。

ただ、当初三回の予定であった首脳会談が六回になったのは、両国の原則的立場の歩み寄りが大方の予想以上に困難だからであった。とりわけ、一九五六年の日ソ共同宣言の有効性を確認し、それを平和条約交渉の前提としてソ連側に認めさせようとする日本側の意向に、ゴルバチョフは反対の姿勢を変えなかった。このとき日本政府は、一九五六年の共同声明に基づいて平和条約の締結と歯舞・色丹の返還を実現し、国後・択捉は何らかの形で継続協議とするアプローチへと、事実上の方針転換を試みていた。帰国後ゴルバチョフも、自らの訪日で「双方の考えが接近した」と、四月二六日の最高会議で報告した。

一九九一年当時ゴルバチョフは、ソビエト連邦下の共和国に大幅に権限を委譲する新連邦条約の締結に取り組んでいた。しかし、一二月一日に実施されたウクライナの国民投票で九〇・三％が独立を承認したことで、ソビエト連邦の解体は避けられなくなった。ゴルバチョフの権力が失墜するなかで、一二月八日にロシア、ウクライナ、ベラルーシの間で独立国家共同体（ＣＩＳ）の創立が宣言され、事実上ソビエト連邦は解体された。その後一二月二一日にグルジアを除く八カ国がＣＩＳに参加しソビエト連邦は完全に崩壊し、ゴルバチョフは一二月二五日に辞任した。こうして、日本の交渉相手はロシア共和国に替わった。

東京宣言

ソビエト連邦から分離したロシア連邦の初代大統領には、一九九一年七月以来ロシア共和国の大統領職にあったボリス・エリツィン（Boris N. Yeltsin）が就任した（〜一九九九年一二月三一日）。エリツィンは、「法と正義」に基づいた日本との最終的な戦後処理への決意を表明し、一九九二年一月三一日のニューヨークにおける宮沢喜一首相との首脳会談で、一九九二年九月に訪日する意向を表明した。そしてロシア側は、同年春に、エリツィン訪日に向けて比較的大胆な譲歩案を日本側に示した。詳細は未公表であるが、前後の経緯からして、一九五六年の日ソ共同宣言をベースにして、国後・択捉の扱いに関しても何らかの譲歩を示した案であったことが推測される。

ちなみに、一九九二年四月一八日、宮沢内閣の渡辺美智雄外相が栃木県大田原市の講演で、「ロシアが日本の主権を認めれば、一時的に国後・択捉に対する施政権、行政権を認めてもよい」とする発言をしている。これがロシア側の提案を意味するのか、ロシアの提案に対する日本側の対案だったのかは定かではない。同時に渡辺外相は、平和条約締結後にロシアへの本格的経済支援を行う用意があることも表明しており、領土問題に関するロシアの譲歩と日本の大規模な経済支援が、当時の日ソ間のバランスシートであったことは間違いないだろう。

しかしながら、その発言はロシアの対日譲歩案の核心に触れるものであったことは間違いなく、それが表沙汰になったことで、ロシア側は態度を硬化させた。さらに、一九九二年七月に開催されたミュンヘン・サミット（先進国首脳会議）の政治宣言（七月七日）は、はじめて北方領土問題について、「我々は、法と正義の原則に基づき外交政策を遂行するとのロシアの公約を歓迎する。我々は、このロシアの公約が領土問題の解決を通じた日ロ関係の完全な正常化の基礎となるものと信じる」と言及した。日本の働きかけが功を奏したものであるが、かえってこれがエリツィンの姿勢をさらに硬化させる結果となった。九月一三日に予定されていたエリツィン訪日の準備のために、九月二日に渡辺外相がモスクワを訪れたが、エリツィン大統領との会談は重苦しかったという。結局エリツィンは、予定の直前になって訪日のキャンセルを通告してきた。

仕切り直しとなったエリツィン大統領の来日は、一九九三年八月に誕生した細川護熙内閣下で、一〇月一一日から一三日にかけて実現した。細川が日本の戦争について「侵略行為」と述べ「深い反省とおわび」を表明していたことに呼応するかのように、エリツィンは、天皇との会見を含む三回の機会でシベリア抑留について謝罪した。そして、一〇月一三日に細川首相とエリツィン大統領により署名された「日露関係に関する東京宣言」は、その第二項で以下のように述べた。

日本国総理大臣及びロシア連邦大統領は、両国関係における困難な過去の遺産は克服されなければならないとの認識を共有し、択捉島、国後島、色丹島及び歯舞群島の帰属に関する問題について真剣な交渉を行った。双方は、この問題を歴史的・法的事実に立脚し、両国の間で合意の上作成された諸文書及び法と正義の原則を基礎として解決することにより平和条約を早期に締結するよう交渉を継続し、もって両国間の関係を完全に正常化すべきことに合意する。この関連で、日本国政府及びロシア連邦政府は、ロシア連邦がソ連邦と国家としての継続性を有する同一の国家であり、日本国とソ連邦との間のすべての条約その他の国際約束は日本国とロシア連邦との間で引き続き適用されることを確認する。

こうして、「日本国とソ連邦との間のすべての条約その他の国際約束」を基礎として、国後・択捉を含めた四島の問題を交渉の対象とすることが明示的にうたわれ、ここに平和条約と北方領土問題に関する日ロ交渉は新たな段階に達した。しかし、その後ロシアは内政の混乱期に入り、しばらく日ロ間の動きは停滞した。

クラスノヤルスク、川奈、イルクーツク

一九九六年七月にエリツィン大統領が再選を果たし、八月九日に第二期政権がスタートすると、日ロ関係は再び動き始めた。そのとき日本では、同年一月に橋本龍太郎内閣が誕生していた。橋本は、一九九七年七月二四日の経済同友会での演説で、「信頼」「相互利益」「長期的視点」を新たな対ロ三原則として打ち出した。それはロシア側に好意的に受け止められ、一一月一〜二日に、橋本とエリツィンの首脳会談がクラスノヤルスクで実現した。そして、一一月一日に、共同記者発表として日本のロシアに対する「投資協力イニシアティブ」が公表され、一一月二日には、「東京宣言に基づき、二〇〇〇年までに平和条約を締結するよう全力をつくす」とうたった「クラスノヤルスク合意」が発表された。

それを受けて、一九九八年四月一八〜一九日に川奈で開催された橋本・エリツィン会談で、橋本首相は「四島の北に国境線を引き、当面はロシアの施政を認める」という秘密提案を行った。そして、一九日に共同記者会見が開かれた。するとエリツィン大統領は、橋本首相から「興味深い提案があった」と述べ、「今すぐには答えられないが、私は、楽観的である」と発言した。そしてその後のマスコミによる取材合戦の結果、川奈提案の内容が公になった。

しかし、川奈提案が事実上四島に対する日本の主権を認めるものであることに対して、ロシア政府には拒否反応が強かった。そして、エリツィン大統領の健康問題が深刻になるなか、ロシアは金融危機にも見舞われた。そうしたなか、小渕恵三首相が一九九八年一一月一一日に、田中角栄首相以来三五年ぶりの公式訪問でモスクワ入りした。一二日のエリツィン大統領との会談でロシア側は、川奈提案を正式に拒否し、平和友好協力条約を締結し、次の段階で国境画定条約を結ぶという、二段階条約案を提案してきた。

一一月一三日に発表された日ロ間の「創造的パートナーシップ構築に関するモスクワ宣言」は、「信頼、相互利益、長期的視点及び緊密な経済的協力という原則に立脚して、長期的な創造的パートナーシップを構築することが両国の最重要課題である」と述べ、国境画定委員会と共同経済活動委員会の設置をうたった。その後、平和友好協力条約には四島の共同経済活動を含む法的な仕組みが含まれ、国境画定条約が事実上の一九五六年の共同宣言に基づく平和条約となる、というロシア側の意図が明らかとなる。

日本側はロシアの提案に後ろ向きだったが、外交当局がさらなる交渉に取り組んでいるなか、一九九九年一二月三一日にエリツィン大統領は辞任を表明し、ウラジーミル・プーチン（Vladimir V. Putin）首相を後任の大統領（二〇〇〇年五月七日〜二〇〇八年五月七日）に指名した。すると、北方領土問題をめぐる日ロ交渉の局面が変わった。二〇〇〇年九月に来日したプーチンが、「一九五六年の日ソ共同宣言は有効」と発言し、それ以来、一九五六年宣言に基づいて歯舞・色丹の返還に関する交渉を進めながら、その上で国後・択捉に関する問題を扱うという、日ロ交渉の二軌道の構図が明確になった。

その方式で日ロ首脳が合意したのが、森喜朗首相とプーチン大統領による二〇〇一年三月二五日の「イルクーツク声明」であった。それは、一九五六年の日ソ共同宣言が「平和条約締結に関する交渉プロセスの出発点を設定した基本的な法的文書」であることを認め、「択捉島、国後島、色丹島及び歯舞群島の帰属に関する問題を解決することにより、平和条約を締結」することで合意し、平和条約締結のための環境整備を目的として「択捉島、国後島、色丹島及び歯舞群島を巡る協力」を推進するとしたのである。

しかし、外務省内も含めた日本国内における「四島一括返還」という原則論には一種の正義論の趣もあり、結局、歯舞・色丹と国後・択捉を並行協議の対象とするアプローチには強い懐疑論が向けられ、小泉純一郎内閣期になって当面頓挫することとなった。

四. 日本外交の新地平

(1) アジア金融危機から地域協力へ

ASEAN地域フォーラム

冷戦の終焉とそのなかでのカンボジア和平を軸とするインドシナ情勢の好転は、冷戦後の東アジアに多国間協力の機運を生んだ。一九八九年一一月にキャンベラで第一回目のアジア太平洋経済協力(APEC)閣僚会議が開催されると、一九九〇年一二月にマレーシアのマハティール(Mahathir bin Mohamad)首相が、東アジア諸国だけからなる「東アジア経済グループ」(EAEG)の構想を提唱した。そこにアメリカ外しの意図をみてとったアメリカは反発し、板挟みになった日本は、マハティール構想に多少の未練を感じながらもアメリカ寄りの立場を維持した。

同じころ、東アジアにおける多国間安全保障対話の提案が、ASEAN戦略国際問題研究所連合(ASEAN-ISIS)から生まれた。安全保障問題に取り組むASEAN諸国のシンクタンクにより一九八八年に結成された同連合は、一九九一年六月に「イニシアティブの時」と題する提言を発表して注目された。同提言は、域外諸国を招いて開催されるASEAN拡大外相会議の直後に、安全保障問題を含めた「政治対話」を恒例化するよう提案した。一九九二年一月に開催された第四回ASEAN首脳会議は、その提言通り、ASEAN拡大外相会議を利用して政治安全保障問題に関する対話の強化をうたう声明を発表した。それを受けて一九九三年七月のASEAN外相会議で「ASEAN地域フォーラム」(ARF)の設置が決まり、一九九四年七月にその第一回会合がバンコクで開催された。

日本は、ARFが設立される過程で、基本的にASEAN側と発想および歩調を合わせて、その内側から一定の役割を果たした。まず、右の「イニシアティブの時」を発表したASEAN‐ISISを含めた前後の会合に、当時外務省国際情報局長であった佐藤幸雄が参加し、ASEANのメンバーとのきわめて緊密な関係を築いていた。ASEAN‐ISISにより「イニシアティブの時」が発表された翌月の一九九一年七月、ASEAN拡大外相会議に出席した中山太郎外務大臣は、「アジア・太平洋地域における日本の政治的役割が拡大するにつれて、それが何処まで拡大するのかとか、日本の果たす役割が軍事的分野にまで広がっていくのかといった不安や懸念がこの地域の国々の間に生まれ始めていることも事実であります」と述べ、「ASEAN拡大外相会議をお互いに安心感を高めるための政治対話の場として活用すること」を提案した。

当時、この中山提案を指して日本がARF設立のイニシアティブをとったものとする解釈があった。政治対話を通して安心感の醸成を訴える中山演説は、「日本の外交政策の将来の方向についての不安や懸念の問題はこうした政治対話の対象とすることも有意義だ」と述べており、事実上ASEAN諸国と同じ目線に立とうとしていたことがうかがえる。しかし、ASEAN諸国からは、日本はアメリカや中国と並ぶ域外大国のひとつとみなされていた。メンバー国間の慎重なコンセンサス形成に依拠するASEANが、域外国の提案で動くことはないと考えるべきだろう。

ARFは、信頼醸成、予防外交、紛争解決という三段階からなる安全保障問題への対応を模索してきた。一九九四年七月の第一回会合には、ASEAN六カ国（当時）に加え、ベトナム、ラオス、日本、アメリカ、中国、韓国、ロシア、カナダ、豪州、ニュージーランド、パプアニューギニア、EUの一八の国と機関が参加した。その後一九九五年にカンボジア、九六年にミャンマーとインド、九八年にモンゴル、二〇〇〇年に北朝鮮、〇四年にパキスタン、〇五年に東チモール、〇六年にバングラデシュ、〇七年にスリランカが加盟し、二〇一八年現在、メンバーは二六カ国とEUである。

東アジア地域協力と人間の安全保障

その後、東アジア諸国の経済成長に目をつけたヨーロッパ各国とアジア諸国との間で、一九九六年三月一～二日にバンコクで第一回「アジア欧州会合」（ASEM）が開催された。当初、アジア側はASEAN六カ国とベトナムに日中韓が加わった一〇カ国、ヨーロッパ側は一五カ国と欧州委員会、計二六の首脳が集まって始まったASEMは、その後一年おきに開催され、二〇一八年一〇月の第一二回会合では四九カ国と二機関へと拡大していった。

ASEMがスタートした翌年、一九九七年一月七日から一四日にかけて東南アジア諸国を歴訪した橋本龍太郎首相は、一四日のシンガポールの政策演説で、「首脳レベルをはじめとする、あらゆるレベルにおける不断の交流を拡大、深化させていくこと」、「国民の間の相互理解を一層深め、文化面での多彩な協力関係を樹ち立てること」、「国際社会が全体として直面する様々な問題に対し、日本とASEANが知見と経験を分かちあい、一致協力して取り組むこと」という、東南アジア政策の三本柱を提唱した。そして橋本は、そこに至る各国首脳との会談で、日本とASEAN諸国の首脳会談を定例化するよう働きかけた。

その提案を受けて、ASEAN各国の首脳は、一国との関係だけが突出することを嫌うASEAN独特の感覚から、日本に中国と韓国を加えた北東アジア三国との首脳会談という構想にたどり着いた。奇しくも一九九七年に発足三〇周年を迎えたASEANは、一九九七年五月三一日に開催された特別外相会議で、ラオス、カンボジア、ミャンマーの加盟を認めることで、念願の「ASEAN10」の実現に向けて動き出した（カンボジアの加盟は一九九九年にずれ込んだ）。そして同時に、同年一二月に予定されるASEAN非公式首脳会議の場を利用して、ASEAN＋3（日中韓）首脳会議を開催することを決定したのである。

初のASEAN＋3首脳会議を前にした七月、突如としてタイのバーツ危機に端を発するアジア通貨危機が発生した。こうして、その後定例化されたASEAN＋3首脳会議には、アジアの経済・金融秩序の管理という現実的で重要な課題への対応が迫られることとなった。そうしたなか、日本が大蔵省を中心に「アジア通貨基金」構想を打ち出すが、日本の役割が突出することを懸念したアメリカや中国の反対で陽の目をみることはなかった。

すると、一九九九年の第三回ASEAN＋3首脳会議は、「東アジアにおける自助・支援メカニズム強化」をうたい、二〇〇〇年五月にタイのチェンマイで開催された第二回ASEAN＋3蔵相会議は、二国間の通貨スワップをネットワーク化する仕組みの構築で合意した。いわゆる「チェンマイ・イニシアティブ」と呼ばれるものである。その背景には、一九九八年一〇月のアジア蔵相・中央銀行総裁会議において、宮沢喜一蔵相により提唱された三〇〇億ドルにのぼる日本による資金支援スキーム、いわゆる「宮沢構想」があった。一度挫折した「アジア通貨基金構想」がよみがえったものともいえる。

同じころ小渕首相は、日本外交の新たな基調として、人間の安全保障を提唱していた。そして、一九九八年一二月一五日にハノイで開催された第二回ASEAN＋3首脳会合で、国連に「人間の安全保障基金」を設立する構想を発表した（一九九九年三月設置）。そこで重要な役割を果たしたのは、当時国連難民高等弁務官の要職にあった緒方貞子であった。二〇〇〇年七月に開催された九州・沖縄先進国首脳会議（サミット）の直後に外務省が東京で主催したシンポジウムで、緒方とケンブリッジ大学のアマルティア・セン（Amartya Sen）が基調講演を行った。そしてその両者が、二〇〇一年一月のコフィー・アナン（Kofi A. Annan）国連事務総長来日の際に創設が発表された、国連における「人間の安全保障委員会」の共同議長に就任したのである。二〇〇〇年五月に死去した小渕の跡を継いだ森喜朗首相（二〇〇〇年四月五日〜二〇〇一年四月二六日）は、二〇〇〇年九月の国連ミレニアム・サミットで、小渕の志を引き継ぎ、「我が国は、人間の安全保障を外交の柱に据え、二一世紀を人間中心の世紀とするために全力を挙げていく考えです」と表明した。

（2）日本外交の新しいフロンティア

日印関係の変化

一九五二年の日印平和条約締結により新たに始まった戦後の日印関係は、その後冷戦時代のほぼ四〇年間、時々の首脳の往来はあったものの特筆される出来事には乏しかった。冷戦期のインドは、東西対立の論理には与せず非同盟の独自路線を歩んでおり、経済政策も閉鎖的であった。日本からインドをみても、西方の文明への敬慕の念を感じつつも、外交政策の射程に入るまでには至らなかった。

しかし、冷戦が終焉し一九九〇年代に入ると、日印両国のそれぞれに対する政策にも変化が現れ始めた。とりわけインドが一九九一年から経済自由化政策を進めると、まずは経済面での日本のインドに対する関心が惹起された。スズキ自動車は一九八〇年代からインドへの進出を始めていたが、必ずしも成功する見通しがあったわけではなかった。ところが、インド経済の自由化政策が動き出すと、一九九二年にインド政府との合弁会社における出資比率を二六％から五〇％に増大させ、生産を本格化させた。

また一九九二年には、日本商工会議所の石川六郎会頭を団長とする経済ミッションが訪印し、インドの経済改革に関する二一項目の要望書を提出している。インド政府も、資本財をはじめとした輸入品目の規制撤廃や投資環境の改善を進めた。そしてインドは、東南アジアや東アジアの経済成長の波に乗るべく、「ルック・イースト政策」を展開した。

一九九一年以降、交通、電力、ガス、灌漑、環境等のセクターにおける日本のインドへのＯＤＡも増大した。とりわけ、首都圏における地下鉄建設のためのデリー・メトロ公社に対する円借款が際立った。

しかしながら、総じていえば、一九九〇年代の日印経済関係は停滞気味であった。一九九〇年代を通して、直接投資もＯＤＡも、インドよりは中国に対するものの方が大きかった。また、インドが一九九八年五月に計五回の核実験を行うと、日本は、円借款供与の停止、新規無償資金協力の凍結を決めた。

一九九〇年代の日印関係は明らかに新たな段階に入ったものの、まだ政治外交的な考慮は、日本にもインドにもほとんどなかったといえる。台頭する中国への対応を軸とする日印関係が姿を現すのは、二一世紀に入ってからのことであった。

本格的アフリカ外交の始動

戦後日本がアフリカに注目するようになる契機は、一九七三年一〇月の第四次中東戦争が引き起こした石油危機であった。一九七四年一〇月三一日から一一月九日にかけて、田中角栄内閣の木村俊夫外相が、日本の外務大臣としてはじめてガーナ、ナイジェリア、ザイール、タンザニア、エジプトを訪れた。資源外交としての側面もあったが、石油危機の影響がアフリカ諸国にも及ぶなかで、発展途上国間の格差拡大を意識したアフリカ支援の途を模索する訪問でもあった。その結果、一九八〇年代には、日本のＯＤＡの約一〇％がアフリカ向けとなっていく。

一九九〇年代に入ると、日本のアフリカ外交には政治的な考慮が生まれはじめた。カンボジアでの国連平和維持活動への自衛隊の派遣を成功裏に終えた日本政府は、一九九三年五月に、内戦が続いていたモザンビークで停戦協定が成立したことにともなう国連の平和維持活動に自衛隊を派遣した。さらに、一九九四年九月には、ルワンダでの紛争による隣国ザイールの難民キャンプでの人道的な国際救援活動に自衛隊が派遣された。

さらに、一九九〇年代に特筆されるのは、アフリカの開発支援を主導する仕組みとして、アフリカ諸国とドナー諸国や国際機関代表を招集するアフリカ開発会議（ＴＩＣＡＤ）が開催されたことである。日本政府は、アフリカ諸国のオーナーシップ（自助努力）と国際社会のパートナーシップ（連携）に基づく持続可能なアフリカ開発の推進を掲げ、国際的なイニシアティブを発揮しようとしたのである。

第一回アフリカ開発会議は、一九九三年一〇月五〜六日に東京で開かれた。採択された「アフリカ開発に関する東京宣言」は、援助に加えアフリカ諸国の民主化等の努力も必要であること、アジアの経験をアフリカへと展開させる将来の「南南協力」の推進等がうたわれた。一九九八年一〇月一九〜二一日に開催された第二回アフリカ開発会議では、「東京行動計画」が採択され、社会開発、経済開発、開発の基盤の三分野における具体的数値目標を含む優先的政策・行動について合意された。その後ＴＩＣＡＤは、五年間隔で定例化されていくこととなる。

第八章

小泉外交から民主党外交へ（2000年代）

首脳会談後「日朝平壌宣言」に署名し、握手する小泉純一郎首相と
金正日朝鮮労働党総書記（2002年９月17日、北朝鮮・平壌）

一．小泉外交

（1）アメリカ同時多発テロ（九・一一）とイラク戦争

九・一一と日本の対応

森喜朗首相の退陣を受けて、二〇〇一年四月二六日に小泉純一郎内閣（〜二〇〇六年九月二六日）が誕生した。小泉内閣の最大の課題は、小泉の長年の主張である郵政民営化であり、財政・経済改革であった。小泉は、橋本龍太郎、麻生太郎、亀井静香と争った総裁選挙では、橋本優位との大方の予想に反し、党員による予備選で圧勝した勢いで国会議員による本選でも勝利した。国民的に人気の高かった田中真紀子議員が小泉支持を表明したことも追い風となり、小泉が田中を外務大臣に任命したのはその恩返しではないかともいわれた。田中はしばしば外務省と対立し混乱を招いたが、このことは図らずも小泉が必ずしも外交に優先順位を置いていなかったことを示したともいえる。

しかしながら、小泉内閣発足から半年も経たない二〇〇一年九月一一日に、アメリカを同時多発テロが襲った。四機の航空機がほぼ同時にハイジャックされ、そのうち二機がニューヨークの世界貿易センタービルに、一機がワシントンの国防省にそれぞれ突入したのである（その他一機がペンシルベニア郊外に墜落）。ブッシュ政権は、サウジアラビア人のウサーマ・ビン・ラーディン（Usāma bin Lādin）をリーダーとするテロ組織「アルカーイダ」によるものと断定した。早くも翌日の九月一二日に採択された国連安保理決議一三六八号は、前文で「個別的又は集団的自衛の固有の権利を認識する」とうたい、テロ攻撃を「国際の平和及び安全に対する脅威」と認定し、国連加盟国が「あらゆる必要な手順をとる」ことを認めた。

そして、一〇月七日、アルカーイダが潜伏するアフガニスタンのターリバーン政権に対する有志連合による攻撃が始まった。北大西洋条約機構（NATO）は、創設以来はじめての北大西洋条約第五条による集団的自衛権の発動を決定し、加盟国は全面的に参戦した。ドイツも例外ではなく、その後、停戦後も含めてドイツ兵五〇人以上が命を落とすこととなる。

小泉内閣の初動も迅速だった。小泉首相は、九・一一を「重大緊急事態」として内閣官房の所管とし、翌一二日朝には、一九九八年以来となる安全保障会議が開催された。九月一九日に、米軍に対する医療・輸送等の支援、周辺地域に対する人道・経済支援等からなる措置とともに、新法制定の方針が発表された。そして、「テロ対策特別措置法案」が一〇月五日に閣議決定され、国会に提出された。国会での法案審議は迅速に進み、一〇月二九日に参議院本会議で可決、成立した。そして、一二月二日に、海上自衛隊艦艇による米艦艇への燃料補給活動がアラビア海で開始されたのである。

その後インド洋上での燃料補給の対象は、パキスタン、フランス、カナダ、イタリア、イギリス、ドイツの駆逐艦等、一一カ国に及んだ。こうしてアメリカだけではなく有志連合への支援が可能になったのは、「テロ対策特別措置法」の根拠が、安保理決議一三六八号を含む一連の国連決議であったからであった。すなわち、九・一一テロへの日本の対応は、本質的には、対米支援というよりは国際安全保障への参画問題であった。

イラク戦争

二〇〇一年に成立したジョージ・ブッシュ（George W. Bush）政権は、ディック・チェイニー（Richard B. Cheney）副大統領やドナルド・ラムズフェルド（Donald H. Rumsfeld）国防長官といったネオコンに支えられていた。ネオコンの特徴は、自由や民主主義といった普遍的価値を、アメリカの力で実現しようとするところにあった。彼らは、一九九一年にフセイン体制を温存したまま湾岸戦争を終結させたブッシュ（父）政権の対応に批判的であった。事実、当時国防長官であったチェイニーは停戦に反対し、フセイン政権の転覆を主張していた。

当初からフセイン政権打倒を狙っていたネオコンにとって、二〇〇一年九月一一日の同時多発テロは、再びイラクに対する軍事行動をとるための絶好の口実となった。二〇〇二年一月のブッシュ大統領による一般教書演説は、イラン、イラク、北朝鮮の三国を「悪の枢軸」と呼んだ。さらにブッシュ大統領は、六月一日の陸軍士官学校（ウェストポイント）でのスピーチで、イラクでの戦争を念頭に、テロリストに対しては防御や抑止だけでは不十分であると訴え、先制攻撃の考え方を強調する「ブッシュ・ドクトリン」を唱えた。

こうして、力の行使を強調した一国主義的なアメリカの意図が明確になるなかで、アフガニスタン戦争の時とは異なり、ヨーロッパの友好国の間でも不安が広がった。事実、アメリカがイラク攻撃に踏み切っても、フランスやドイツは軍事協力を拒んだ。外交方針として小泉首相のアメリカ支持の意思に揺らぎはなかったが、日本の外交当局も、国際法の観点からアメリカによる一方的なイラク攻撃の正当性について疑念を持っていた。そこでイギリス政府と日本政府は、アメリカのイラク攻撃は止められないとの判断を共有し、国連決議を法的根拠とする手続きを踏むようアメリカに働きかけた。

そこで注目されたのが、一九九一年四月三日に採択された国連安保理決議六八七号であった。同決議は、湾岸戦争の停戦条件として、国際的監視のもとで生物化学兵器およびミサイル開発能力を廃棄・除去・無力化することを義務づけ、核兵器および核兵器製造物資の調達・開発を行わないことに、イラクが無条件で合意することをうたっていた。国際協調主義を完全に無視できないブッシュ政権は、結局イギリスのトニー・ブレア（Anthony C. L. Blair）政権と安保理決議案を共同提出した。それは、二〇〇二年一一月八日に、安保理決議一四四一号として成立した。

同決議は、安保理決議六八七号以降の一連の決議が定めた査察受け入れ義務に対して、イラクが「重大な違反」を続けているとした。そして、イラクに対して、大量破壊兵器の開発に関する報告書の提出、および国連査察団の即時無条件受入れを義務として定め、これらの義務の不履行には「重大な結果」がともなうとされた。ブッシュ政権は、「重大な結果」には武力行使が含まれると解釈したのである。

こうして、二〇〇三年三月一九日に米軍を軸とする有志連合によるイラク攻撃が始まった。首都バグダッドが四月九日に陥落し、ブッシュ大統領は五月一日に戦争終結を宣言した。フセイン政権が打倒されたのち、疑われた核兵器開発は行われていなかったことが判明し、ブッシュ政権への批判が国際的に沸き起こった。しかし、ブッシュ政権にとって口実は崩れたものの、フセイン政権打倒というネオコンの本来の目的は達成されたこととなった。

小泉純一郎内閣の対応

小泉首相は、はやくもイラク攻撃が始まる前日の三月一八日、米軍の軍事行動に対して「理解」を超えた「支持」を表明した。小泉内閣は、二〇〇三年三月二〇日の安全保障会議で五項目の緊急対策方針を打ち出し、新たにイラク問題対策本部を設置した。そして、五月にアメリカにより戦闘終結宣言がなされると、七月二六日に、戦争終結後のイラク復興・人道支援のための新法である「イラクにおける人道復興支援活動及び安全確保支援活動の実施に関する特別措置法」（イラク特別措置法）が、参議院本会議を通過し、成立した。

小泉内閣が自衛隊のイラク派遣に関する基本計画の策定を進めるなか、一一月二九日に二人の日本人外交官、奥克彦参事官と井ノ上正盛三等書記官が、何者かに銃撃され死亡するという衝撃が日本を襲った。日本国内では緊張と反対の声が高まったが、小泉内閣は一二月九日に、自衛隊のサマーワ派遣を骨子とするイラク支援の基本計画を閣議決定した。二〇〇四年一月、陸上自衛隊の先遣隊約三〇名がイラクに派遣され、二月以降本隊が順次出国した。その後約二年半にわたって、六〇〇名弱の自衛隊員が、医療、給油、公共施設の復旧整備等の人道復興支援活動に従事した。自衛隊の活動地域の治安維持任務には、オランダ、イギリス、オーストラリアの軍隊があたった。

小泉首相は、基本計画の閣議決定を発表する記者会見で、「日米同盟と国際協調をいかに両立させるか、このことが日本の外交政策の基本でなくてはならない」と語った。小泉は、同じ記者会見で「日本の平和と安全を確保するのは日本一国だけではできません。だからこそ、日米安保条約を提携《ママ》し、日米同盟を、これを大事にしていかなければならない」とも述べた。

国際協調だけで説明しなかったところに、日米同盟への配慮が強く示されていた。しかし、イラク戦争への対応は、本質的には国連安保理決議に基づく国際安全保障の問題であった。だからこそ、フランスやドイツは、ブッシュ政権に「古いヨーロッパ」と揶揄されながら、九・一一テロへの対応とは異なって、一国主義の色彩が強いイラク戦争には批判的であったのである。図らずも、小泉政権がそれを日米同盟の論理で正当化したことは、日米同盟と国際安全保障の領域の区別が、必ずしも明示的に意識されていないことを露呈するものであった。

（2）朝鮮半島外交

北朝鮮の核開発問題

日本の近隣では、アフガニスタンやイラクでの戦争と同時並行的に、北朝鮮問題をめぐる状況に変化が生まれていた。そのきっかけは、ここでもブッシュ政権の外交であった。ブッシュ大統領は、二〇〇一年一月に大統領に就任すると、北朝鮮に対する強硬姿勢に回帰した。二〇〇一年三月に金大中大統領が訪米した際には、さっそく「太陽政策」を批判し、その後、クリントン政権時代のＫＥＤＯの有効性を否定したのである。

すると、北朝鮮もブッシュ政権への反発を強め、米朝関係が悪循環に陥った。ジェームズ・ケリー（James A. Kelly）国務次官補が、二〇〇二年一〇月に平壌を訪れた際、北朝鮮はウラン濃縮プログラムの存在を認める発言をし、アメリカを挑発した。それに対しブッシュ政権は、同年一二月にＫＥＤＯによる重油の提供停止という措置に踏み切った。すると北朝鮮は、直後にＩＡＥＡの査察官を追放した。そして二〇〇三年一月には、ＮＰＴからの即時脱退と、米朝合意枠組みにより凍結されていた核施設の再稼働を宣言した。

こうして米朝関係が急激に悪化するなか、中国が二〇〇三年二月から三月にかけて北朝鮮外交の軌道修正を始めた。北朝鮮への警告として、中国が一時的に北朝鮮に対する原油の供給を止めたのではないかという観測も流れた。すると、中国の仲介により、二〇〇三年四月に北京で米朝協議が実現した。そこから、北朝鮮の核開発問題を中心課題とした、日本、アメリカ、中国、ソ連、韓国、北朝鮮による六者協議が生まれたのである。

その第一回目の会合は、同年八月二七～二九日に北京において開催された。二〇〇五年七月二六日～八月七日および九月一三～一九日に開催された第四回目の六者協議では、はじめて共同宣言がまとめられ、北朝鮮は「すべての核兵器と既存の核計画を放棄」することを確約し、アメリカは「攻撃又は侵略を行う意図を有しない」ことを確認した。ところが、その協議の最中の九月一五日、アメリカの財務省が、官報でマカオのバンコ・デルタ・アジア（ＢＤＡ）を「マネーロンダリング」の疑いのある金融機関に指定した。全米の金融機関はＢＤＡとの取引を禁止され、マカオ政府もＢＤＡの北朝鮮関連口座を凍結する措置に踏み切った。

重要な金脈を絶たれた北朝鮮は強く反発し、二〇〇五年一一月九～一二日および一二月一八～二二日に開催された第五回目の六者協議は、再び膠着状態に陥った。すると北朝鮮は、二〇〇六年七月五日に弾道ミサイル「テポドン2」を含む七発のミサイルを日本海に向けて発射し、一〇月九日、ついにはじめての核実験を実施した。

小泉訪朝と拉致問題

以上のように、ブッシュ政権によって追い詰められると、北朝鮮は日本との関係改善を模索し始めた。それが、二〇〇二年九月一七日の小泉首相による日帰りでの訪朝に結実するのである。

北朝鮮が、水面下で最初に日本にアプローチしたのは、森喜朗内閣のとき、二〇〇一年一月であった。交渉は小泉政権に引き継がれ、田中均《ひとし》外務省アジア大洋州局長が北朝鮮側との接触を続けた。北朝鮮は、拉致を認めること、過去の清算は経済協力方式によること、経済協力の金額は決めないこと、という日本側の「譲れない一線」を認め、日本政府は二〇〇二年八月三〇日に小泉訪朝の予定を正式に発表した。

九月一七日に日帰りで訪朝した小泉首相は、金正日委員長と「日朝平壌宣言」に署名した。同宣言は、過去の植民地支配に関して「痛切な反省と心からのお詫びの気持ち」を表明し、日朝国交正常化後に、日本が「無償資金協力、低金利の長期借款供与及び国際機関を通じた人道主義的支援等の経済協力を実施」するとうたった。また同宣言は、国交正常化の進展にともない、「国際的合意を遵守」し、「関係諸国間の対話を促進」しながら、北朝鮮の核・ミサイル問題を包括的に解決することをうたった。

拉致問題に関しては、北朝鮮側は首脳会談が始まる直前に、日本が問い合わせたうちの八人はすでに死亡しているという「調査結果」を日本側に伝えた。それで首脳会談は一気に重苦しいものとなった。小泉が強く謝罪を求めたことに対し、金正日は午後に再開された首脳会談で、「遺憾なことであったことを素直におわびしたい」と謝罪した。「日朝平壌宣言」は、拉致問題を「日本国民の生命と安全に関わる懸案問題」と表現し、「このような遺憾な問題が今後再び生じることがないよう適切な措置をとる」とした。その上で、北朝鮮は、五人の拉致被害者の一時帰国を認めた。

結局小泉内閣は、帰国した五人は北朝鮮に戻さないという決断を下した。その後一〇月二九日と三〇日に、「日朝平壌宣言」を受けた日朝国交正常化交渉がクアラルンプールで開催されたが、五人の北朝鮮への帰国を阻止した日本の対応に北朝鮮が反発し、交渉は物別れとなった。

それでも北朝鮮は、拉致問題に関して引き続き一定の柔軟な姿勢を維持した。その結果、小泉は二〇〇四年五月二二日に再度訪朝し、二〇〇二年に帰国した五人のうち四人の拉致被害者の家族八人の帰国を実現させた。そしてその後七月に、もう一人の被害者のアメリカ人の夫と家族が、第三国経由で帰国した。この第二次小泉訪朝では、日本が国際機関を通じて食糧や医薬品等の人道支援を行うこと、また「日朝平壌宣言」を引き続き履行していくこと等が合意された。

しかしその後、死亡したとされる被害者に関して「自殺」や「ガス中毒」等の疑わしい死亡理由を伝えてきたり、遺骨と称して送られてきたものが判別不能であったりと、北朝鮮側のずさんな対応が続き、日本側の不信感はほとんど後戻り不能となった。

対韓外交と歴史問題

前章でみたとおり、一九九〇年代の日本外交は、近隣諸国との歴史問題に真摯に取り組んだ。その流れのなかで、一九九八年に小渕恵三首相と金大中大統領との間で、歴史的な日韓和解が成立したのであった。日本では韓流ブームが起こり、金大中大統領は韓国社会における日本文化の開放を進めた。こうして、小泉政権が誕生したとき、日韓関係は史上最良といわれる状況にあった。

二〇〇一年四月に首相に就任した小泉は、自民党総裁選挙中の公約から二日譲歩して、八月一三日に靖国神社に参拝した。ついで、一〇月八日に日帰りで訪中し、続いて一五日にソウルに赴いた。小泉は、自身の靖国神社参拝は中国や韓国との歴史問題とは全く無関係であると主張し、韓国では植民地時代の刑務所跡の西大門で「心からの反省とお詫び」を述べ、金大中大統領との会談も友好的に進んだ。金大中大統領は、小渕首相との約束通り、小泉首相の靖国神社参拝に対して異議を唱えなかった。

二〇〇三年に就任した盧武鉉大統領も、当初は金大中政権の方針を継承し、「任期中は歴史問題を提起しない」との方針を貫いた。小泉が前年四月と同年一月に靖国神社に繰り返し参拝していたにもかかわらず、二月の小泉訪韓、および六月の盧武鉉の国賓訪日が滞りなく実現した。二〇〇四年一月に小泉が第四回目の靖国神社参拝を行ったにもかかわらず、七月に済州島で開かれた日韓首脳会談は、きわめて友好的に行われた。続いて一二月一七日に鹿児島県指宿市で開催された首脳会談では、以後毎年相互訪問を繰り返す「シャトル首脳会談」を制度化することが合意された。

ところが、二〇〇五年三月一六日に、島根県議会が二月二二日を「竹島の日」とする「竹島の日を定める条例」を制定すると、盧武鉉大統領が豹変した。盧武鉉政権は、翌一七日に、「単なる領有権の問題ではなく、解放の歴史を否定し、過去の侵奪を正当化する行為にほかならない」とする声明を出した。そして、独島の領有権を確固として守る、正しい歴史の共通認識を形成する、一九六五年の日韓条約の範囲外の問題を日本政府が解決するよう促す等、新たな対日外交原則を発表したのである。島根県側には、竹島問題に関し腰の重い日本政府に対する抗議という意図があった一方で、盧武鉉政権は条例設定の背後に日本政府の意志を読み取ったのであった。

一九六五年の日韓条約の範囲外の問題とは、慰安婦、サハリン残留韓国人、韓国人被爆者の三点であった。日韓交渉の外交文書を検討した結果、この三つのケースに関しては日韓の間で一度も議論の対象になったことがなかった、というのが韓国政府の説明であった。その基準からは、植民地時代の徴用工の補償問題は、一九六五年の「日韓請求権並びに経済協力協定」で「完全かつ最終的に解決された」問題に含まれるとされ、韓国政府が補償の責任を負う方針が表明された。

こうして、それ以降、日韓関係は歴史問題が前面に出る厳しいものになった。盧武鉉大統領は、靖国神社参拝問題を日韓間の「歴史問題の核心」と発言するまでになった。

（3）中国との摩擦と競争

下り坂の日中関係

同じころ、日中間の感情的悪循環を助長する出来事が頻発した。二〇〇三年六月に香港と中国の活動家が尖閣上陸を試みたのを海上保安庁の巡視船が阻止すると、八月に日本青年社の九名が対抗措置として尖閣諸島のひとつの魚釣島に上陸した。すると、二〇〇四年一月に中国の活動家が尖閣の領海に侵入し、三月には上陸を果たした。

同年七月から八月にかけて中国で開催されたサッカーのアジアカップでは、日本大使館の公用車が襲われる事態も発生した。さらに二〇〇四年には、中国が東シナ海大陸棚の日中中間線付近でガス田開発を一方的に進めていたことが、日中間の紛争に発展した。そして、二〇〇五年春に、中国全土で大規模な反日暴動が発生し、日系の工場やスーパーが破壊されるという事態に至った。きっかけは、同年三月に、アナン国連事務総長が日本の常任理事国入りに好意的な発言をしたことであった。それに反発する在米中国人の動きが、中国本土に飛び火したのである。

こうして日中関係が悪化の一途をたどるなか、二〇〇五年二月一九日に公表された日米安全保障協議委員会（SCC、外務／国務・防衛／国防の閣僚による「二＋二」会合）の共同発表で、日本政府の外交や安全保障政策で中国に対する懸念がはじめて公式に語られた。それは、一二の日米間の「地域における共通の戦略目標」に言及し、そのなかに中国および台湾に関する以下の三点が含まれていたのである。

・中国が地域及び世界において責任ある建設的な役割を果たすことを歓迎し、中国との協力関係を発展させる。
・台湾海峡を巡る問題の対話を通じた平和的解決を促す。
・中国が軍事分野における透明性を高めるよう促す。

これら三点が述べた内容自体は、きわめて穏当なものであった。しかし、日米の閣僚会合の共同発表という公式文書が、中国や台湾問題に明示的に言及したことははじめてであった。従来日本政府が中国や台湾問題に関して公に言及することには慎重であったことにかんがみれば、抑制が効いたものでありながら重要な変化であった。

さらにSCCは、二〇〇六年五月一日に「再編実施のための日米のロードマップ」で合意し、「普天間飛行場代替施設を、辺野古岬とこれに隣接する大浦湾と辺野古湾の水域を結ぶ形で設置」するという新たな方針を示した。それまでは、代替へリポートの建設案が検討され、小渕内閣で使用期限を設けた軍民共用案が閣議決定された経緯もあったが、ここに至って、辺野古への移設というアメリカ側の新たな要求に日本が応えることとなったのである。こうして、小泉内閣のもとで辺野古移設案が新たな閣議決定となり、その後長引くこととなる普天間基地移設問題の重要な転換点となった。

対中外交と靖国問題

韓国の盧武鉉政権の場合と同様、小泉の靖国神社参拝に対して、中国も最初は様子見という姿勢であった。前述したように、小泉は、二〇〇一年八月一三日に靖国神社に参拝すると、一〇月八日に日帰りで訪中した。そして、盧溝橋の中国人民抗日戦争紀念館を訪れることで日中戦争に対する自身の思いを示し、朱鎔基総理および江沢民国家主席とも友好的に会談した。中国の首脳たちは、これで小泉首相の二度目の靖国神社参拝はないものと思ったようである。

さらに小泉は、二〇〇二年四月一一～一三日に、世界の首脳級の政治家、財界人、言論人が集まるダボス会議（スイス）の中国版といわれる「ボアオ・アジア・フォーラム」（二〇〇二年以降中国の海南島で毎年開催）の第一回総会に出席した。そこで小泉は、「中国経済の発展は脅威ではなく、好機である」と明言して、中国の首脳からも注目された。

しかし小泉は、その一〇日後の四月二一日に、突如として再び靖国神社に参拝した。そして、小泉がその後も毎年の靖国神社参拝を続けることで、日中首脳間の関係は悪化の一途をたどった。当初は、国際会議の場を利用した日中首脳会談は散発的に行われたが、雰囲気は気まずいものとなった。小泉内閣の間、最初の日帰り訪中以降小泉首相の訪中はなく、中国の国務院総理および国家主席の訪日も一度も実現しなかった。

小泉は、自民党総裁選中に、首相に就任すれば毎年八月一五日に靖国神社を参拝するとの公約を述べた。そして、六回目となる二〇〇六年の最後の参拝を除いて八月一五日に関しては妥協したが、毎年の参拝という公約は最後まで貫いた。小泉個人に限っていえば、その外交的信条は、国家主義的でも反中でもなく、歴史認識においては歴代日本政府の低姿勢方針を貫いた。小泉は、それまで靖国問題とのかかわりは一切なかった。その小泉が、自民党総裁選挙中に毎年の参拝を公約にした。その解釈として、遺族会会長であり総裁選挙の有力な対抗馬であった橋本龍太郎に対する選挙戦術という説が比較的広まっているが、そうだとすれば、首相就任後も足かけ六年にわたって毎年の参拝にこだわる理由ははっきりしない。

やはり、小泉自身が一貫して主張していたように、国家の最高指導者としての「心」の問題であったと考えられる。後に小泉は、支持者が「総理の間は靖国参拝するな」といってきたことに対して、「逆だよ。総理だから行くんだって、わかってないんだよ。……やめてから一度も行ってないよ」と回想している（常井健一『小泉純一郎独白』文藝春秋、二〇一六年）。そしてその原点は、自民党総裁選を前にした二〇〇一年二月に、鹿児島の「知覧特攻平和会館」を訪れたことと思われる。若くして命を失った特攻隊員の遺書を収めたガラスケースをみつめ、小泉は大粒の涙を落としたのである。

しかし、小泉の毎年の靖国神社参拝で、一九八五年に日中間で成立した首相、官房長官、外務大臣の三名は現職中の参拝を控える（それ以外の閣僚等は黙認）という「紳士協定」が有名無実化してしまった。その合意は、外務省の担当課によって、中曽根内閣以降、歴代内閣に引き継がれてきたのであった。

中曽根首相以降、第二次安倍政権直前の民主党政権までで、日本の首相は一七名誕生したが、そのうち在職中に靖国神社参拝に踏み切ったのは、橋本龍太郎と小泉純一郎の二名だけである（宮沢喜一首相が、歴史問題への対応における保守派との駆け引きの一環としてひそかに参拝したという情報がある）。外務大臣は皆無であり、現職官房長官の参拝は小泉内閣時の安倍晋三のみである。明らかに、これら三要職は参拝しないということが、一九八〇年代後半以降の日本外交の知恵であった。しかし、外交問題としての靖国問題は、小泉内閣を境目にして変質した。

東アジア「コミュニティ」

二一世紀に入るころ、日本と中国との間では、東南アジアを舞台とする地域協力のあり方をめぐる競争が表面化するようになった。当時日本は、韓国、メキシコ、シンガポール等との自由貿易協定（ＦＴＡ）に関する研究を始めており、一九九九年にはシンガポールとのＦＴＡ交渉開始で合意した。その背景にあったのは、世界貿易機関（ＷＴＯ）交渉の停滞であった。そのようななか日本は、一九九二年一二月一七日にアメリカ、カナダ、メキシコが調印した北米自由貿易協定（ＮＡＦＴＡ）、一九九九年一一月二四日に基本合意されたＥＵとメキシコの自由貿易協定等の動きに、焦燥感を募らせた。

そのころ中国は、ＷＴＯ加盟に向けた外交を活発化させていた。そして、二〇〇一年一二月一一日、中国は正式に一四三番目の加盟国となった。さらに中国は、ＷＴＯ加盟のめどがついたころ、二〇〇〇年一一月にシンガポールで開催された中国・ＡＳＥＡＮ首脳会合の場で、「中国・ＡＳＥＡＮ自由貿易圏」の設立を提案した。続いて両者は、二〇〇一年一一月にブルネイで開催されたＡＳＥＡＮ＋３の場で、今後一〇年以内に自由貿易圏を実現し、早期に「枠組み協定」を締結することで合意した。そして、二〇〇二年一一月のプノンペンにおける中国・ＡＳＥＡＮ首脳会合で、一〇年以内の中国・ＡＳＥＡＮ自由貿易圏創設を含む「包括的経済枠組み協定」が調印された。すると中国は、特定農産品八品目を対象に、包括的合意に先立って優遇関税措置を適用する「アーリーハーベスト」を実施した。

そうした新たな中国の東南アジア外交は、日本に本格的な東アジア構想の構築を迫った。その結果が、二〇〇二年一月一四日のシンガポールにおける小泉純一郎首相の政策演説であった。小泉は、その前日一三日に日本・シンガポール経済連携協定（いわゆる自由貿易協定）に調印した。そして政策演説で、その協定に言及しながら、「日本・ＡＳＥＡＮ包括的経済連携構想」を提起し、ＡＳＥＡＮ＋３の枠組みを活用、拡大し、中国を含めた様々な地域協力を包摂する東アジアの「共に歩み共に進むコミュニティ」の創設を呼びかけた。そして、ＡＳＥＡＮ＋３の諸国に加え、オーストラリアとニュージーランドが東アジアの「コミュニティ」の中心的メンバーとなっていくことに対する期待を表明した。

小泉が唱えたのは、ASEANとの対等な関係を中核とし、それをオーストラリアやニュージーランドに広げる構想であった。東アジア「コミュニティ」構想にアメリカは含まれていなかったが、オーストラリアとニュージーランドは、安全保障の面で、そして普遍的価値に関して、日本とともにアメリカとの連結点となる存在であった。

それに対して、アメリカと日本、そして日米同盟への対抗心を隠さない中国は、ASEAN+3の枠組みを重視する立場をとった。逆に日本は、ASEAN+3が閉じた地域協力の枠組みにとどまることを懸念した。そうした方針を反映した日本の働きかけで実現したのが、東アジア・サミット（EAS）であった。日中の思惑の違いを残しながらも、二〇〇五年一二月に、クアラルンプールで開催されたASEAN+3首脳会議の場を利用して、その一三カ国にインド、オーストラリア、ニュージーランドの首脳を加えた第一回目のEASが開催された（二〇一一年からアメリカとロシアが参加）。

二　自民党外交の変質

(1)　安倍晋三内閣（第一次）

戦後レジームからの船出

安倍晋三を政治の中枢に引き上げたのは、小泉純一郎であった。安倍は、二〇〇〇年七月に組閣された第二次森喜朗内閣で、内閣官房副長官に就任した。若き安倍を推薦したのは、小泉であったといわれている。そして、翌年四月に誕生した小泉内閣で、安倍はそのまま横滑りで内閣官房副長官に再任された。続いて小泉は、二〇〇三年九月に安倍を自民党幹事長に据えた。それは当時、大臣経験のない若手の大抜擢として衆目を集めた。安倍は、二〇〇四年九月の参議院選挙の結果が目標を下回ったことで幹事長を辞任したものの、二〇〇五年一〇月の第三次小泉内閣で内閣官房長官に就任した。

安倍は、二〇〇六年九月二〇日の自民党総裁選で「戦後レジーム」からの新たな船出を主張し、麻生太郎と谷垣禎一に対して、党員票、議員票ともに圧倒的な多数を獲得して勝利した。安倍首相（二〇〇六年九月二六日〜二〇〇七年九月二六日）は、九月二九日の所信表明演説で、公明党との連立内閣を「美しい国創り内閣」と命名した。そして、かねてからの自説「戦後レジームからの脱却」は封印しながらも、成長なくして財政再建なしの理念、教育基本法の早期成立、主張する外交への転換、国家としての対外広報、日本国憲法の改正手続に関する法律案の早期成立等、安倍カラーを強く打ち出した。

就任早々の安倍首相は、二〇〇六年一〇月八日と九日、それぞれ中国と韓国を訪問し、断絶していた首脳間の関係を復活させた。一見逆説的にも、小泉前首相とは異なり格段に保守的な歴史観を持つ安倍首相が、中韓両国との関係修復の役割を担ったのであった。逆にみれば、小泉の意図とはかけ離れて、近隣諸国との関係がこじれた小泉時代の後半が異常だったといえる。また安倍首相は、中国の胡錦濤政権が対日関係の改善を望んでいたことに助けられた面もあった。

しかし、一九九〇年代の「河野談話」や「村山談話」に強い違和感を表明することをはばからなかった安倍首相の歴史観に、同盟国のアメリカから懸念が生じた。マイケル・ホンダ（Michael M. Honda）下院議員が、二〇〇七年一月に、日本政府の慰安婦問題に対する謝罪を求める決議案を提出し、六月末の下院外交委員会で三九対二の圧倒的多数で可決され、七月末には下院本会議でも採択されたのである。その後、同様の決議はアジア諸国やヨーロッパ議会にも飛び火した。

安倍首相にとって「戦後レジームからの脱却」を推進するための中心的な課題は、歴史問題や領土問題で日本の主張を展開する積極的な対外広報、教育改革、そして憲法改正と集団的自衛権の行使問題であった。所信表明演説で述べた「日本国憲法の改正手続に関する法律」に関しては、二〇〇七年五月の参議院本会議で可決され、二〇一〇年五月に施行された。集団的自衛権に関しては、二〇〇六年九月の所信表明で、「日米同盟がより効果的に機能し、平和が維持されるようにするため、いかなる場合が憲法で禁止されている集団的自衛権の行使に該当するのか、個別具体的な例に即し、よく研究してまいります」と述べた。

そのために安倍首相は、二〇〇七年四月に、外務事務次官や駐米大使を歴任した柳井俊二を座長とする「安全保障の法的基盤の再構築に関する懇談会」を設置した。同懇談会は、二〇〇七年五月から八月にかけて五回の会合を開いた。同年九月の安倍首相辞任後、二〇〇八年四月と五月の意見交換会を経て、六月二四日付で福田康夫内閣に報告書が提出された。報告書は、①公海における米艦防護、②アメリカに向かうかもしれない弾道ミサイルの迎撃、③国際的な平和活動における武器使用、④PKO活動等に参加している他国の活動に対する後方支援の四類型に関して、従来の憲法解釈を変え、集団的自衛権や集団安全保障の論理を適用するよう提言した。

インド、オーストラリア、価値観外交

安倍は、首相就任直前に出版した著書（『美しい国へ』文春新書、二〇〇六年）において、日米印豪四カ国の「首脳または外相レベルの会合」の開催を提唱し、「とりわけアジアにおいて、こうした普遍的価値観を他の国々と共有するためにいかに貢献し、協力しうるかについて、戦略的観点から協議をおこなうことができれば、それはすばらしいことだと思う」と論じた。そして、首相就任後二〇〇六年九月二九日の所信表明演説で、「アジアに存在する民主国家として、自由な社会の輪をアジア、そして世界に広げていくため、オーストラリアやインドなど、基本的な価値を共有する国々との首脳レベルでの戦略的な対話を展開します」と、その決意を述べた。

そして、二〇〇七年八月二二日にインドの国会で演説をし、第二次安倍政権で語られる「インド太平洋戦略」の原型ともいえる内容に、以下のように触れた。

太平洋とインド洋は、今や自由の海、繁栄の海として、一つのダイナミックな結合をもたらしています。従来の地理的境界を突き破る「拡大アジア」が、明瞭な形を現しつつあります。これを広々と開き、どこまでも透明な海として豊かに育てていく力と、そして責任が、私たち両国にはあるのです。

オーストラリアとの間では、二〇〇七年三月一三日に東京で、安倍首相とジョン・ハワード（John W. Howard）首相が「安全保障協力に関する日豪共同宣言」に調印した。それは、全般的な日豪安保協力をうたうと同時に、「両国の自衛隊・軍及び他の安全保障関連当局の間における実際的な協力」項目として、「人的交流」、「人道支援活動の分野を含む、協力の効果を更に向上させるために両国が共に行う訓練」、「法執行、平和活動及び地域のキャパシティ・ビルディングを含む分野における調整された活動」の三つを挙げた。共同宣言を受けて、二〇〇七年六月に第一回目の「日豪外務・防衛閣僚協議（二＋二）」が開催され、以後定例化された。

さらに、安倍内閣下の価値観外交は、麻生太郎外務大臣が発表した「自由と繁栄の弧」構想として宣言された。麻生外相は、二〇〇六年一一月末の講演で以下のように述べた。

第一に、民主主義、自由、人権、法の支配、そして市場経済。そういう「普遍的価値」を、外交を進めるうえで大いに重視してまいりますというのが「価値の外交」であります。

第二に、ユーラシア大陸の外周に成長してまいりました新興の民主主義国。これらを帯のようにつなぎまして、「自由と繁栄の弧」を作りたい、作らねばならぬと思っております。

麻生外相は、同構想を「一六、一七年前から日本外交が少しずつ、しかし地道に積み重ねてきた実績に、位置づけを与え、呼び名をつけようとしているに過ぎない」といい、「日本人ひとりひとり、誇りと尊厳をかけるにたるビジョン」であると訴えた。

前章でみたように、戦後長い間、西洋とは異なるアジアの多様性を強調してきた日本外交が普遍的価値を語るようになるのは、冷戦後に日米同盟が一時期役割を見失い漂流したことがきっかけであった。そこで外務省を中心に日米同盟のグローバル化が模索され、冷戦後の国際政治における日米同盟の新たな使命として普遍的価値が強調されるようになった。そこには、普遍的なグローバリズムの発想があったといえる。その上で、二一世紀に入ると、日本の保

図　中国に対する親近感

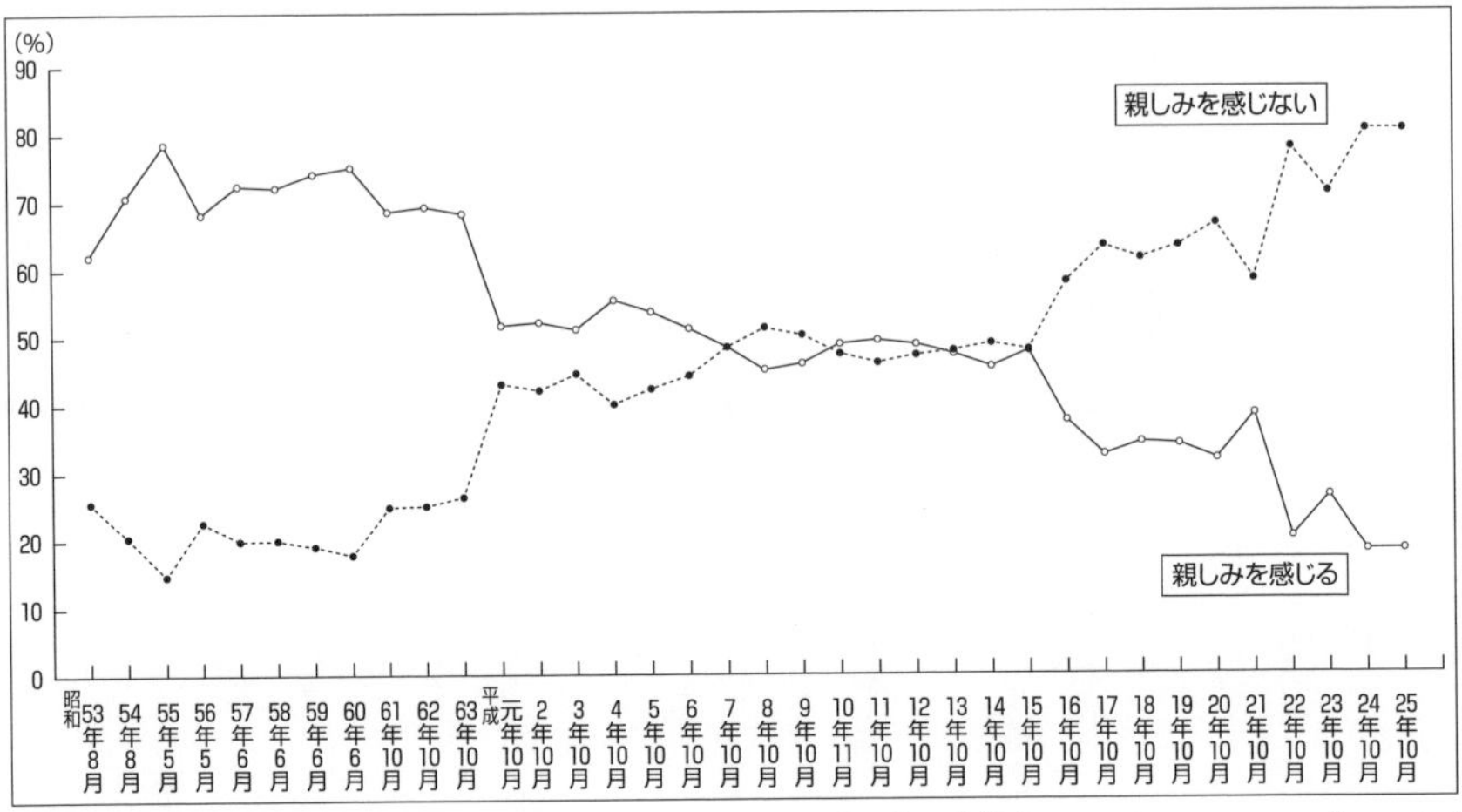

（出典：内閣府大臣官房政府広報室「外交に関する世論調査」平成25年10月調査、http://survey.gov-online.go.jp/h25/h25-gaiko/zh/z10.html）

守派も普遍的な価値を明示的に語り始めるのである。

そもそも、戦後日本の政治的な保守層は、欧米的な価値観や進歩主義にはむしろ冷ややかであった。その保守的な政治家らが自由や民主主義という普遍的価値を唱え始める契機は、一九九〇年代半ばから台湾の李登輝総統が民主化と「台湾化」をセットで推進したことであった。それに中国が強く反発したことで、日本の保守派が、「反北京・親台湾」の心情から、民主主義等の普遍的価値を日本の外交方針として語り始めるのである。李登輝総統も、そこに巧みに働きかける対日外交を推進した。

こう考えると価値観外交とは、冷戦の終焉に直面した外務省がグローバリズムを反映した普遍的価値を強調するようになった流れ（前章）に、保守派の「反北京・親台湾」の脈絡における普遍的価値への思いが合体したものであることが読み取れる。そこに、二一世紀に入ってからの自民党外交の重要な変質をみてとることができるだろう。

そのことが、為政者のみならず、多くの国民に不自然にみえなかったとすれば、それは二一世紀に入って日本社会にも反中意識が蔓延するようになったからだといえそうである。一九九〇年代半ば以降、そして二一世紀に入ってからの日本人の対中感情の悪化は、上図の外交に関する世論調査の結果からも明らかである。

(2) 福田康夫内閣

アジア外交

二〇〇七年九月一二日、安倍首相が突然辞任を表明した。安倍は、テロ対策特措法の延長問題をめぐる民主党との軋轢を表向きの理由として語ったが、健康問題で体力的に国会審議に耐えられないとの判断であった。後任選びの総裁選挙は、安倍の盟友である自民党幹事長の麻生太郎と、リベラル派を代表する福田康夫の一騎打ちとなり、福田が三三〇票を獲得し、一九七票の麻生に大差で勝利した。福田内閣(二〇〇七年九月二六日〜二〇〇八年九月二四日)で政調会長に就任した谷垣禎一や谷垣派の中谷元は、「リベラル思想を旗印」にしており、福田との共通点が多いことを公言していた。

福田首相は、二〇〇七年一〇月一日の所信表明演説で、「日本の将来の発展と国民生活の安定を最優先に」すると表明し、「政治と行政に対する信頼の回復」に努める方針を述べた。外交に関しては、「日米同盟の強化とアジア外交の推進が共鳴し、すべてのアジア諸国において安定と成長が根付くよう、積極的アジア外交を進めます」と述べ、中国、韓国、ASEAN諸国との関係に具体的に触れた。

福田がとりわけ重視したのが、中国との関係であった。福田は、首相就任直後、所信表明演説の三日前に、中国の温家宝総理と電話会談を行った。同年一二月末に福田が訪中すると、胡錦濤国家主席が、中曽根首相の訪中以来二一年ぶりに、国家主席としての晩餐会を開いて歓待した。翌二〇〇八年五月には、胡錦濤が、国家主席としては江沢民以来一〇年ぶりとなる訪日を果たした。胡錦濤がその日本訪問を「暖春の旅」と呼んだように、当時中国指導部の日中関係改善にかける思いは強かった。

両首脳の相互訪問をはさんで、二〇〇七年末から二〇〇八年はじめにかけて、日本国内で中国製造の餃子による中毒事件が発生し、当初は日中がそれぞれ相手の非を指摘する外交問題に発展した。しかし結局は、中国側が犯人を突き止め、中国の国内対策や検疫強化等、再発防止のための日中間の協力体制が整備された。二〇〇八年六月には、東シナ海ガス田の日中共同開発について、協議開始後約四年ぶりに合意が成立した。

そのころ中国の考慮のなかには、二〇〇八年八月八日から二四日にかけて開催された北京オリンピックもあった。しかし、福田首相のアジア重視の思いと胡錦濤政権の対日関係改善の方針が共鳴し、日中関係の改善が進んだことは間違いない。しかしそれは長続きせず、その後ガス田合意は、破棄には至らないながらも事実上お蔵入りとなった。

テロ対策特別措置法の失効

福田内閣を最も悩ませた外交課題は、二〇〇一年九月一一日のアメリカ同時多発テロへの対応として採択された「テロ対策特別措置法」の更新問題であった。二年間の時限立法として制定された同法は、以後何度か延長されてきたが、二〇〇七年一一月一日の失効が近づいていた。当時国会は、安倍政権下で行われた同年七月二九日の参議院選挙で自民党が惨敗し、ねじれ状態にあった。

最大野党民主党の代表の座にあった小沢一郎は、一九九〇年代に「普通の国」論を唱えたころから、日米同盟よりも国際連合を重視する安全保障政策を主張していた。そして、テロ対策特措法に基づく給油活動は憲法上認められないとする一方で、アフガニスタンの治安維持を支援するＩＳＡＦ（国際治安支援部隊）への自衛隊の参加は可能だと論じていた。しかし、「テロ対策特別措置法」も本質は国際安全保障の領域における日本の対応に他ならず、小沢の主張の論旨は乱れていた。もっとも、日米同盟の観点からテロ対策特措法に基づく活動を正当化してきた自民党政権の論理も本質的にはズレており、小沢と自民党政権との対立には、そもそもまともな外交論議になっていないところがあった。

すると、突如として、福田と小沢が大連立を画策するという動きが起きた。テロ対策特措法の失効を前後して、一〇月三〇日と一一月二日の福田と小沢の二度にわたる党首会談で、新たな恒久法の策定をめざすことで基本合意に達した。しかし、独断で動いていた小沢が民主党の支持を取りつけることができず、大連立構想は頓挫した。

結局福田内閣は、失効した「テロ対策特別措置法」に替わる新法案「テロ対策海上阻止活動に対する補給支援活動の実施に関する特別措置法」(新テロ対策特別措置法)を国会に提出し、参議院で否決された後、二〇〇八年一月一一日に衆議院で再可決し成立させた。そして同月、一度撤退していた海上自衛隊の補給艦と護衛艦によるインド洋上での補給活動が再開された。

安倍内閣以降、スキャンダル続きの自民党に対する世論の風当たりは強くなる一方だった。福田首相は、二〇〇九年夏に迫ってきた衆議院任期切れによる選挙は避けるべく、かじ取りを麻生太郎に託す思いから、二〇〇八年九月一日に辞任を表明した。

(3) 麻生太郎内閣

リーマン・ショック

こうして、当初想定された麻生太郎内閣(二〇〇八年九月二四日~二〇〇九年九月一六日)の課題は、衆議院解散・総選挙のタイミングを見計らうことであった。しかし、自民党総裁選直前の九月一五日に、アメリカの投資銀行リーマン・ブラザーズが破綻し、世界金融危機が発生した(リーマン・ショック)。アメリカでは二〇〇七年に住宅バブルが崩壊し、すでにその予兆はあった。サブプライムローン等の返済遅延が頻発するとともに住宅差し押さえも増加し、二〇〇八年には財務省が約三兆ドル規模の救済策を講じるが、事態の改善にはつながらなかった。そしてついに九月一五日に、多額の損失を抱えたリーマン・ブラザーズが、倒産法の適用を連邦裁判所に申請したのである。

麻生政権は発足早々対応を迫られることとなり、選挙どころではなくなった。麻生首相は、九月二九日の所信表明演説で、「日本は、強くあらねばなりません」と宣言し、「当面は景気対策、中期的に財政再建、中長期的には、改革による経済成長」という三段階からなる経済の立て直しに取り組む方針を表明した。しかし、リーマン・ショックの影響が世界的に拡大するなか、日経平均株価も大暴落を起こした。リーマン・ブラザーズ破綻前、九月一二日に一万二二一四円で取引を終えた株価は、一〇月八日の終値で一万円を切り(九二〇三円)、一〇月二八日には一時七〇〇〇円を割り（六九九四円）、バブル前の一九八二年以来二六年ぶりの安値を記録した。

リーマン・ショックへの対応のために、二〇〇八年一一月一四日から二日間、ワシントンで第一回目のG20参加国による首脳会合、「金融・世界経済に関する首脳会合」（金融サミット）が開催され、その後定例化されることとなった。G20とは、一九九八年からロシアが参加しG8となっていた主要国首脳会議（ロシアの参加により先進国首脳会議から呼称変更。二〇一四年のクリミア編入で同年からロシアの資格停止）のメンバー国とEUに、新興国一一カ国（中国・インド・ブラジル・メキシコ・南アフリカ・オーストラリア・韓国・インドネシア・サウジアラビア・トルコ・アルゼンチン）を加えたグループで、一九九九年からG20財務大臣・中央銀行総裁会議を開催してきた。G20の金融サミットは、リーマン・ショックを契機として新設され、その発足にあたっては日本政府もアメリカのブッシュ政権との緊密な協力により重要な役割を果たした。

近隣新興国との関係

G20の活性化が示したように、二一世紀に入って、国際秩序における新興国の役割の重要性は高まった。二〇〇八年一〇月に、インドのマンモハン・シン（Manmohan Singh）首相が、安倍内閣下の二〇〇六年一二月以来二度目の来日をし、日印両首脳が一〇月二二日に「日本国とインドとの間の安全保障協力に関する共同宣言」に署名した。同宣言は、「民主主義、開かれた社会、人権、法の支配に対する共通の決意」を表明し、『戦略的グローバル・パートナーシップ』をうたい上げ、「両国間の安全保障協力を促進するための包括的な枠組み」に関する一連の措置を列挙した。前年三月に安倍内閣下で調印された「安全保障協力に関する日豪共同宣言」に続く、アメリカ以外の国との安全保障協力宣言であり、日本の安全保障政策の多角化を示すものであった。また、安倍や麻生がインドとオーストラリアとの関係を重視する姿勢には、安倍内閣下で両者が二人三脚で推進した価値観外交という側面もあった。

二〇〇八年一二月一三日には、中国の温家宝首相と韓国の李明博大統領が来日し、麻生首相の主催により、福岡の大宰府で日中韓首脳会議が開催された。それまでのASEAN＋3首脳会議の際に行われていたものを、日中韓三カ国により独自に開催した最初の首脳会議であった。三首脳は、それ以降三カ国間の持ち回りで首脳会議を開催することに合意した。その後日中韓首脳会議は二〇一二年まで毎年開催されたが、日本と中韓両国との政治摩擦が深まると間が空くようになった（その後、二〇一五年にソウル、二〇一八年に東京で開催）。

かつて麻生は、安倍内閣の外相として、歯舞、色丹、国後の三島に択捉の二五％を加えると四島全体の面積の半分になるという趣旨の発言をしたことがあった。二〇〇九年二月のサハリンにおける麻生首相とドミートリー・メドベージェフ（Dmitrii A. Medvedev）大統領との首脳会談の際に、メドベージェフ大統領は、「新たな独創的で型にはまらないアプローチ」を提唱した。ロシアは、同年、「面積等分方式」で中国との間の国境問題を解決したところであり、麻生首相の持論との関係性が注目された。

しかし、九月の衆議院の任期満了が迫るなか、麻生首相は七月二一日に衆議院を解散し、八月三〇日の総選挙を迎えることとなった。

三 民主党政権の外交

（1）鳩山由紀夫内閣

東アジア共同体と沖縄米軍基地

二〇〇九年八月三〇日の衆議院選挙は、自民党の大敗であった。民主党が四八〇議席中三〇八議席を獲得し、他方自民党は三〇〇から一一九へと議席を大幅に減らした。一九五五年の結党以来、自民党が第一党の座から滑り落ちたのははじめてであった。細川内閣による選挙制度改革の大義名分は政権交代を可能にすることにあったが、ようやくその機能が証明された結果でもあった。発足当初、鳩山由紀夫内閣（二〇〇九年九月一六日〜二〇一〇年六月八日）に対する支持率は七〇％を超え、そのことは、民主党への期待の高さの表れというよりは、国民が新しい政治を望んでいたことを意味していた。

鳩山が進めようとした外交も、まことに新しかった。しかし、そこには一見理念的な体系があったものの、現実可能性の点では大きな問題があった。そのことを端的に示したのが、鳩山が唱えた東アジア共同体であり、沖縄米軍基地問題への取り組みであった。

鳩山首相は、就任早々九月下旬に、国連総会、G20金融サミット、国連気候変動サミットに参加するために訪米し、バラク・オバマ（Barack H. Obama）大統領（二〇〇九年一月二〇日〜二〇一七年一月二〇日）とも会談した。その後鳩山は、一〇月九日に韓国を訪問して李明博大統領（二〇〇八年二月二五日〜二〇一三年二月二四日）と会談し、翌日北京に飛んで、温家宝首相が主催する日中韓首脳会談にのぞんだ。さっそくその際に、鳩山は、「日米同盟は重要だが、アジアの一国としてアジアをもっと重視する政策を作り上げていきたい」と述べ、東アジア共同体に言及した。

その発想の原点には、アメリカへの過剰な依存が日本人の自立心をむしばんできたという、鳩山の長年の思いがあった。そのことは、辞任を決意した鳩山が、二〇一〇年六月二日の民主党両院議員総会での辞任あいさつで述べたことに端的に表れていた。鳩山は、「私はつまるところ、日本の平和、日本人自身で作り上げていく時を、いつかは求めなければならないと思っています。アメリカに依存し続ける安全保障、これから五〇年、一〇〇年続けていいとは思いません」と訴えたのである。

鳩山がその思いから口にしたのが、二〇〇九年七月に沖縄における集会で民主党代表として述べた、普天間基地の移設先は「最低でも県外、できることなら国外」という発言であった。しかし鳩山には、アメリカへの依存を減らすこと自体が自己目的化しているところがあり、そのことがアメリカ政府との摩擦を生んだのみならず、鳩山内閣の足並みを乱すこととなった。

鳩山内閣の外務大臣に就任した岡田克也は、県外や国外という鳩山の意向には与せず、普天間基地返還の代替として嘉手納基地への統合案をしたためていた。岡田は、二〇〇九年一〇月九日に来日したロバート・ゲーツ（Robert M. Gates）国防長官に対して嘉手納統合案を提起するが、ゲーツは「不可能だ」と、言下に拒絶した。しかしゲーツは、辺野古への移設案に関して、滑走路を沖合に移動するという若干の譲歩を示した。アメリカは、そのことで鳩山内閣との落としどころを探ろうとしてきたのである。

一一月一三日にオバマ大統領が来日すると、鳩山との首脳会談で、日本の政権が変わったのだから見直し自体には反対しないとの意向を示し、早く結論を出すように要請した。それに対して鳩山が、とりたてて展望があったわけではないにもかかわらず、「必ず答えは出すので、私を信頼してほしい」と引き取ったことが、その後の展開をさらに混乱させることとなった。

その後、鳩山の指示で辺野古以外の移設候補地の検討が進んだが、短期間で決められる問題でもなく、結局鳩山は、現行案を認めざるを得ないところに追い込まれた。そして、二〇一〇年五月二八日に、日米の外務／国務・防衛／国防の四閣僚（二＋二）による日米安全保障協議委員会（SCC）の共同声明が発表され、「二〇〇六年五月一日のSCC文書『再編の実施のための日米ロードマップ』に記された再編案を着実に実施する決意を確認した」ことがうたわれた。

鳩山内閣は、衆議院では十分な多数を占めていたが、参議院では過半数に満たなかったため、社民党および国民新党との連立内閣であった。右のSCCの共同声明を閣議にかける際に、消費者・食品安全担当大臣であった福島瑞穂社民党党首が署名を拒否すると、鳩山は福島を罷免した。すると五月三〇日に社民党が連立離脱し、鳩山は六月に退陣を表明するのである。

鳩山内閣下の外交成果

右のとおり、鳩山が個人的に強い思い入れを持っていた外交課題は、結局のところ現実の壁を超えることはできなかった。また、「テロ対策特措法」に替わり福田内閣が成立させた「新テロ対策特措法」は、鳩山内閣が延長のための措置を取らずに、二〇一〇年一月に失効し、アメリカを中心とした多国籍軍に対する八年を超える支援活動が終了した。

しかし、冷戦後の日本外交が取り組んできたいくつかの課題は、鳩山内閣のもとでも着実に前進した。鳩山内閣が設置した「新たな時代の安全保障と防衛力に関する懇談会」は、「新たな時代における日本の安全保障と防衛力の将来構想──『平和創造国家』を目指して」と題する報告書をまとめた。それが提出されたのは、二〇一〇年八月二七日、菅直人首相に対してとなったが、報告書の提言を反映して、二〇一〇年一二月一七日に、菅内閣のもとで五年ぶりに防衛計画の大綱が改定された。その「平成二三年度以降に係る防衛計画の大綱」は、中国台頭の時代の安全保障環境の変化に対応すべく、南西方面の警戒監視活動を切れ目なく行うための「動的防衛力」という新しい概念を提示した。また、以下に述べるように、野田佳彦内閣が踏み切った武器輸出の緩和も、同報告書の提言に含まれていたものであった。

鳩山首相は、二〇〇九年一二月にインドを訪問し、外務・防衛の次官級二+二対話を含む、日印安全保障協力推進のための具体的な行動計画で合意した。前年一〇月に麻生首相とシン首相が署名した日印「安全保障協力に関する共同宣言」をフォローアップする外交成果であった。鳩山首相とシン首相は、一二月二九日に発表された共同声明で、「共通の価値観と戦略的利益を共有するパートナーである日印両国が、『日印戦略的グローバル・パートナーシップ』を、二国間関係の強化ならびに世界の平和と繁栄のために発展させることを再確認した」。

また、鳩山内閣の岡田克也外相は、二〇一〇年五月に日豪「物品役務相互提供協定」(ACSA)に署名し、自衛隊とオーストラリア軍が協力する法的枠組みが整った。日本の自衛隊がアメリカ以外の国の軍隊と協力を取り決めたのは、この「日豪ACSA」がはじめてであった。その具体的協力項目は、国際平和維持活動や災害救助活動に関するものであり、そこに伝統的な軍事的役割は含まれていなかった。まさにそこに、日米同盟とは異なった日豪安全保障協力の特徴があった。

(2) 菅直人内閣

日韓併合一〇〇年

二〇一〇年六月の鳩山退陣を受けて、鳩山内閣で副総理兼財務相を務めていた菅直人が首相に就任した(二〇一〇年六月八日〜二〇一一年九月二日)。すると、記者会見で消費税一〇%発言が飛び出し、鳩山外交の迷走の影響もあり、民主党は七月一一日の参議院選挙で改選数五四議席から一〇議席を減らした。その結果、民主党は参議院における第一党の座を守ったものの連立内閣は少数派のままであり、国会のねじれ状態は続いた。

鳩山内閣は、一九一〇年八月二二日に調印され二九日に公布された「韓国併合に関する条約」から一〇〇年を迎えるにあたり、首相談話の発表の検討を始めていた。その任を引き継いだ菅首相は、八月一〇日に「総理大臣談話」を発表した。菅首相は、植民地認識に関して、「三・一独立運動などの激しい抵抗にも示されたとおり、政治的・軍事的背景の下、当時の韓国の人々は、その意に反して行われた植民地支配によって、国と文化を奪われ、民族の誇りを深く傷付けられました。……この植民地支配がもたらした多大の損害と苦痛に対し、ここに改めて痛切な反省と心からのお詫びの気持ちを表明いたします」と、歴代内閣よりも踏み込んだ。そして、植民地時代に日本にもたらされた「朝鮮王朝儀軌等の朝鮮半島由来の貴重な図書」を「お渡ししたい」と、韓国国民への善意を表明した。

日本政府内には、一九六五年六月の日韓国交正常化の際に締結された「文化財及び文化協力に関する日本国と大韓民国との間の協定」によって、文化財の引き渡しは決着済みという、法的観点からの懸念があった。菅談話が、朝鮮王朝儀軌等の図書を「お渡ししたい」と表明したのは、そうした法解釈によるものであった。

菅談話に対しては、自民党を中心として慎重論や懸念が表明され、安倍晋三元首相は「愚かで軽率な談話だ」と批判した。こうして「菅談話」が踏み込んだ謝罪を述べたことで、歴史問題や領土問題に関する融和的な姿勢に対して保守派が反発するという、一九九〇年代以来の国内政治構図が一層明示的になった。日韓間の悪循環が続くなかで、二〇一〇年一〇月に、アメリカのニュージャージー州のパリセイズ・パークに、アメリカで初の慰安婦碑が建てられた。二〇一一年一二月一四日には、ソウルの日本大使館前に慰安婦像が設置された。こうして皮肉にも、第一次安倍内閣が勢いづけたともいえる日韓関係悪循環の波に、民主党政権が飲み込まれることとなったのである。

尖閣諸島沖での中国漁船衝突事件

菅内閣が日韓併合一〇〇年を処理した翌月、二〇一〇年九月七日に、尖閣諸島沖で、退去命令を無視した中国漁船が海上保安庁の巡視船に二度にわたり体当たりするという事件が発生した。菅内閣は、国内法に基づき公務執行妨害で船長と船員を拘束し、翌日に逮捕状をとって司法の裁きにかける対応をとった。従来から日本政府は、尖閣諸島に上陸を果たした中国や香港の活動家に対しては、不法入国による強制送還という法的措置で対処してきた。今回、中国漁船による日本の巡視船への体当たりという事案について、責任者を公務執行妨害で逮捕するというのは、法的対応としては筋が通っていた。

当時日本政府には、漁船等の領海侵犯に対しては停船命令を発して立ち入り検査をするというマニュアルもあったが、実際には退去命令にとどめるという対応をしてきた。しかし、今回の事件の悪質性にかんがみて、海上保安庁を管轄下に置く国土交通省の大臣であった前原誠司や、外務大臣の岡田克也も、逮捕は当然という判断であった。問題は、そうした法治国家としての日本の論理が、一九七〇年代初期以来尖閣諸島を自国領と主張してきた中国に通じないところにあった。というより、逮捕の法的正当性を認めれば、尖閣諸島とその領海に日本の主権が及ぶのを認めることを意味するので、中国としては日本の法的処理を止める必要があった。その意味でこの事件は外交問題であった。

石垣島で送検された中国人船長は、中国大使館員の接見を受けると、以後一切の書類への署名を拒むようになった。そこで那覇簡易裁判所は、九月一〇日と一九日にそれぞれ一〇日間の拘留延長を認めた。その一方で菅内閣は、九月一三日に拘留した船員一四名を帰国させ、差し押さえていた漁船も中国に返還した。しかし、中国政府の対抗措置はエスカレートし、日本との閣僚級の往来禁止や種々の交流行事の停止に続いて、九月二〇日に、日本企業フジタの社員四名が、河北省石家荘市で軍事区域を写真撮影した容疑で拘束された。翌二一日には、光学材料や電子材料に不可欠のレアアースの日本向け輸出を差し止めるという、事実上の経済制裁措置をとった。

すると九月二四日になって、事件を扱う那覇地方検察庁が、「日本国民への影響や今後の日中関係を考慮」して、中国人船長を処分保留のまま釈放する決定を下した。船長は国外退去処分となり、中国が用意したチャーター機で帰国すると、国や故郷で英雄として迎えられた。この二〇一〇年の「尖閣危機の一八日」は、日中関係をさらに悪化させ、修復を一層困難にする決定的な転機となった。

東日本大震災と「トモダチ作戦」

二〇一一年三月一一日、未曾有の規模の東日本大震災が発生した。地震と津波による甚大な被害とあわせて、福島第一原子力発電所が津波による被害を受け、原子炉のメルトダウンが懸念される非常事態が発生した。同発電所は一九六〇年代に建設されたものだが、当時における世界の津波の前例を参考に、三〇メートルの高台を一〇メートルの高さに削ったことの想定の甘さが露呈された悲劇であった。

初動の対応にもたついた日本政府に対して、諸外国の大使館は東京からの避難を始めるとともに、アメリカ政府による強い苛立ちも伝えられた。その間、早朝に菅首相がヘリコプターで現場に降り立った三月一二日の午後に原発一号機で、一四日に三号機で、一五日には四号機で水素爆発が起き、建屋の上部が崩壊する事態となった。何よりも、電源喪失により冷却装置が働かず、炉心溶融の疑いが強くなっていった。

アメリカのジョン・ルース（John V. Roos）駐日大使は、地震発生一時間半後には在日米軍の展開も含め日本政府に全面的に協力する用意があることを表明し、一二日未明にはオバマ大統領も菅首相に対する電話であらゆる支援を提供する用意があることを伝えた。すると菅首相は、ようやく三月一七日になって、天井が吹き飛ばされた建屋に向けて、建屋内に保管中の燃料棒の冷却のために陸上自衛隊のヘリコプター二機で上空から海水を投入するという捨て身の作戦を指令した。

燃料棒の冷却効果はほとんどなかったが、事態の深刻さを自覚する菅内閣の姿勢をようやく内外に印象づけ、その直後にアメリカは、放射性物質が飛散する最悪の事態を想定した約三〇項目からなる「支援リスト」を日本政府に提示した。それは、日本政府から要請があれば米軍が提供可能な協力項目を、放射能の管理および除染、原発の安定化、人道・後方支援、米太平洋軍の科学技術に関する支援の四つの分野に分類したものであった。

そして、三月二二日には、日米両政府、米軍、東京電力等の関係者による「福島第一原発事故の対応に関する日米協議」が発足し、具体的な支援内容が検討された。こうして米軍は、人員二万人、空母を含む艦船約二〇隻による人道支援・災害救助活動を展開し、それは日米の絆を意味する「トモダチ作戦」と名づけられた。

当時日本社会や言論界では、第二次世界大戦の「戦後」に匹敵する「震災後」という認識が生まれ、日本変革の節目にしなければならないという危機意識が表明された。

(3) 野田佳彦内閣

現実主義路線

東日本大震災への対応の最中、民主党内では「菅降ろし」の動きが強まり、二〇一一年九月二日に野田佳彦内閣(〜二〇一二年一二月二六日)が誕生した。野田は自らを「保守政治家」と呼び、鳩山内閣のもと理念先行で始まった民主党政権が現実主義へ回帰したといわれた。

二〇一一年一二月には、それまでの自民党政権が果たせなかった武器輸出三原則が緩和された。一二月二七日に藤村修内閣官房長官が談話を発表し、「平和貢献・国際協力に伴う案件」および「我が国の安全保障に資する防衛装備品等の国際共同開発・生産に関する案件」については「包括的に例外化措置を講じる」とする新たな方針を発表したのである。鳩山首相が設置した「新たな時代の安全保障と防衛力に関する懇談会」が二〇一〇年八月二七日に菅首相に提出した報告書の、国際貢献・平和協力に資する案件は解禁すべきだとの提言に沿ったものであった。同報告書は、「国際共同開発・共同生産」の流れに乗るべきという従来の議論も展開しながら、その前の部分で、「紛争後の平和構築、人道支援・災害救援、テロや海賊等の非伝統的安全保障問題への対応等のための国際協力」を促進するために、原則武器輸出は可能とすべき、と提言していた。

二〇一二年に入り、四月一六日に、石原慎太郎東京都知事がワシントンのヘリテージ財団での講演で、東京都が

「尖閣諸島を購入する」と発言すると、野田内閣は再び尖閣諸島問題の対応に追われた。そのとき石原は、私有地である尖閣諸島の地権者との売買交渉を進めていた。野田内閣は、東京都による購入を阻止するため国が買い上げる方針を固め、石原都知事への説得と地権者との交渉を始めた。そして野田内閣は、九月一一日に、二〇〇二年以来の尖閣諸島三島（魚釣島、北小島、南小島）の賃貸契約を終了し、内閣予備費から支出した二〇億円で三島を購入し、日本国への所有権移転登記を行った。

その目的が、対中強硬論者である石原都知事下の東京都による購入を阻止し、尖閣諸島問題を平穏かつ安定的に維持・管理することだったのは明白であった。官邸と外務省は、東京の中国大使館と中国の外交部に対して、緊密に接触を試み日本の意図の説明に努めた。中国側も、一時期は国有化後の現状維持を求める等の穏健な対応方針を検討した。しかし、九月九日にウラジオストクで開催されたＡＰＥＣ首脳会議の際に、野田首相と立ち話を交わした胡錦濤国家主席は、国有化は不法で無効であり、断固反対すると断言した。にもかかわらず野田首相は、いわば粛々と、翌日の関係閣僚会議で尖閣諸島三島の国有化を決定し、一一日に国への所有権移転を完了したのである。以後中国は、尖閣諸島付近での政府部門に属する監視船の活動を活発化させ、領海侵犯行為を恒常的に繰り返すようになった。

ちぐはぐな日韓関係

本章の前半でみたように、小泉内閣期の竹島問題を直接的契機として、二〇〇五年以降の日韓関係は下り坂を転げ落ちてきた。しかしその間、日韓両国の学界や関係者の間で、協力関係構築の試みが同時に進行した。それまで日韓の間では、二期（二〇〇一年～二〇〇五年、および二〇〇五年～二〇一〇年）にわたり、専門家による「日韓歴史共同研究」が行われてきた。それと並行した未来志向の日韓共同研究のために、二〇〇八年四月に訪日した李明博大統領と福田康夫首相が「日韓新時代共同研究プロジェクト」を開始することで一致した。二〇〇九年二月二三日に東京で活動を開始した同研究プロジェクトは、「国際政治」、「国際経済」、「日韓関係」の三つの分科委員会に分かれて約一年半の共同研究を行い、二〇一〇年一〇月二二日に両国政府へ報告書を提出した。さらに、二〇一一年一〇月一九日の野田佳彦首相と李明博大統領との日韓首脳会談において、「第二期日韓新時代共同研究プロジェクト」の開始が合意された。第二期の同プロジェクトは同年一二月に発足し、二〇一三年一二月二四日に両国政府へ報告書を提出した。

しかしながら、二〇一一年八月三〇日の韓国憲法裁判所の判決で、慰安婦問題をめぐる日韓交渉の前提が変わった。慰安婦被害者による行政不作為の違憲訴願審判において、従軍慰安婦としての請求権に関する一九六五年の日韓請求権協定をめぐる日韓両国の解釈の違いを解決しようとしてこなかった韓国政府の不作為は、違憲であるとされたのである。

そのことによって、李明博政権は、二〇一一年一二月一八日に京都で開催された日韓首脳会談で、慰安婦問題を最重要課題として提起した。それに対して野田首相が、一九六五年の協定で解決済みという日本政府の立場を主張し、逆に日本大使館前の慰安婦像の撤去を求めると、李明博大統領がそれに強く反発し、会談は事実上決裂した。

慰安婦問題に関して日韓の亀裂が深まるなかで、二〇一二年に入ると、日韓両政府間で、北朝鮮情勢に関する機密情報の相互提供のための「日韓軍事情報包括保護協定（GSOMIA）」をめぐる水面下の交渉が終盤に差し掛かっていた。そして、五月になってGSOMIAの交渉が妥結した。しかし、その事実が発表されると、韓国の政治と世論の反発が生じ、六月に予定された調印式がキャンセルされる事態となった（その後、二〇一六年一一月に調印）。また当時は、自然災害等をめぐる自衛隊と韓国軍の協力のための法的枠組みである「物品役務相互提供協定」（ACSA）の交渉も始まっていたが、これも停止状態となった。

すると李明博大統領は、二〇一二年八月一〇日に、韓国の大統領として初となる竹島上陸を敢行した。韓国の青瓦台（大統領府）関係者によると、李明博大統領は、それ以前にもしばしば竹島上陸の意図をもらしていた。日韓首脳会談での感情的対立と大統領の任期が終盤にかかっていたという事情が重なり、上陸に踏み切ったのであろう。さらにその直後の八月一四日に、李明博大統領が韓国国内の会合で、天皇に「心からの謝罪」を求める発言をしたことが伝わると、しばらく日韓関係改善の可能性は遠ざかった。

その間、国内政治においては、民主党・自由民主党・公明党の三党が、二〇一二年六月二日の三党幹事長会談で、社会保障と税の一体改革に関する「三党確認書」に合意するという重要な展開があった。野田首相は、安倍晋三自民党総裁からその三党合意を履行する言質をとり、衆議院解散に踏み切った。二〇一二年一二月一六日の衆議院選挙で民主党は議席を二三一から五七に減らし、第二次安倍政権が誕生した。

第九章

第二次安倍政権の外交（2012年-）

東方経済フォーラム・全体会合の安倍首相、習主席、プーチン大統領
（2018年 9 月、ロシア・ウラジオストク）

一．安倍外交の復活

（1）安倍アジェンダ

第二次安倍晋三政権の誕生

二〇一二年一二月一六日の衆議院選挙で自民党が大勝し、一二月二六日に公明党との連立による安倍晋三内閣（第二次安倍政権）が誕生した。首相の再登板は、吉田茂以降戦後二人目であった。安倍は、野田内閣期の同年九月二六日の自民党総裁選挙で、国会議員による決選投票（一〇八票対八九票）で石破茂を破り、第二五代自民党総裁に選出されていた。党員を加えた第一回目の投票では、石破が一九九票（議員票三四票・党員票一六五票）で安倍の一四一票（議員票五四票・党員票八七票）を上回った（他は、町村信孝三四票、石原伸晃九六票、林芳正二七票）。しかし過半数に届かず、決選投票となった結果であった。

こうして第二次安倍政権は必ずしも盤石の船出を果たしたわけではなかったが、その後の巧みな政権運営と世論対策、そして相次ぐ選挙での勝利により、権力基盤を確かなものとした。二〇一七年三月五日には、二〇一八年九月末の総裁任期満了をみすえて、「連続二期六年」の総裁任期を「連続三期九年」に延長する党則改正が行われた。それを受けた二〇一八年九月二〇日の総裁選で、五五三票（議員票三二九票・党員票二二四票）対二五四票（議員票七三票・党員票一八一票）で再び石破茂を破り、一〇月二日に、二〇〇六年発足の第一次内閣（第一次安倍政権）から通算第四次の改造安倍内閣がスタートした。二〇一九年一一月には、戦前の桂太郎首相（明治三四年・一九〇一年六月二日～〈断続的に三次にわたり〉大正二年・一九一三年二月二〇日）の二八八六日を抜いて、首相在任期間が歴代最長となる見込みである。

戦後外交へのアンチテーゼ

戦後の伝統的な自民党外交は、一九九〇年代の変革期を経て二一世紀に入ってさらに変質し、安倍外交がそのひとつの到達点を体現しているようにみえる。事実、安倍首相による外交には、歴代自民党政権による外交へのアンチテーゼともいえる側面がみてとれた。そのことは、第二次安倍政権発足後、二〇一三年一月一二日に安倍首相が行った所信表明演説に明示的に表れていた。安倍首相は、再登板にあたっての心境を、「国家国民のために再び我が身を捧げんとする私の決意の源は、深き憂国の念にあります」と述べ、安倍内閣が直面する日本の危機として、日本経済の危機、東日本大震災からの復興の危機、外交・安全保障の危機、教育の危機の四つを挙げた。

戦後教育を「占領体制」から脱皮させることは安倍の長年の課題であり、日本経済の危機への処方箋が「アベノミクス」であった。安倍は、二月二八日の施政方針演説で、そのための「三本の矢」を、「大胆な金融政策であり、機動的な財政政策。そして、民間投資を喚起する成長戦略」とした。安倍首相は、日本銀行法の改正をちらつかせるという手法で金融緩和に否定的な白川方明日銀総裁の退陣を迫り、アジア開発銀行総裁であった黒田東彦を後任に迎えてまで、インフレ二％を目標とした金融緩和に邁進した。その結果、野田内閣時の約束であった社会保障と税の一体化改革に関する三党合意はお蔵入りとなり、かつ成長戦略も後回しとなった。

外交・安全保障に関しては、「私の外交は、『戦略的な外交』、『普遍的価値を重視する外交』、そして国益を守る『主張する外交』が基本です。傷ついた日本外交を立て直し、世界における確固とした立ち位置を明確にしていきます」と宣言した。「戦略的な外交」や「普遍的価値を重視する外交」では、もっぱら中国が意識されており、「国益を守る『主張する外交』」の主要な対象は、歴史認識問題と領土問題であった。

いずれも、戦後の自民党外交が低姿勢で取り組んできた外交問題であった。官邸には、これらの問題で積極的に安倍内閣の主張を国際的に展開するための膨大な対外広報の予算が計上され、各国の日本大使館や公館では、外交官たちによる現地の有力者に対する積極的な働きかけが行われるようになった。

(2) 歴史認識問題

靖国神社参拝

安倍首相は、一九九〇年代の河野談話、村山談話、小渕首相と金大中大統領による日韓和解等に対して、いずれも否定的な見解を積極的に表明してきた。靖国神社参拝に関しては、かねてより強い意欲を持ち、二〇一二年九月の党総裁就任直後、第一次安倍政権で参拝がかなわなかったことに関して「痛恨の極み」と述べていた。

安倍首相は、突如として二〇一三年一二月二六日に靖国神社を参拝した。すると、東京のアメリカ大使館が、「日本の指導者が近隣諸国との関係を悪化させる行動をとったことに、アメリカは失望している」とする声明を発表した。野田内閣による尖閣諸島国有化以来日中関係は極度に悪化していたが、以下でみるように、二〇一三年秋から中国の対日姿勢には変化が現れ始めていた。また、二〇一三年二月に発足した韓国の朴槿恵政権とも歴史認識問題で最初からボタンの掛け違いが生じていたものの、日韓関係にも改善の兆しがみえ始め、二〇一四年一月には外務次官会合が予定されていた。オバマ政権は日本と中国や韓国との関係改善を各国に働きかけており、その流れを逆行させる安倍首相の行動に「失望」したのであった。

しかし、靖国神社参拝を重要な信条の問題ととらえる安倍首相にとっては、一見逆説的ながら、中国や韓国との関係改善の兆しがみえ始めたからこそ参拝に踏み切らなければならない事情があった。つまり、中国や韓国との本格的な関係改善の流れが生まれれば、現実的には参拝がより難しくなるのであり、だからこそ関係改善の兆しが安倍首相の背中を押したのである。当時、小泉首相時代の記憶から、これで安倍首相も毎年の参拝に踏み切るのではないかという懸念があった。しかし、最低限一回の参拝で当面自身の信念は貫き、その後参拝を控えたことは、安倍首相の現実主義を示していた。

戦後七〇年談話

歴史認識問題に対する安倍首相自身の信条に、現実主義者としての外交的配慮が働くというケースは、二〇一五年八月一四日に発表された戦後七〇年「総理大臣談話」においても繰り返された。日本国内はもちろん、多くの国の注目を集めた談話の焦点は、一九九五年の村山談話以降歴代政府が継承してきた四つのキーワード（侵略、植民地支配、痛切な反省、心からのお詫び）がどのように処理されるかであった。安倍首相の談話はそれらに以下のとおり触れた。

事変、侵略、戦争。いかなる武力の威嚇や行使も、国際紛争を解決する手段としては、もう二度と用いてはならない。植民地支配から永遠に訣別し、すべての民族の自決の権利が尊重される世界にしなければならない。

……

我が国は、先の大戦における行いについて、繰り返し、痛切な反省と心からのお詫びの気持ちを表明してきました。

四つの言葉に言及した文脈は、アジア諸国を明示的に対象とした村山談話とは明らかに異なっており、村山談話に否定的であったそれまでの安倍首相の個人的な信条が覆されることはなかった。安倍首相は、ほぼ一年をかけて有識者の意見を求めたが、最初に示された談話の原案には、安倍首相の個人的な信条がかなりストレートに示されていたという。先の大戦や中国への言及では、有識者の意見がかなり取り入れられた。しかし、韓国に対する安倍首相の不信感はかなり根強く、「植民地支配」への言及を含め、談話はほとんど韓国を無視したものとなった。

多くの人が、安倍首相の談話を、大げさではなく「固唾を飲んで」待ち受けた。まさに、外交における現実主義と個人の信念が融合した結果、アメリカも含めた対外関係が損なわれずに済んだという消極的意味で、安堵した反応が多かった。

二　安全保障政策にみる安倍カラー

（1）憲法改正と集団的自衛権

憲法改正の迷走

第一次政権時に「日本国憲法の改正手続に関する法律」を成立させた安倍首相は、二〇一二年一二月の衆議院選挙で勝利すると、はやくも政権発足前の記者会見で、第一次政権では憲法改正のための「橋をかけた」ので、次は憲法九六条の改正に取り組みたいという意欲を示した。憲法九六条は、「この憲法の改正は、各議院の総議員の三分の二以上の賛成で、国会が、これを発議し、国民に提案してその承認を経なければならない」と、国会による憲法改正の発議要件を定めたものである。安倍首相の提案は、国会での両院による改正発議を半数の賛成で可能にしようとするものであった。

しかしこの提案は、そもそも改憲論者であった専門家からも「裏口入学」と揶揄され、国民の世論調査においても不評であった。その結果、安倍首相はこれには触れなくなり、集団的自衛権の行使問題に当面のエネルギーを注ぐこととなった。

集団的自衛権を行使するためには憲法九条の改正が必要になるというのが、それまでの常識的理解であり、安倍首相も可能であれば憲法九条改正に向けた王道を歩みたいと思っていたはずである。しかし、選挙には勝ち続けたものの、念願の改憲勢力三分の二の獲得には至らず、憲法改正の展望は開けない状態が続いた。そこで安倍首相は、以下にみるように、平和安全法制の一部として、憲法九条の再解釈によって集団的自衛権の部分的行使を可能とする道を開いた。

その結果、安倍内閣の防衛安全保障政策からみても、憲法九条改正の必要性は後退した。しかしそれでも、安倍首相にとって憲法改正は重要な課題であり続けた。そこで安倍首相は、二〇一七年五月三日の憲法記念日に、憲法改正をめざす集会に寄せたビデオ・メッセージで、第九条の一項と二項を残したままで、新たに自衛隊の存在を明記する第三項を加えるという提案を行った。

その目的は、自衛隊違憲論に終止符を打つこととされた。安倍首相の主張は、その結果従来の日本の防衛安全保障政策には何ら変化はない、というところまで後退した。ここにおいて、憲法九条の改正はもはや安全保障政策論とは関係がなくなり、改憲自体が自己目的化したといえよう。

以上のように、二次にわたる安倍政権下での改憲論議と提案は、もっぱら安倍首相個人から提起され、自民党内から異論どころか議論すら起きないままに、迷走ともいっていい展開を示した。その過程で、以下にみるように、集団的自衛権の行使に関する新解釈が閣議決定されるのである。

集団的自衛権解釈

従来日本政府は、国連憲章第五一条が「この憲章のいかなる規定も、国際連合加盟国に対して武力攻撃が発生した場合には、安全保障理事会が国際の平和及び安全の維持に必要な措置をとるまでの間、個別的又は集団的自衛の固有の権利を害するものではない」と定めているのを受けて、日本は国連に加盟する主権国家として集団的自衛権は保有しているが、憲法九条の規定によりその行使は禁じられるという解釈に立ってきた。

その解釈を部分的に変えたのが、二〇一四年七月一日の閣議決定、「国の存立を全うし、国民を守るための切れ目のない安全保障法制の整備について」であった。同閣議決定は、「憲法第9条の下で許容される自衛の措置」という項目で、以下のような判断を示した。

……我が国に対する武力攻撃が発生した場合のみならず、我が国と密接な関係にある他国に対する武力攻撃が発生し、これにより我が国の存立が脅かされ、国民の生命、自由及び幸福追求の権利が根底から覆される明白な危険がある場合において、これを排除し、我が国の存立を全うし、国民を守るために他に適当な手段がないときに、必要最小限度の実力を行使することは、従来の政府見解の基本的な論理に基づく自衛のための措置として、憲法上許容されると考えるべきであると判断するに至った。

……

我が国による「武力の行使」が国際法を遵守して行われることは当然であるが、国際法上の根拠と憲法解釈は区別して理解する必要がある。憲法上許容される上記の「武力の行使」は、国際法上は、集団的自衛権が根拠となる場合がある。この「武力の行使」には、他国に対する武力攻撃が発生した場合を契機とするものが含まれるが、憲法上は、あくまでも我が国の存立を全うし、国民を守るため、すなわち、我が国を防衛するためのやむを得ない自衛の措置として初めて許容されるものである。

この閣議決定で「集団的自衛権」という用語が登場するのは、「憲法上許容される上記の『武力の行使』は、国際法上は、集団的自衛権が根拠となる場合がある」という一カ所のみである。つまり、国際法上は集団的自衛権の行使にあたる「武力の行使」を、憲法九条が許容する自衛権の行使とみなす、という論理である。そして、その種の「武力の行使」が発動されるのは、「我が国と密接な関係にある他国に対する武力攻撃が発生し、これにより我が国の存立が脅かされ、国民の生命、自由及び幸福追求の権利が根底から覆される明白な危険がある場合」であり、それを「平和安保法制」は、日本の「存立危機事態」と表現した。

安倍首相は、アベノミクス推進のために日銀総裁を交代させたのと同様、伝統的に集団的自衛権の行使には否定的な解釈をとってきた内閣法制局長官をより積極的な官僚にすげ替えるという、政治力を使った手法によって、新解釈を成立させたのであった。

(2) 平和安全法制

重要影響事態、国際平和支援

以上のような安倍首相の強引な手法は、日本の政治と世論を分断させた。それは、一九六〇年の日米安全保障条約改定の際の安保騒動を彷彿とさせる国民の反対運動と国会の混乱を引き起こした。結局、「平和安全法制」関連二法(「平和安全法制整備法」および「国際平和支援法」)は、二〇一五年七月一六日に衆議院本会議で可決され、九月一九日に参議院本会議で成立した。

国会で審議されたのは一〇の法改正とひとつの新法であった。「平和安全法制」関連二法は重要影響事態、国際平和支援、存立危機事態の三つの領域にまたがり、日本の新たな安全保障政策を定めた。

重要影響事態に関しては、「重要影響事態安全確保法」が、「我が国の平和及び安全に重要な影響を与える事態における米軍等への支援」を定めた。それは、一九九九年に成立した「周辺事態安全確保法」を拡充したものであり、自衛隊の活動は後方支援活動、捜索救助活動、船舶検査活動に限られ、自衛隊による戦闘行為や他国軍との「一体化」は引き続き禁じられた。しかし同法は、支援対象をアメリカ以外の友好国にも拡大するとともに地理的制約をなくす等、自衛隊による後方支援の範囲は拡大した。それはアメリカから歓迎され、日米同盟はより強化された。二〇一五年四月二七日に、新たな「日米防衛協力のための指針」が日米安全保障協議委員会(二+二)で了承された。

また、「国際平和支援法」は、新たな恒久法として策定され、国連決議に基づき活動する諸外国の軍隊等に対する物品と役務の提供、捜索救助活動、船舶検査活動等について定めた。同法によって、かつての国連平和維持活動の場合のように、事態が生じるたびに特別措置法を作成する必要がなくなった。政府は、基本計画を閣議決定し国会の承認を得ればよく、対応は格段に柔軟になった。

さらに、危険性をともなっても「現に戦闘行為が行われている現場」以外での自衛隊の活動が可能になり(戦闘行為が発生すれば活動休止)、「いわゆる安全確保業務及びいわゆる駆けつけ警護の実施に当たり、自己保存型及び武器等防護を超える武器使用」が可能となった。そして、二〇一六年一一月に南スーダンの自衛隊に「駆けつけ警護」と「共同防衛」の任務が新たに付与された。

しかし、安倍首相は、南スーダンでの国連ミッションに派遣されていた自衛隊の日報隠蔽が国内政治問題になると、二〇一七年五月に突如として自衛隊の撤収を決めた。南スーダンの自衛隊施設部隊は、民主党の野田内閣が二〇一二年一月に派遣したものであり、この撤収で自衛隊の国連平和維持活動への参加はゼロとなった。

存立危機事態

集団的自衛権の行使に関連した法律改正は二件であった。まず、二〇〇三年に制定された有事法制の基本法ともいえる「武力攻撃事態等における我が国の平和と独立並びに国及び国民の安全の確保に関する法律」に「存立危機事態」への対応を盛り込み、法律の呼称も「武力攻撃事態等及び存立危機事態における我が国の平和と独立並びに国及び国民の安全の確保に関する法律」となった（「及び存立危機事態」を追加）。そして、防衛出動を定めた自衛隊法第七六条で、以下のとおり従来の防衛出動要件を第一項とし、新たに第二項が追加された。その第二項に基づく内閣総理大臣による自衛隊の出動命令が、集団的自衛権の行使にあたるものである。

自衛隊法第七六条（防衛出動）

内閣総理大臣は、次に掲げる事態に際して、我が国を防衛するため必要があると認める場合には、自衛隊の全部又は一部の出動を命ずることができる。この場合においては、武力攻撃事態等及び存立危機事態における我が国の平和と独立並びに国及び国民の安全の確保に関する法律（平成十五年法律第七十九号）第九条の定めるところにより、国会の承認を得なければならない。

一　我が国に対する外部からの武力攻撃が発生した事態又は我が国に対する外部からの武力攻撃が発生する明白な危険が切迫していると認められるに至った事態

二　我が国と密接な関係にある他国に対する武力攻撃が発生し、これにより我が国の存立が脅かされ、国民の生命、自由及び幸福追求の権利が根底から覆される明白な危険がある事態

想定される最も重要な存立危機事態は、朝鮮半島有事に他ならない。その場合の武力攻撃の対象となる「我が国と

密接な関係にある他国」とは、アメリカと韓国であることも明白であった。しかし、日本による集団的自衛権行使を想定した日米韓の間の軍事協力を進めようとする意志や条件は、日本にも韓国にもなかった。

三　安倍外交の進展と停滞

(1) アジア太平洋からインド太平洋へ

TPP協定への参加

安倍首相は、二〇一三年一月の最初の外遊先として、ベトナム、タイ、インドネシアを訪問した。最後の訪問地ジャカルタで、「開かれた、海の恵み――日本外交の新たな五原則」と題する政策演説を行う予定であった。アルジェリアでの邦人拘束事件への対応のため帰国を早め、その演説は幻となったが、その草稿は官邸や外務省のホームページに掲載され、事実上の公式声明として扱われた。

そこで安倍は「アジアの海を徹底してオープンなものとし、自由で、平和なものにする」ことを日本の国益と定義し、その目的達成のために重要なのが、第一に日米同盟であり、第二に「海洋アジアとのつながりを強くすること」であると述べた。そして、ASEAN外交の基本方針として、①普遍的価値の浸透、②法とルールによる海の支配、③自由でオープンな経済、④文化のつながりの充実、⑤未来をになう世代の交流という五原則を掲げた。

最後の二項目は、従来から日本のアジア外交で重視されてきたものであった。その前の三点は、冷戦後の日本の国際政策が支えてきた自由で開かれた国際秩序の原則を述べてきたものだが、安倍政権のもとでは「普遍的価値」や「法の支配」を強調する傾向が強くなり、多くの人はそこに対中戦略の意味合いを読み取った。

当時、アジア太平洋地域において「自由でオープンな経済」をめざそうとするのが、環太平洋パートナーシップ(TPP)構想であった。その出発点となったのは、二〇〇五年に署名され二〇〇六年に各国で順次発効した、シンガポール・ブルネイ・チリ・ニュージーランド四カ国による経済連携協定であった。その拡大交渉の結果、二〇一六年二月四日にニュージーランドのオークランドで、一二カ国によってTPP協定が署名されたのである。

第一回目の拡大交渉会合は、原加盟四カ国にアメリカ、オーストラリア、ベトナム、ペルーの四カ国を加え、二〇一〇年三月にオーストラリアで開催された。すると、菅直人首相が、一〇月一日の所信表明演説でTPPへの参加検討を表明し、一一月には、農業分野をはじめとして適切な国内改革を先行的に推進する旨の閣議決定を行い、「農業構造改革推進本部」を設置した。二〇一一年一一月には、野田首相が交渉参加に向けて関係国との協議に入ることを表明し、二〇一二年五月に、外交官の大島正太郎が内閣官房内閣審議官および関係国との協議を担当する政府代表に任命された。

自民党は、安倍内閣が復活することとなる二〇一二年一二月の衆議院選挙で、「『聖域なき関税撤廃』を前提にする限り、TPP交渉参加に反対」することを公約に掲げた。しかし再登板を果たした安倍首相は、オバマ大統領との首脳会談から帰国した後の二〇一三年二月二三日の記者会見で、「TPPでは『聖域なき関税撤廃』が前提ではない」ことをオバマ大統領と確認したと述べ、交渉参加へと舵を切りかえた。そして安倍首相は、三月一五日に、TPP交渉への参加を表明し、閣僚の甘利明をTPPに関する総合調整の担当大臣に任命した。

こうして日本は、七月にマレーシアのコタキナバルで開催された第一八回交渉会合から、正式に交渉参加国となるのである。そのときまでに、マレーシア、メキシコ、カナダが交渉に参加しており、日本は一二番目、最後の交渉参加国となった。そして、二〇一六年二月四日に、一二カ国によってTPP協定が署名され、日本の国会両院は、一一月と一二月にそれを承認した。安倍内閣は、二〇一七年一月二〇日に、閣議決定を経て協定の国内手続の完了を寄託国ニュージーランドに通報した。

奇しくも、同日二〇一七年一月二〇日に、アメリカでドナルド・トランプ（Donald J. Trump）政権がスタートした。すると、就任したばかりのトランプ大統領は、かねてから危惧されていたとおり、ホワイトハウスのサイトで公式にTPPからの離脱を表明した。安倍首相は、中国との差別化を図ること、およびアベノミクスの成長戦略の観点からTPPを重視していた。そのためには、アメリカの参加は決定的に重要な条件であった。

しかし、トランプ大統領の翻意が期待できるものでもなく、結局安倍内閣は、アメリカ抜きのＴＰＰ11の再交渉に動いた。そして、二〇一八年三月八日にチリでＴＰＰ11協定が調印され、その後二〇一八年一二月三〇日に発効することとなった。世界のＧＤＰの一三％、域内人口五億人をカバーする自由化度の高い経済連携協定が、米中両国を含まないアジア太平洋諸国による多国間協力により誕生したことは、画期的であった。

インド太平洋「戦略」から「構想」へ

再登板を果たした安倍首相は、新内閣を組閣した翌日の二〇一二年一二月、各界の指導者の主張や論考を世界中の新聞各社に配信する「プロジェクト・シンジケート」に、「アジアの民主的安全保障ダイヤモンド」と題する英語の小論を寄稿した。安倍首相は、冷戦時代のソ連にとってのオホーツク海と同様、南シナ海が「北京の湖」となりつつあると中国への警戒心をあらわにし、太平洋とインド洋の平和、安定、航行の自由は不可分であると論じ、日米豪印四カ国の民主主義国間連携を「安全保障ダイヤモンド」と呼んだ。

インドで二〇一四年五月二六日にナレンドラ・モディ（Narendra D. Modi）首相が誕生すると、モディ首相はさっそく八月三〇日に来日し、安倍首相と会談した。両首脳は、九月一日に「日印特別戦略的グローバル・パートナーシップに関する東京宣言」を発表し、外務・防衛閣僚協議（二＋二）の設置を検討することで合意し、二国間海上共同訓練の定例化と米印間の海上共同訓練「マラバール」への日本の参加で合意した。

続いて安倍首相は、二〇一六年八月二七日に、ケニアのナイロビで開催されたＴＩＣＡＤⅥ（第六回アフリカ開発会議）の開会セッションで基調演説を行い、「日本は、太平洋とインド洋、アジアとアフリカの交わりを、力や威圧と無縁で、自由と、法の支配、市場経済を重んじる場として育て、豊かにする責任を担っています」と述べた。そのころから、日本の外務省も、「自由で開かれたインド太平洋を介してアジアとアフリカの連結性を向上させ、地域全体の安定と繁栄を促進する」方針を、「自由で開かれたインド太平洋戦略」と呼ぶようになった。

安倍内閣が主導しようとする「自由で開かれたインド太平洋戦略」は、南シナ海での中国の拡張主義や中国の「一帯一路」構想を意識したものであった。「一帯一路」は、二〇一四年一一月一〇日に北京で開催されたアジア太平洋経済協力（ＡＰＥＣ）首脳会議で、習近平総書記が提唱した経済圏構想で、中国から欧州に連なる陸地の経済ベルトと海洋ベルトからなるものである。中国主導のもとにヨーロッパ諸国も参加するアジアインフラ投資銀行（ＡＩＩＢ）や、中国による紐つき援助資金であるシルクロード基金等により、発展途上国へのインフラ投資と経済援助を通して、中国の影響力圏を拡大しようとする試みである。

アメリカのトランプ政権も、中国の「一帯一路」構想を意識して、二〇一八年七月にインド太平洋地域でのインフラ支援ファンドの設立を発表した。また、ハワイを根拠地とするアメリカ太平洋軍は、二〇一八年五月末にアメリカインド太平洋軍と名称変更し、インド太平洋重視を鮮明にした。

こうして日米両国が先導し始めた「自由で開かれたインド太平洋戦略」に対しては、中国との対立が先鋭化することを嫌う東南アジア諸国から懸念の声があがった。日本が戦略的パートナーとして重視するインドやオーストラリアも、中国との全面対立は望んでおらず、日米との連携を図りながらも、中国との関係構築をも射程に入れた外交を志向していた。その結果安倍内閣は、二〇一八年一一月に入ると、「戦略」という用語の使用をやめ、「自由で開かれたインド太平洋構想」という表現に切りかえた。同時に中国との対立のトーンを弱め、「構想（Vision）」の内実も、それまで日本が地道に取り組んできたアジア諸国に対する能力構築（キャパシティ・ビルディング）支援等が強調されるようになった。

その展開は、トランプ大統領登場後の米中関係が経済問題をめぐって対立を深め、戦後の自由で開かれた国際秩序が揺さぶられるなかで、日本外交の対象が米中両国以外の国々との協力関係の構築に向けられ始めたことを示していた。

（2）米中ロと日本

新型の大国間関係から米中貿易戦争へ

大国化する中国は、二〇一〇年から、台湾とチベットに加えて、南シナ海問題を中国にとっての「核心的利益」に含めるようになった。まず、二〇一〇年三月に訪中したジェームズ・スタインバーグ（James B. Steinberg）国務副長官とジェフリー・ベーダー（Jeffrey A. Bader）米国家安全保障会議アジア上級部長に対して、中国側が南シナ海の領有権主張を「国家の優先事項」と述べた。そして、二〇一〇年五月に北京で開催された第二回米中戦略・経済対話で、中国側がヒラリー・クリントン（Hillary R. Clinton）国務長官を前にして、台湾やチベットの問題と同列に、南シナ海問題をはじめて「核心的利益」と呼んだのである。

それに対するアメリカの対応が、いわゆる「リバランス（再均衡）」戦略であった。オバマ大統領は、二〇一一年一一月のオーストラリア議会における演説で、「太平洋国家として、アメリカはこの地域とその未来を形成するためにより大きなそして長期的な役割を果たす」と宣言し、すべての国の権利と責任、国際法と規範、通商と航海の自由を擁護するという方針を表明した。そしてオバマ大統領は、オーストラリア北部のダーウィンに海兵隊を定期的に巡回駐留させる構想を明らかにした。

すると、二〇一二年五月に北京で開催された第四回米中戦略・経済対話の開会式で、胡錦濤国家主席が、冒頭挨拶で「相互に尊重し、協力的でウィン・ウィンの新型大国間関係の道を歩もう」と、中国の最高指導者がはじめて「新型の大国間関係」に言及した。当時国家副主席の地位にあった習近平が訪米の際に「新型の大国間関係」を提起したのは、その直前の二〇一二年二月であった。習近平は、胡錦濤を継いで同年一一月に共産党総書記に、翌二〇一三年三月に国家主席に就任した。すると同年六月、さっそくカリフォルニア州パームスプリングス郊外のサニーランズでの米中首脳会談で、「不衝突、不対抗（衝突せず、対抗しない）」という新たな定義を加えた「新型の大国間関係」を唱えた。

力をつけた中国とアメリカが衝突せず、「核心的利益」を相互に尊重し、ウィン・ウィンの関係で共存しようとする「新型の大国間関係」とは、事実上米中が太平洋地域での影響力圏を分割しようというものであった。事実習近平は、サニーランズの米中首脳会談で、「太平洋には米中が共存する広さがある」と述べ、二〇一五年五月に訪中したジョン・ケリー（John F. Kerry）国務長官に対しても、「広大な太平洋には米中という二つの大国を受け入れる十分な空間がある」と、同じ主張を繰り返した。

二〇一七年一月に「アメリカ第一主義」を掲げるトランプ大統領が誕生すると、米中関係の主要課題は、貿易・経済問題にシフトした。トランプ大統領の外交には、国際秩序への志向性が欠如しており、中国との関係は、主に二国間の貿易問題としてとらえられた。その結果、二〇一八年九月には、米中双方がそれぞれ五〇〇〇品目を超える相手からの輸入品に対して関税措置を発動するという事態に陥った。

さらにトランプ大統領は、世界におけるアメリカの地位に関しても「アメリカ第一」を当然のように望み、製造強国化をめざす中国の国家プロジェクト、「中国製造二〇二五」に敏感に反応した。二〇一八年一〇月四日にハドソン研究所で行われた、マイク・ペンス（Michael R. Pence）副大統領による「(トランプ）政権の中国政策」と題するスピーチは、アメリカの地位を脅かそうとする中国との全面的対立を宣言する、厳しいものとなった。

綱渡りの日中関係

習近平指導部は、太平洋をまたいでアメリカと共存しようとする「新型の大国間関係」を唱えながら、野田内閣による二〇一二年の尖閣諸島国有化以降、尖閣問題に関して領有権問題が存在すること、さらにかつて「棚上げ」で合意していたことを認めるよう、日本に執拗な圧力をかけていた。しかし、二〇一三年からそのアプローチに変化が現れ、九月下旬には、中国外務省で対日政策を担当する熊波アジア局副局長が経済交流団の一員として訪日し、首相官邸や外務省と接触した。

その後重要な転機となったのは、二〇一三年一〇月下旬に開催された「周辺外交工作座談会」であった。そこには習近平以下政治局常務委員七人全員が顔をそろえ、対日関係の議論にも長い時間が割かれ、習近平は経済や民間での対日関係の改善を指示した。そこには、中国の周辺国二九カ国の大使および国営企業や金融関係の首脳も出席していた。二〇一四年一一月には中国でアジア太平洋経済協力（APEC）首脳会議が予定されており、その際の日中首脳会談の実現も当面の課題であった。

前にみたとおり、そうしたなか安倍首相は、突如二〇一三年一二月二六日に靖国神社を参拝した。しかし中国は、対日関係改善の基本方針を維持した。一時的な関係停滞は避けられなかったが、外交当局間の交渉は続き、北京でのAPEC首脳会談を直後にひかえた二〇一四年一〇月半ばごろから、谷内正太郎国家安全保障局長と楊潔篪国務委員との間で、歴史認識問題や尖閣諸島をめぐる合意文書づくりが始まった。そして、一一月六日に外務省の秋葉剛男国際法局長を同行し訪中した谷内と楊潔篪との間で、七日未明に以下の四項目に関して最終合意に至った。

1　双方は、日中間の四つの基本文書の諸原則と精神を遵守し、日中の戦略的互恵関係を引き続き発展させていくことを確認した。

2　双方は、歴史を直視し、未来に向かうという精神に従い、両国関係に影響する政治的困難を克服することで若干の認識の一致をみた。

3　双方は、尖閣諸島等東シナ海の海域において近年緊張状態が生じていることについて異なる見解を有していると認識し、対話と協議を通じて、情勢の悪化を防ぐとともに、危機管理メカニズムを構築し、不測の事態の発生を回避することで意見の一致をみた。

4　双方は、様々な多国間・二国間のチャンネルを活用して、政治・外交・安保対話を徐々に再開し、政治的相互信頼関係の構築に努めることにつき意見の一致をみた。

以上の四項目合意の核心が、靖国神社参拝問題と尖閣諸島問題であった。日中間の歩み寄りの実質的な内実、すなわち本格的な関係改善のための材料には乏しかったが、一一月一〇日に実現した安倍晋三首相と習近平国家主席による初の首脳会談の「口実」は提供された。会談は両者に笑顔のないぎこちないものであったが、両首脳は尖閣諸島や靖国神社の問題には触れずに、第一次安倍政権期、二〇〇六年一〇月に安倍首相が胡錦濤国家主席との間で合意した「戦略的互恵関係」を再確認し、日中関係が再び動き出した。

二〇一七年になると、安倍首相は、それまで警戒心を示していた中国の「一帯一路」構想に理解を示し始め、「インド太平洋戦略」と連携させたいという意向を示すようになった。対決姿勢をとるよりも、共同作業を進めつつ内側から影響を与えようという路線転換であった。そして安倍首相は、二〇一八年一〇月二五日から二七日にかけて、日本の首相として、二〇一一年一二月に訪中した野田首相以来（多国間会合出席を除いて）七年ぶりの訪中を果たした。日中関係改善の背景には、トランプ大統領のアメリカ第一主義と、米中関係の悪化も作用していたと考えられる。

日ロ交渉の「新たなアプローチ」

二〇一二年五月七日にプーチンが再びロシア大統領に就任し、一二月に安倍首相が再登板すると、北方領土問題と平和条約をめぐる日ソ交渉が再び動き出した。二〇一三年四月にモスクワを訪れた安倍首相は、外務・防衛閣僚の二＋二会合の設立で合意し、四月二九日に発表されたプーチン大統領との共同声明で、領土問題を「双方に受け入れ可能な形で、最終的に解決することにより、平和条約を締結する」ことがうたわれた。安倍首相は、二〇一四年二月七日のソチ冬季オリンピックの開会式に出席し、八日に再びプーチン大統領と会談した。しかしその直後、ウクライナ動乱に乗じてロシアがクリミア併合に踏み切ると、ロシアはG8から排除され、日ロ交渉もしばし停滞した。

二〇一六年五月六日にソチで再会した安倍首相とプーチン大統領は、通訳のみ同席の会談を三五分間行った。会談後安倍首相は、「突破口を開くという手応えを得た」と述べ、「今までの発想に囚われない新しいアプローチで交渉を進めていく」と語った。続いて両首脳は九月二日にウラジオストクで再会し、再び通訳のみ同席の首脳会談が五五分間にわたって行われた。

一二月一五日には、安倍首相が地元の山口県長門市の温泉旅館にプーチン大統領を迎え、一六日に東京に移動して首脳会談を行った。会談後に発表された同日付の「プレス向け声明」は、両首脳が「択捉島、国後島、色丹島及び歯舞群島における日本とロシアによる共同経済活動に関する協議を開始することが、平和条約の締結に向けた重要な一歩になり得るということに関して、相互理解に達した」ことを宣言した。

こうして、「新たなアプローチ」とは、北方四島における「共同経済活動」であることが明らかにされた。安倍首相は、記者会見で、その目的を「過去にばかりとらわれるのではなく、日本人とロシア人が共存し、互いにウィン・ウィンの関係を築くこと」と述べた。

しかしながら、北方領土の主権問題に触れることなく具体的な共同経済活動について合意することは、必ずしも容易な作業ではなかった。その過程で、領土の主権問題や日本への返還に関してロシア側が強硬姿勢に戻ることもあり、交渉は紆余曲折を経た。

自民党総裁三選を果たした安倍首相の任期は二〇二一年までであり、ロシアとの平和条約締結を自身の外交のレガシーとしたい安倍首相に残された時間は少なくなりつつある。そうした時間的制約のもとで、二〇一八年一一月一四日にシンガポールでプーチン大統領と会談した安倍首相は、「一九五六年共同宣言を基礎として、平和条約交渉を加速させる」と発言した。それに対してプーチン大統領は、一九五六年共同宣言で平和条約締結後に日本に引き渡すとされた歯舞・色丹に関して、その主権のあり方は未定であると述べた。安倍首相は、平和条約を締結して歯舞・色丹の返還を実現した上で、国後・択捉に関しては共同経済活動をさらに進めながら継続協議という「二＋α」を落としどころと考えている模様である。それに対してプーチン大統領が、歯舞・色丹の引き渡しをめぐる条件闘争を仕掛けてきたのである。北方領土問題に関する「二＋α」方式に関しては、日本国内での原則的反対論も強く、二〇一八年段階での展望はまだみえない。

(3) 朝鮮半島外交

停滞する日韓関係

二〇一二年一二月に再登板を果たした安倍首相と、翌二〇一三年二月に就任した朴槿恵大統領との関係は、当初からつまずいた。二月二五日の大統領就任式に出席した麻生太郎副総理は、朴槿恵大統領との会談でアメリカの南北戦争に言及し、一国のなか(アメリカの北部と南部)でも歴史解釈は分かれるのだから、日韓の歴史認識が異なるのは当然だという趣旨の持論を展開した。

その場をやり過ごした朴槿恵大統領は、三月一日の独立運動記念式典の演説で、加害者と被害者の立場は「千年の歴史が流れても変わらない」と述べ、反撃に出た。すると、麻生副総理は、四月二一日に靖国神社に参拝した。翌二二日に韓国が下旬に予定されていた尹炳世外交部長官の訪日見送りを発表すると、二四日には安倍首相が衆議院予算委員会で「我が閣僚においてはどんな脅かしにも屈しない」と、韓国の抗議をはねつけた。こうして、発足したばかりの日韓両政権の関係は、いきなり対立モードで始まった。

二〇一三年一二月の安倍首相による靖国神社参拝もあり、その後も停滞が続いた日韓関係は、二〇一五年に入って動き始めた。とりわけ、慰安婦問題をめぐる水面下での日韓協議が、夏に向けて進展していた。ところが、七月五日に、ドイツのボンで開かれたユネスコ(国連教育科学文化機関)世界遺産委員会が、「明治日本の産業革命遺産」を世界文化遺産に登録すると、韓国は、登録遺産の一部施設で朝鮮半島出身者が強制徴用されたことを問題視した。そのことに反発した安倍首相は、ほとんど合意に近づいていた慰安婦問題をめぐる日韓協議をしばらく中断した。すると朴槿恵大統領が、九月三日に北京で開催された抗日戦争勝利記念行事にプーチン大統領らとともに参加し、日本側を苛立たせた。

しかし、二〇一五年一一月一~二日にソウルで三年ぶりに開催された日中韓首脳会談を契機として、日韓関係は再び前進し始めた。一一月二日に、安倍首相と朴槿恵大統領のはじめての首脳会談が実現し、両首脳は、慰安婦問題について早期の妥結をめざすことで一致したのである。

日韓慰安婦合意の顚末

こうして、二〇一五年一二月二八日に日韓慰安婦合意が成立し、冷え込んだ日韓関係は、修復に向かって動き出した。同日の「日韓外相共同記者発表」で、岸田文雄外相は、慰安婦問題について「日本政府は責任を痛感」しており、安倍首相の「心からのおわびと反省」を述べた。そして、日本政府の予算で一〇億円を拠出し「日韓両政府が協力し、全ての元慰安婦の方々の名誉と尊厳の回復、心の傷の癒やしのための事業を行う」ことを表明した。

それを受けて尹炳世《ユンビョンセ》外相は、「日本政府が先に表明した措置が着実に実施されるとの前提で、今回の発表により、日本政府と共にこの問題が最終的かつ不可逆的に解決されることを確認する」と述べ、在韓日本大使館前の少女像に関して、「韓国政府としても、可能な対応方向について関連団体との協議を行う等を通じて、適切に解決されるよう努力する」と表明した。

合意の成立にあたっては、谷内正太郎国家安全保障局長と李丙琪《イビョンギ》大統領府秘書室長のパイプが重要な役割を果たした。日本政府が元慰安婦の「名誉と尊厳の回復」のための資金を全額政府予算から拠出したことは、日本政府の対応として前進であり、安倍内閣の譲歩であった。しかし、これをもって韓国側が「最終的かつ不可逆的」な解決をうたったことは、韓国政府にとって重荷となった。にもかかわらず、直後の韓国における世論調査では、合意支持が過半数を超えた。しかしその後、交渉が元慰安婦はもちろん国民に十分に説明のないままに進められた手法に対して疑問の声があがり、とりわけ慰安婦支持団体の強い抗議を触媒として、韓国の政治と社会における風向きが変わった。

するとその最中の二〇一六年一〇月に、朴槿恵大統領の長年の親友である民間人が国政に関与していたことが発覚し、一一月には退陣要求デモが一〇〇万人規模にまで拡大した。国会では、一二月九日に弾劾訴追案が可決され、朴大統領の権限が停止された。そして、二〇一七年三月一〇日、憲法裁判所が、国政介入に加えその民間人が運営する団体への企業の出資等についても「大統領の地位と権限の濫用」があったとして違憲判断を下し、朴槿恵大統領の罷免を決定した。朴槿恵大統領は即日失職し、六〇日以内に大統領選挙を行うという憲法の規定に基づいて、五月九日に第一九代大統領選挙が行われた。

大統領選挙で二位の自由韓国党の洪準杓に大差をつけて当選した文在寅《ムンジェイン》大統領（二〇一七年五月一〇日～）は、盧武鉉大統領の側近として政界入りした進歩派の政治家であった。文在寅は、大統領選挙中に、前年一二月の日韓慰安婦合意について「朴槿恵政権による屈辱的合意」であると批判し、「間違った交渉は正す」と発言していた。しかし当選後は、合意の破棄はしないと姿勢を変え、「国民の大多数が受け入れられずにいる」とする一点を主張する、あいまいな立場をとるようになった。

しかし、日韓慰安婦合意は実質的に死文化し、韓国政府は、二〇一八年一一月二一日に、日韓慰安婦合意に基づいて二〇一六年七月二八日に設立された「和解・癒やし財団」を解散することを発表した。安倍内閣は一〇億円の返金はもちろん、合意の再交渉にも応じないという立場であり、慰安婦問題は再び宙に浮いた。

北朝鮮問題の新展開

北朝鮮では、二〇一一年一二月一七日に最高指導者の金正日が死去し、権力は三男の金正恩《キムジョンウン》の手に移った。一二月三〇日に朝鮮人民軍最高司令官に就任した金正恩は、二〇一二年四月には、朝鮮労働党第一書記と国防委員会第一委員長に就任し、名実ともに党・国家・軍の三権を握る最高指導者の地位を固めた。

その一年後の二〇一三年三月、朝鮮労働党中央委員会の「全員会議（総会）」は、「経済建設と核武力を併進させることについての新たな戦略的路線」、いわゆる「併進路線」を打ち出した。金正日の遺産である核武力を発展させるとともに、経済建設にさらに大きな力を注ぐという金正恩路線が明らかにされたのである。その際金正恩は、「バルカン半島と中東諸国の教訓を絶対に忘れてはならない」と強調した。ユーゴスラビアとリビアが、大国との取引に応じたがゆえに結局は国が滅んだことを教訓にする、という意味である。

「併進路線」の最終的目的は経済建設とされ、そのためにはまず核武力を強化することがめざされた。金正日時代の二回の核実験（二〇〇六年一〇月、二〇〇九年五月）に続いて、金正恩体制下における四回の核実験が、二〇一三年二月、二〇一六年一月、二〇一六年九月、二〇一七年九月に実施された。またミサイル発射実験も毎年のように行われ、二〇一七年には二月から一一月まで、一〇月を除いて毎月発射実験が繰り返された。専門家の多くは、アメリカ本土を射程におさめる弾道ミサイルの開発に成功したのではないかと推察した。

すると北朝鮮は、二〇一七年一〇月以降、一一月の弾道ミサイル発射実験を除いて、核実験とミサイル発射をぴたりとやめた。同じ時期に、金正恩の国内視察先も、軍関係の施設から民生・経済部門へと明確に変化し始めた。「併進路線」の戦略的焦点が、核武力の強化から経済建設にシフトしたのである。

そのとき、韓国では朴槿恵大統領の弾劾により、北朝鮮に融和的な文在寅政権が誕生していた。二〇一八年二月九日から二五日まで開催された平昌冬季オリンピックには、アイスホッケーの南北合同チームが結成され、北朝鮮から多数の応援団が派遣された。続いて、文在寅大統領と金正恩委員長は、四月二七日と五月二六日に、それぞれ板門店の韓国側施設と北朝鮮側施設で首脳会談を行った。

そしてついに、六月一二日にシンガポールにおいて、トランプ大統領と金正恩委員長の間で、史上初の米朝首脳会談が実現した。両者が署名した米朝共同声明は、両国が新たな米朝関係の構築に取り組むこと、両国が朝鮮半島での恒久的で安定的な平和体制の構築に向け協力すること、そして、北朝鮮が朝鮮半島の完全な非核化に向け取り組むことをうたった。こうして、今後の米朝交渉における、米朝関係、朝鮮半島の平和体制、朝鮮半島の非核化という三つの柱が確認された。

停滞する拉致問題

以上の新たな展開のなかで、安倍首相は日本人拉致問題の進展に期待を寄せた。安倍首相は、第二次安倍政権をスタートさせた三日後の二〇一二年一二月二八日に、拉致被害者の「家族会・救う会」と面会し、「私がもう一度総理になれたのは、なんとか拉致問題を解決したいという使命感によるものだ」と述べ、「この内閣で必ず解決する決意で拉致問題に取り組む。オールジャパンで結果を出していく」との決意を表明した。二〇一四年五月二六日から二八日にスウェーデンのストックホルムで開催された日朝政府間協議で、北朝鮮側が拉致問題を含むすべての日本人に関する調査を包括的かつ全面的に実施すること、調査が開始された時点で日本側が制裁措置を一部解除すること等を内容とする合意文書、いわゆる「ストックホルム合意」が発表された。しかし、二〇一六年二月七日に北朝鮮が長距離弾道ミサイルの発射を強行し、日本が独自の制裁を発動すると、北朝鮮は日本人に関する調査の中止を発表し、問題は振り出しに戻った。

そこで安倍首相は、北朝鮮に対する圧力路線をより鮮明に打ち出した。安倍首相は、二〇一七年九月二〇日の国連総会における一般討論演説で、「対話による問題解決の試みは、一再ならず、無に帰した。何の成算あって、我々は三度、同じ過ちを繰り返そうというのでしょう。北朝鮮に、全ての核、弾道ミサイル計画を、完全な、検証可能な、かつ、不可逆的な方法で、放棄させなくてはなりません。そのため必要なのは、対話ではない。圧力なのです」と強く主張した。

しかし、二〇一八年前半の平昌冬季オリンピック、南北首脳会談、米朝首脳会談という一連の展開を受けて、安倍首相の姿勢にも変化が生まれた。二〇一八年九月二五日の国連総会における一般討論演説で、「拉致、核・ミサイル問題の解決の先に、不幸な過去を清算し、国交正常化を目指す日本の方針は変わりません。……ただし幾度でも言わなくてはなりません。全ての拉致被害者の帰国を実現する。私は、そう決意しています。拉致問題を解決するため、私も、北朝鮮との相互不信の殻を破り、新たなスタートを切って、金正恩委員長と直接向き合う用意があります」と、そのトーンを一変させたのである。

しかし、日本国内での北朝鮮に対する不信感は依然として根強く、日韓両政府間に十分な意思疎通がない状況で、二〇一八年末時点において日本の北朝鮮外交の展望は不透明である。

参考文献（近年の概説書を中心に）

五百旗頭真編『戦後日本外交史 第3版補訂版』有斐閣アルマ、二〇一四年
五百旗頭真編『日米関係史』有斐閣ブックス、二〇〇八年
池田慎太郎『独立完成への苦闘 1952～1960（現代日本政治史2）』吉川弘文館、二〇一一年
礒﨑敦仁・澤田克己『新版 北朝鮮入門――金正恩体制の政治・経済・社会・国際関係』東洋経済新報社、二〇一七年
井上寿一・波多野澄雄・酒井哲哉・国分良成・大芝亮編『日本の外交 第6巻 日本外交の再構築』岩波書店、二〇一三年
川島真・清水麗・松田康博・楊永明『日台関係史 1945-2008』東京大学出版会、二〇〇九年
木宮正史責任編集『朝鮮半島と東アジア（シリーズ 日本の安全保障 第6巻）』岩波書店、二〇一五年
木宮正史・李元徳編『日韓関係史 1965-2015 I政治』東京大学出版会、二〇一五年
楠綾子『占領から独立へ 1945～1952（現代日本政治史1）』吉川弘文館、二〇一三年
久保文明『アメリカ政治史』有斐閣、二〇一八年
河野康子・渡邉昭夫編著『安全保障政策と戦後日本 1972～1994――記憶と記録の中の日米安保』千倉書房、二〇一六年
国分良成・添谷芳秀・高原明生・川島真『日中関係史』有斐閣アルマ、二〇一三年
佐道明広『「改革」政治の混迷 1989～（現代日本政治史5）』吉川弘文館、二〇一二年
信田智人『冷戦後の日本外交――安全保障政策の国内政治過程（国際政治・日本外交叢書2）』ミネルヴァ書房、二〇〇六年
信田智人『政権交代と戦後日本外交』千倉書房、二〇一八年
添谷芳秀『安全保障を問いなおす――「九条‐安保体制」を越えて』NHKブックス、二〇一六年
添谷芳秀『日本の外交――「戦後」を読みとく』ちくま学芸文庫、二〇一七年
高原明生・服部龍二編『日中関係史 1972-2012 I政治』東京大学出版会、二〇一二年
田中明彦『アジアのなかの日本（日本の〈現代〉2）』NTT出版、二〇〇七年

寺田貴『東アジアとアジア太平洋——競合する地域統合』東京大学出版会、二〇一三年
東郷和彦『返還交渉——沖縄・北方領土の「光と影」』PHP新書、二〇一七年
中島琢磨『高度成長と沖縄返還　1960〜1972（現代日本政治史3）』吉川弘文館、二〇一二年
永野慎一郎・近藤正臣編『日本の戦後賠償——アジア経済協力の出発』勁草書房、一九九九年
波多野澄雄『歴史としての日米安保条約——機密外交記録が明かす「密約」の虚実』岩波書店、二〇一〇年
波多野澄雄・佐藤晋『現代日本の東南アジア政策　1950-2005』早稲田大学出版部、二〇〇七年
服部龍二『日中国交正常化——田中角栄、大平正芳、官僚たちの挑戦』中公新書、二〇一一年
服部龍二『中曽根康弘——「大統領的首相」の軌跡』中公新書、二〇一五年
堀本武功編『現代日印関係入門』東京大学出版会、二〇一七年
宮城大蔵編著『戦後日本のアジア外交』ミネルヴァ書房、二〇一五年
宮城大蔵『現代日本外交史——冷戦後の模索、首相たちの決断』中公新書、二〇一六年
山影進編『東アジア地域主義と日本外交』日本国際問題研究所、二〇〇三年
李鍾元・木宮正史・磯崎典世・浅羽祐樹『戦後日韓関係史』有斐閣アルマ、二〇一七年
若月秀和『大国日本の政治指導　1972〜1989（現代日本政治史4）』吉川弘文館、二〇一二年
若宮啓文『ドキュメント 北方領土問題の内幕——クレムリン・東京・ワシントン』筑摩書房、二〇一六年
渡邊頼純『GATT・WTO体制と日本——国際貿易の政治的構造』（増補2版）北樹出版、二〇一二年

関連年表

年号	首相	日本の政治・外交・対外関係	国際情勢
一九四四	7・22 小磯国昭	6・15　米軍、サイパン上陸 7・18　東条英機内閣総辞職 11・24　東京初空爆	6・6　連合軍、ノルマンディー上陸作戦 7・1〜22　連合国通貨金融会議 7・22　ブレトン・ウッズ協定調印 8・21〜10・7　ダンバートン・オークス会議
一九四五	4・7 鈴木貫太郎 8・17 東久邇宮稔彦 10・9 幣原喜重郎	3・10　東京大空襲 4・1　米軍、沖縄上陸 7・26　米英中首脳、ポツダム宣言発出（7・28、鈴木首相、黙殺と発言） 8・6　広島に原爆投下 8・9　ソ連、対日参戦 8・9　長崎に原爆投下 8・15　天皇、玉音放送 9・2　降伏文書調印 9・27　天皇が米大使館を訪問、マッカーサーと会談 10・25　憲法問題調査委員会発足（松本烝治委員長）	2・4〜11　米英ソ首脳、ヤルタ会談 4・12　ローズベルト死去、副大統領のトルーマンが大統領に昇格 5・8　ドイツ降伏 6・26　国際連合憲章調印 10・24　国際連合発足 11・20〜'46・10・1　ニュルンベルク裁判 12・27　国際通貨基金（ＩＭＦ）創設 12・27　米英ソ、モスクワ外相会談
一九四六		1・4　公職追放に関するマッカーサー覚書（2・28　公職追放令公布・施行、'47・1・4　公職追放令改正） 1・24　幣原・マッカーサー会談 2・3　「マッカーサー三原則」 2・13　ＧＨＱ憲法草案提示	2・26　極東委員会第一回会合 3・5　チャーチル元首相、「鉄のカーテン」演説 3・20〜5・6　朝鮮臨時政府樹立協議のための米ソ共同委員会（第一次）

年号	首相	日本の政治・外交・対外関係	国際情勢
	5・22 吉田茂	5・3〜'48・11・12 極東国際軍事裁判（東京裁判） 6・1 沖縄を含む北緯三〇度以南を日本から行政的に分離するGHQ訓令 8・24 衆議院、「芦田修正案」可決 11・3 日本国憲法公布	
一九四七	5・24 片山哲	3・17 マッカーサー、対日早期講和方針表明 5・3 日本国憲法施行 9・13 アイケルバーガー第八軍司令官へ「芦田書簡」	3・12 「トルーマン・ドクトリン」演説 5・21〜10・21 第二次米ソ共同委員会 6・5 「マーシャル・プラン」発表 10・30 「関税及び貿易に関する一般協定（GATT）」調印（'48・1・1 発効）
一九四八	3・10 芦田均 10・15 吉田茂	2・26 ケナン来日（3・4 マッカーサーと会談） 5・18 「ドレーパー報告」発表、賠償の緩和、日本の輸出振興等を提言 12・18 GHQ「経済安定九原則」発表	6・11 米国上院、「バンデンバーグ決議」採択 6・24〜'49・5・12 ベルリン封鎖 5・14 イスラエル独立宣言 5・15 第一次中東戦争 8・15 大韓民国樹立 9・9 朝鮮民主主義人民共和国樹立
一九四九		3・7 「ドッジ・ライン」表明 4・23 GHQ、一ドル＝三六〇円の為替レート設定	4・4 北大西洋条約調印、北大西洋条約機構（NATO）設立 5・23 ドイツ連邦共和国（西ドイツ）樹立 8・5 米国『中国白書』公表 8・29 ソ連、原爆実験 10・1 中華人民共和国樹立 10・7 ドイツ民主共和国（東ドイツ）樹立 12・7 国民党政府、台北への遷都を決定

一九五〇		4・25～5・22 池田勇人蔵相、訪米 6・21～27 ダレス来日 8・10 警察予備隊令公布・施行 11・24 ダレス、極東委員会メンバー国に「講和七原則」提示	1・5 トルーマン、「台湾不介入」方針声明 1・6 英国、中華人民共和国承認 1・12 アチソン国務長官、不後退防衛線（アチソン・ライン）発表 2・14 中ソ友好同盟相互援助条約調印 6・25 朝鮮戦争勃発 9・15 国連軍、仁川上陸作戦 10・25 中国、朝鮮戦争介入
一九五一		1・25～2・11 ダレス来日 2・3 「再軍備計画のための当初措置」を対米提示 4・16～23 ダレス来日 9・8 サンフランシスコ平和条約調印、日米安全保障条約署名 10・20～22 日韓予備会談 12・10～20 ダレス来日 12・24 国府との講和を確約するダレス宛「吉田書簡」送付	4・11 マッカーサー解任 7・10 米・中朝間での休戦交渉開始 7・1 コロンボ・プラン発足 8・30 米比相互防衛条約調印 9・1 ANZUS条約調印 9・4～8 サンフランシスコ講和会議 10・10 米国、相互安全保障法（MSA）成立
一九五二		2・15～4・25 第一次日韓会談 4・28 サンフランシスコ平和条約および日米安全保障条約発効、日華平和条約調印 6・1 日中民間貿易協定（第一次）調印 6・9 日印平和条約調印 7・31 保安庁法成立（10・15 保安隊発足） 8・13 IMF加盟	1・18 「李承晩ライン」設定 4・3～12 モスクワ国際経済会議 8・13 西ドイツ、IMF加盟

年号	首相	日本の政治・外交・対外関係	国際情勢
一九五三		4・15~7・23 第二次日韓会談 9・27 吉田・重光会談 10・2~30 池田勇人自由党政調会長訪米（MSA援助をめぐりロバートソン国務次官補らと会談） 10・6~21 第三次日韓会談 10・15 日韓会談における「久保田発言」 10・29 第二次日中民間貿易協定調印	1・20 アイゼンハワー、大統領就任 3・5 スターリン死去 7・27 朝鮮戦争休戦協定 10・1 米韓相互防衛条約調印
一九五四	12・10 鳩山一郎	3・1 第五福竜丸、ビキニ環礁での水爆実験で被爆 3・8 MSAに基づく日米「相互防衛援助協定」 7・1 「防衛二法」施行、自衛隊発足 10・6 コロンボ・プランに加盟 11・5 ビルマと平和条約、賠償・経済協力協定 12・22 憲法と自衛隊に関する政府統一見解	3・13~5・7 ディエンビエンフーの戦い 4・29 中印「平和五原則」発表 7・21 インドシナ休戦協定（20日付）調印 9・8 東南アジア条約機構（SEATO）結成 12・2 米華相互防衛条約調印
一九五五		1・25 ソ連代表部ドムニツキー、鳩山首相に接見 5・4 第三次日中民間貿易協定調印 6・1~9・21 日ソ国交正常化交渉（ロンドン） 9・10 GATT加盟 11・15 保守合同、自由民主党の誕生	4・18~24 アジア・アフリカ会議（バンドン会議） 5・5 西ドイツ、NATO加盟 5・14 ソ連と東欧七カ国、ワルシャワ条約調印 9・8~13 アデナウアー西ドイツ大統領訪ソ、ソ連と国交正常化
一九五六		1・17~3・17 日ソ交渉再開（ロンドン） 4・27~5・15 河野一郎農相、訪ソ 5・9 フィリピンと賠償・経済協力協定調印 5・15 日ソ漁業条約調印 7・29 重光外相訪ソ、日ソ交渉再開	2・14~25 ソ連共産党第二〇回大会（2・24 フルシチョフソ連共産党第一書記、スターリン批判） 7・26 エジプト、スエズ運河国有化 10・29 第二次中東戦争（スエズ動乱）

	12・23 石橋湛山	8・19、24 重光・ダレス会談（ロンドン） 10・12 鳩山首相一行、モスクワ着 10・19 「日ソ共同宣言」調印 12・18 国連加盟	
一九五七	2・25 岸信介	5・20〜6・4 岸首相東南アジア歴訪（6・2台湾訪問） 5・20 「国防の基本方針」策定 6・16〜7・1 岸首相、訪米	10・4 ソ連 人工衛星スプートニク打ち上げ
一九五八		1・20 インドネシアと平和条約、賠償協定調印 2・4 日印円借款協定調印 3・5 第四次日中民間貿易協定調印 4・15〜'60・4・15 第四次日韓会談 5・2 長崎国旗事件	1・31 米国、人工衛星エクスプローラー打ち上げ 8・23〜9・22 中国、金門島砲撃
一九五九		2・13 北朝鮮への帰国事業実施閣議決定 5・13 南ベトナムと賠償協定調印 8・13 日朝間の帰国協定調印（カルカッタ）	6・20 ソ連、中国との国防新技術協定を一方的に破棄 9・15〜28 フルシチョフソ連首相、訪米 9・30 フルシチョフ訪中、共同声明発表されず
一九六〇	7・19 池田勇人	1・6 日米「朝鮮議事録」に署名、「第六条の実施に関する交換公文」の付属文書として「討議の記録」を作成 1・19 新・日米安全保障条約調印 6・19 日米安全保障条約自然成立 10・25〜'61・5・16 第五次日韓会談 12・27 所得倍増計画を閣議決定	4・19 韓国大統領選の不正に対する最大規模の民衆デモ 4・27 李承晩辞任（前日辞任表明） 9・14 石油輸出国機構（OPEC）結成

年号	首相	日本の政治・外交・対外関係	国際情勢
一九六一		6・19〜25 池田首相、訪米 6・25〜26 池田首相、カナダ訪問 10・20〜'64・12・2 第六次日韓会談 11・2〜4 第一回日米貿易経済合同委員会（箱根）	1・20 ケネディ、大統領就任 5・16 朴正熙による軍事クーデタ 8・13 ベルリンの壁構築
一九六二		11・4〜25 池田首相欧州歴訪、経済関係正常化を働きかけ 11・12 「大平・金メモ」作成 11・19 「日中総合貿易に関する覚書」調印、LT貿易開始	2・8 ケネディ政権、南ベトナムに軍事援助司令部設置 10・10 中印国境紛争発生 10・16〜28 キューバ危機
一九六三		2・20 GATT一一条国に移行 10・7 訪日中の周鴻慶（中国油圧式機械代表団通訳）亡命求めソ連大使館に駆け込み	6・20 米ソ「ホットライン」設置了解覚書に調印 8・5 部分的核実験禁止条約（PTBT）調印 9・16 マレーシア連邦成立 11・22 ケネディ大統領暗殺、副大統領のジョンソンが大統領に昇格
一九六四	11・9 佐藤栄作	2・23〜27 吉田茂、台湾訪問 4・1 IMF八条国に移行 4・28 OECD正式加盟 10・10〜24 東京オリンピック 12・3〜'65・6・22 第七次日韓会談	1・27 中仏国交正常化成立 2・10 国府、フランスとの国交断絶 8・2 トンキン湾事件 10・16 中国、原爆実験
一九六五		1・10〜16 佐藤首相訪米、沖縄返還を提示 1・13 佐藤・ジョンソン共同声明 4・26 国府との円借款、基本的了解に関する書簡交換（台北）	2・7 米軍、ベトナムで北爆開始 3・8 米海兵隊、ダナン上陸 4・8 ブリュッセル条約署名（'67・7・1 発効、欧州共同体［EC］発足）

		6・22 日韓基本条約調印 8・19〜21 佐藤首相、沖縄訪問 12・18 ソウルにて日韓基本条約の批准書交換、日韓国交正常化	9・30 インドネシアで9・30事件発生 11・26 フランス、初の人工衛星打ち上げ（世界三番目）
一九六六		4・6〜7 第一回東南アジア開発閣僚会議（東京）	5・16 中国で文化大革命始まる 11・24〜26 アジア開発銀行創立総会（東京）
一九六七		9・7〜9 佐藤首相、台湾訪問 9・20〜29 佐藤首相、東南アジア歴訪 10・8〜21 佐藤首相、東南アジア・オセアニア歴訪 10・20 吉田茂死去 11・12〜20 佐藤首相、訪米 11・15 佐藤・ジョンソン共同声明 12・11 佐藤首相、衆議院予算委員会で非核三原則に言及	6・5 第三次中東戦争（六日戦争） 6・17 中国、水爆実験 8・8 東南アジア諸国連合（ASEAN）結成
一九六八		1・19 米原子力航空母艦エンタープライズ、日本初寄港 4・5 小笠原返還協定調印（6・26 返還）	7・1 核兵器不拡散条約（NPT）調印 8・20 ワルシャワ条約機構軍、「プラハの春」を軍事制圧、「ブレジネフ・ドクトリン」発出
一九六九		11・17〜26 佐藤首相訪米 11・19 佐藤とニクソン、有事核持ち込みに関する「合意議事録」に署名 11・21 佐藤・ニクソン共同声明	1・20 ニクソン、大統領就任 3・2 中ソ、ウスリー江ダマンスキー島で武力衝突 7・26 ニクソン、「グアム・ドクトリン」表明 8・13 中ソ、新疆ウイグル自治区で武力衝突
一九七〇		3・15〜9・13 大阪で万国博覧会 10・20 『防衛白書』第一号刊行	2・11 日本、初の人工衛星打ち上げ（世界四番目） 2・18 ニクソン、外交教書で「ニクソン・ドクトリン」表明

年号	首相	日本の政治・外交・対外関係	国際情勢
			4・24 中国、初の人工衛星打ち上げ（世界五番目）
一九七一		6・17 沖縄返還協定調印 10・15 日米繊維問題の政府間協定の了解覚書、仮調印 11・10 米上院本会議、沖縄返還協定批准 11・24 衆議院本会議、沖縄返還協定承認、「非核三原則」決議採択	4・10~17 名古屋での世界卓球選手権に参加の米国卓球チームが訪中（ピンポン外交） 7・9~11 キッシンジャー、極秘訪中 7・15 ニクソン、テレビで訪中予定を発表 8・15 ニクソン、金とドルの交換停止等の新経済政策発表 9・20 赤十字代表による南北対話（板門店） 10・25 国連総会、アルバニア決議案可決、中国の国連加盟決定
一九七二	7・7 田中角栄	1・3 日米繊維協定調印 5・15 沖縄本土復帰 7・27~29 公明党竹入委員長訪中、周恩来との会談で「竹入メモ」を作成 9・25~30 田中首相一行訪中 9・29 日中国交正常化をうたう「日中共同声明」 9・29 国府、日本との国交断絶を宣言	2・21~28 ニクソン訪中 2・27 「上海コミュニケ」発表 5・22~30 ニクソン訪ソ 5・26 米ソ、ＳＡＬＴＩ暫定協定およびＡＢＭ条約に調印 7・4 韓国・北朝鮮、「南北共同声明」 10・17 朴正熙、「維新体制」宣布
一九七三		8・8 金大中、日本滞在中に拉致 9・21 北ベトナムとの国交正常化 9・26~10・11 田中首相、欧州・ソ連歴訪 10・10 「未解決の諸問題」に触れた「日ソ共同声明」発表 11・22 二階堂官房長官、イスラエル政策に関する談話を発表	1・27 ベトナム和平協定（パリ） 10・6 第四次中東戦争（ヨム・キプール戦争）、第一次石油危機 10・16 ＯＰＥＣの六カ国、原油公示価格の引き上げを発表 10・17 ＯＡＰＥＣ、原油生産の段階的削減を決定

		12・10～28 三木副総理率いる使節団、中東七カ国歴訪（25日、OAPEC石油相会議が日本を「友好国」に認定）	
一九七四	12・9 三木武夫	1・7～17 田中首相、東南アジア諸国歴訪、バンコク、ジャカルタで反日暴動発生 4・20 日中航空協定調印 11・18～22 フォード大統領、現職大統領として初の来日	2・11～13 石油消費国会議 11・18 国際エネルギー機関（IEA）設立 8・8 ニクソン、大統領辞任を表明 8・9 フォード副大統領、大統領に昇格 8・15 在日韓国人文世光、朴正熙大統領を狙撃（大統領夫人が死亡）
一九七五		7・22 韓国外交部、「金大中事件および朴正熙大統領狙撃事件に関する口上書」を駐韓日本大使館に提示 7・23 宮沢外相、訪韓し日韓関係の「正常化」を確認 8・15 日中漁業協定調印	4・5 蔣介石死去 4・30 サイゴン陥落 8・1 全欧安保協力会議でヘルシンキ宣言採択 11・15～17 第一回先進国首脳会議（ランブイエ・フランス）
一九七六	12・24 福田赳夫	1・23～28 グロムイコ外相来日、日ソ善隣友好条約を提案 10・29 「防衛計画の大綱」を決定 11・5 防衛費の「GNP一％」枠設定	1・8 周恩来死去 6・27～28 第二回先進国首脳会議（サンファン・プエルトリコ／アメリカ）G7に 7・2 ベトナム社会主義共和国（統一ベトナム）誕生 9・9 毛沢東死去
一九七七		8・6～18 福田首相、東南アジア歴訪（7日、ASEAN首脳会議に参加） 8・18 「福田ドクトリン」表明（マニラ） 9・28 日本赤軍・ダッカ日航機ハイジャック事件	1・20 カーター、大統領就任 7・16～21 中国共産党第一〇期三中全会、鄧小平三度めの復活 12・31 カンボジア、ベトナムとの国交断絶を宣言

年号	首相	日本の政治・外交・対外関係	国際情勢
一九七八	12・7 大平正芳	5・20 成田空港開港 8・12 日中平和友好条約調印 10・22〜29 鄧小平来日 11・27 「日米防衛協力のための指針（ガイドライン）」策定（28日、閣議了承）	2月 イラン革命 7・3 中国、対越援助全面停止 11・3 ソ越友好協力条約調印 12・15 米中国交正常化発表 12・25 ベトナム、カンボジアに侵攻
一九七九		11・14 「環太平洋連帯研究グループ」による中間報告書「環太平洋連帯構想」発表 12・5〜9 大平首相訪中、対中円借款供与を表明	1・1 米中国交正常化 1・28〜2・5 鄧小平訪米 2・17 中国、ベトナムに対する「懲罰」軍事侵攻 6・28〜29 第五回先進国首脳会議（東京） 10・26 朴正熙大統領、暗殺 11・4 駐イラン米大使館占拠・人質事件発生 12・24〜28 ソ連、アフガニスタン侵攻
一九八〇	7・17 鈴木善幸	1・15〜20 大平首相、オセアニア歴訪 5・19 報告書「環太平洋連帯の構想」公表 6・12 大平首相急逝 7・2 「総合安全保障戦略」報告書公表 9・15〜18 「環太平洋セミナー」オーストラリア国立大学で開催	2・20 カーター大統領、モスクワ・オリンピック不参加を正式表明 5・18 韓国、光州事件 7・19〜8・3 モスクワ・オリンピック 9・1 全斗煥、大統領就任
一九八一		5・1 対米自動車輸出の自主規制方針を発表 5・4〜10 鈴木首相訪米 5・8 日米共同声明、はじめて「同盟」に言及	1・20 レーガン、大統領就任 1・20 イラン、アメリカ大使館の人質解放
一九八二		7・26 中国、教科書問題で抗議 8・3 韓国、教科書問題で抗議	4・2 フォークランド諸島の英国軍、アルゼンチン軍に降伏、フォークランド紛争発生

	11・27 中曽根康弘	8・26 「『歴史教科書』についての官房長官談話」発表 11・24 「近隣諸国条項」の新設	6・14 アルゼンチン軍降伏・停戦合意 12・2 米議会下院で「ローカル・コンテンツ法」可決
一九八三		1・11~12 中曽根首相、電撃訪韓 1・14 対米武器技術供与に関する官房長官談話 1・18~19 二回の中曽根・レーガン首脳会談、「ロン・ヤス」関係の始まり 11・9~12 レーガン大統領来日 11・23~30 胡耀邦総書記来日	5・28~30 第九回先進国首脳会議（ウィリアムズバーグ・アメリカ）（29日、ＩＮＦ交渉に関する「政治声明」発出） 9・1 ソ連による韓国大韓航空機追撃事件
一九八四		3・23~26 中曽根首相訪中、第二次円借款の用意を表明 9・6~8 全斗煥大統領来日	7・28~8・12 ロサンゼルス・オリンピック、ソ連・東欧諸国等ボイコット 12・19 中英、一九九七年香港返還合意文書に調印
一九八五		3・13 中曽根首相、チェルネンコの葬儀に参列 3・14 中曽根首相、ゴルバチョフ新書記長と会談 8・15 中曽根首相、靖国神社「公式」参拝	3・11 ゴルバチョフ、ソ連共産党書記長就任 8・15 中国「南京大虐殺紀念館」開設 9・22 プラザ合意
一九八六		4・7 「前川レポート」公表 9・9 米国戦略防衛構想（ＳＤＩ）の研究への参加、閣議決定 12・30 防衛費の「ＧＮＰ一％」枠の撤廃、閣議決定	2・7 「欧州単一議定書」調印（八七年七月発効） 2・25 フィリピン、アキノ大統領就任宣誓、マルコス大統領出国 5・4~6 第一二回先進国首脳会議（東京） 10・11~12 レーガン・ゴルバチョフ、米ソ首脳会議（レイキャビク・アイスランド）
一九八七		2・26 大阪高等裁判所、「光華寮」判決 3・19 米国国防省、東芝機械によるココム違反の疑いについて日本政府に調査要請	1・16 胡耀邦総書記解任 2・22 Ｇ７蔵相・中央銀行総裁会議、「ルーブル合意」

年号	首相	日本の政治・外交・対外関係	国際情勢
	11・6 竹下登		7・7 「中国人民抗日戦争紀念館」開設 12・8 米ソ「中距離核戦力全廃条約（ＩＮＦ）」調印
一九八八		5・4 竹下首相、「日欧新時代の開幕」と題するスピーチ（ロンドン） 6・18 「リクルート事件」発覚 6・20 日米、牛肉・オレンジの自由化交渉決着 8・25～9・1 竹下首相訪中、第三次対中円借款供与を表明 11・29 次期支援戦闘機（ＦＳＸ）日米共同開発「了解覚書」	1・13 蔣経国死去、李登輝が総統に就任 2・25 盧泰愚、大統領就任 3・18 ゴルバチョフ、「新ベオグラード宣言」 9・17～10・2 ソウル・オリンピック
一九八九	6・3 宇野宗佑 8・10 海部俊樹	1・7 昭和天皇崩御 2・24 内閣主催「大喪の礼」 4・12～16 李鵬国務院総理来日 4・28 ＦＳＸの日米共同開発に関する最終合意 6・28～29 日米構造協議（ＳＩＩ）事前協議（7・14 協議開始を発表） 9・27 ソニー、コロンビア映画買収 10・31 三菱地所、ロックフェラー・センター買収	4・15 胡耀邦死去 5・15～18 ゴルバチョフ訪中、中ソ関係の全面的正常化に合意 6・4 中国「天安門事件」発生 11・7 第一回アジア太平洋経済協力（ＡＰＥＣ）閣僚会議（キャンベラ） 11・9～10 ベルリンの壁崩壊 12・2～3 マルタ会談（ブッシュ・ゴルバチョフ、冷戦終結を確認）
一九九〇		6・4～5 カンボジア和平東京会議 9・24 自民・社会両党訪朝代表団（金丸信元副総理・田辺誠社会党副委員長）、平壌訪問 11・8 「国連平和協力法案」廃案が確定、10日、審議未了で廃案	3・15 ゴルバチョフ書記長、大統領制を導入し大統領に就任 8・2 イラク、クウェート侵攻 9・30 韓国・ソ連国交正常化 10・3 東西ドイツ統一

			11・29 国連安保理決議六七八号採択
一九九一	11・5 宮沢喜一	4・16〜19 ゴルバチョフソ連大統領、来日 9・19 「国際平和協力法案」閣議決定 12・6 韓国で名乗り出た元慰安婦が東京地裁へ提訴	1・17 多国籍軍、イラク攻撃開始 7・10 エリツィン、ロシア共和国大統領に就任 9・17 南北朝鮮、国連同時加盟 10・23 「カンボジア紛争の包括的政治解決に関する合意」採択（パリ） 12・21 ソ連邦解体 12・25 ゴルバチョフ辞任
一九九二		6・15 「国際平和協力法」成立 6・30 「ODA大綱」閣議決定 9・17 自衛隊第一次施設大隊、カンボジアに向け出発、20日より国際平和維持活動開始（〜93・4・14） 10・23〜28 平成天皇訪中	1・30 北朝鮮、IAEAとの保障措置協定に調印 2・25 中国、領海法を制定 2・28 国連安保理決議七四五号によりUNTAC設立、3・15 明石国連事務総長特別代表着任 8・24 中韓国交正常化 12・17 NAFTA発足
一九九三	8・9 細川護熙	4・8 自衛隊第二次施設大隊、カンボジアで国際平和維持活動を継承（〜9・26） 8・4 慰安婦問題に関する「河野談話」発表 10・5〜6 第一回アフリカ開発会議（TICAD I）（東京） 10・11〜13 エリツィン大統領来日（13日、「日ロ関係に関する東京宣言」） 11・6〜7 細川首相訪韓（慶州）	1・20 クリントン、大統領就任 2・25 北朝鮮、IAEAの特別査察を拒否 2・25 金泳三、大統領就任 3・12 北朝鮮、NPTから脱退を通告 5・23〜28 カンボジア総選挙実施 5・29 北朝鮮、能登半島沖に向けノドン・ミサイル発射 7・7〜9 第一九回先進国首脳会議（東京） 11・1 欧州連合（EU）誕生 11・19 第一回APEC首脳会議（シアトル）

年号	首相	日本の政治・外交・対外関係	国際情勢
一九九四	4・28 羽田孜 6・30 村山富市	2・10～13 細川首相訪米、数値目標をめぐり事実上決裂 3・3 米通商代表部、スーパー三〇一条復活を表明 3・4 政治改革関連四法改正案成立	6・16 金日成・カーター会談（平壌） 7・8 金日成死去 7・25 第一回ＡＳＥＡＮ地域フォーラム 10・21 「米朝合意枠組み」調印 11・15 第二回ＡＰＥＣ首脳会議（ボゴール）
一九九五		1・7 阪神・淡路大震災 3・20 地下鉄サリン事件 6・9 衆議院で「歴史を教訓に平和への決意を新たにする決議」採択 7・19 「女性のためのアジア平和友好基金」（アジア女性基金）発足 8・15 「村山総理大臣談話」 9・4 沖縄米海兵隊員による少女暴行事件 11・28 「新・防衛計画の大綱」閣議決定	1・1 世界貿易機関（ＷＴＯ）発足 2・27 「東アジア戦略報告」（ナイ・レポート）公表 2・8 中国、ミスチーフ礁に建造物構築 6・7～12 李登輝総統訪米 7・11 米国、米越国交正常化を発表 8・15～25 中国、台湾北部沖でミサイル・実弾射撃演習 11・19 第三回ＡＰＥＣ首脳会議（大阪）
一九九六	1・11 橋本龍太郎	4・12 橋本首相とモンデール駐日大使、普天間基地の返還合意を発表 4・16～18 クリントン大統領来日（17日「日米安全保障共同宣言」）	3・1～2 第一回アジア欧州会合（ＡＳＥＭ）開催（バンコク） 3・12～25 中国、台湾海峡で断続的に合同軍事演習 3・23 台湾総統直接選挙、李登輝当選
一九九七		9・23 「新・日米防衛計画の大綱（ガイドライン）」合意 11・1～2 橋本首相、エリツィン大統領と会談、日ロ「クラスノヤルスク合意」	2・19 鄧小平死去 7・1 香港返還 7・23 ラオスとミャンマー、ＡＳＥＡＮ加盟 12・15 初のＡＳＥＡＮ＋３（日中韓）首脳会議（ク

			アラルンプール）
一九九八	7・30 小渕恵三	4・18〜19 橋本首相、川奈でエリツィン大統領と会談、「川奈提案」提示 10・3 宮沢喜一蔵相、アジア蔵相・中央銀行総裁会議で「宮沢構想」を提唱 10・7〜10 金大中大統領来日（8日「日韓共同宣言」） 10・19〜21 第二回アフリカ開発会議（TICADⅡ）、「東京行動計画」採択 11・11〜13 小渕首相、モスクワ訪問 11・25〜30 江沢民来日（26日「日中共同宣言」）	2・25 金大中、大統領就任 5・11、13 インド、核実験 5・15〜17 第二四回主要国（G8）首脳会議（バーミンガム・イギリス）、ロシアが初参加 6・23〜7・3 クリントン大統領訪中 8・31 北朝鮮、テポドン1号を日本海に向け発射 12・15 第二回ASEAN＋3首脳会議（ハノイ）
一九九九		3・19〜21 小渕首相訪韓、高麗大学で「新世紀の日韓関係」と題するスピーチ 5・24 新「日米防衛協力のための指針（ガイドライン）」関連法成立 5・28 「周辺事態法」公布（8・25 施行）	4・30 カンボジア、ASEAN加盟（ASEAN10の実現） 11・27〜28 第三回ASEAN＋3首脳会議（マニラ） 11・28 日中韓首脳朝食会 12・15〜16 第一回G20財務大臣・中央銀行総裁会議 12・20 マカオ返還 12・31 エリツィン、大統領辞任表明
二〇〇〇	4・5 森喜朗	5・14 小渕前首相、死去 9・3〜5 プーチン大統領来日 10・12〜17 朱鎔基総理来日	5・6 ASEAN＋3蔵相会議が「チェンマイ・イニシアティブ」に合意 5・20 台湾、陳水扁政権誕生 7・21〜23 第二六回主要国首脳会議（名護市・沖縄） 9・6〜8 国連ミレニアム・サミット

年号	首相	日本の政治・外交・対外関係	国際情勢
			11・24 第四回ＡＳＥＡＮ＋3首脳会議（シンガポール）
二〇〇一	4・26 小泉純一郎	8・13 小泉首相、靖国神社参拝 10・8 小泉首相訪中、中国人民抗日戦争紀念館訪問 10・15 小泉首相訪韓、西大門刑務所跡訪問 10・29 「テロ対策特別措置法」成立 12・2 海上自衛隊艦艇、インド洋上で燃料補給活動開始	1・20 ジョージ・Ｗ・ブッシュ、大統領就任 9・11 米国同時多発テロ 9・12 国連安保理決議一三六八号採択 10・7 有志連合、アフガニスタン戦争開始 12・11 中国、ＷＴＯ加盟
二〇〇二		1・13 シンガポールとの経済連携協定に調印 1・14 小泉首相、シンガポールにおける政策演説で「共に歩み共に進むコミュニティ」を提起 4・21 小泉首相、靖国神社参拝 5・31〜6・30 サッカー・ワールドカップ日韓共催 9・17 小泉首相訪朝、「日朝平壌宣言」に署名	1・29 ブッシュ、一般教書演説でイラン、イラク、北朝鮮を「悪の枢軸」と規定 11・4 中国とＡＳＥＡＮ、「包括的経済協力枠組み協定」に調印 11・8 国連決議一四四一号採択 11・14 アメリカ、ＫＥＤＯによる北朝鮮への重油提供停止を決定 12・27 北朝鮮、ＩＡＥＡ査察官を追放
二〇〇三		1・14 小泉首相、靖国神社参拝 2・25 小泉首相訪韓、盧武鉉大統領の就任式に参列 6・6〜9 盧武鉉大統領、国賓来日 7・26 「イラク特措法」成立 9・29〜10・1 第三回アフリカ開発会議（ＴＩＣＡＤ Ⅲ）（東京） 12・9 イラク支援の基本計画、閣議決定	1・10 北朝鮮、ＮＰＴ脱退宣言 3・20 米軍を軸とする有志連合、イラク攻撃開始 4・9 バグダッド陥落 5・1 ブッシュ、戦争終結宣言 8・27〜29 第一回六者協議

二〇〇四		1・1 小泉首相、靖国神社参拝 1・9 陸上自衛隊の先遣隊、イラク派遣 5・22 小泉首相、第二次訪朝 12・17～18 日韓首脳会談、「シャトル首脳会談」で合意（鹿児島県指宿市）	2・25～28 第二回六者協議 6・23～26 第三回六者協議
二〇〇五		3・16 島根県議会、「竹島の日を定める条例」を制定 3・17 韓国の盧武鉉政府、新たな対日外交原則を発表 10・17 小泉首相、靖国神社参拝	7・26～8・7 第四回六者協議第一フェーズ 9・13～19 第四回六者協議第二フェーズ、共同声明で北朝鮮の核兵器放棄に合意 11・9～12 第五回六者協議第一フェーズ 12・14 第一回東アジア・サミット（ＥＡＳ） 12・18～22 第五回六者協議第二フェーズ開催
二〇〇六	9・26 安倍晋三	5・1 日米安全保障協議委員会（ＳＣＣ）、「再編実施のための日米のロードマップ」に合意 8・15 小泉首相、靖国神社参拝 10・8 安倍首相訪中 10・9 安倍首相訪韓 11・30 麻生外相、「自由と繁栄の弧」構想発表	7・5 北朝鮮、弾道ミサイル「テポドン2」を含むミサイル七発を日本海に向けて発射 7・15～17 第三二回先進国首脳会議（サンクトペテルブルグ、ロシア） 10・9 北朝鮮、初の核実験
二〇〇七	9・26 福田康夫	1・9 防衛省発足 3・13 「安全保障協力に関する日豪共同宣言」 5・14 「日本国憲法の改正手続に関する法律」成立 6・6 初の「日豪外務・防衛閣僚協議（2＋2）」	2・8～13 第五回六者協議第三フェーズ 3・19～21 第六回六者協議 7・30 日本政府の慰安婦問題に対する謝罪を求める決議案、アメリカ下院本会議で採択
二〇〇八		1・11 「新テロ対策特別措置法」成立 5・6～10 胡錦濤来日 5・28～30 第四回アフリカ開発会議（ＴＩＣＡＤⅣ）（横浜）	2・25 李明博、大統領就任 7・7～9 第三四回主要国首脳会議（洞爺湖） 8・8～24 北京オリンピック 9・15 世界金融危機（リーマン・ショック）発生

年号	首相	日本の政治・外交・対外関係	国際情勢
	9・24 麻生太郎	6・18 日中、東シナ海ガス田の共同開発に合意 10・22 「日本国とインドとの間の安全保障協力に関する共同宣言」	11・14～15 G20「金融・世界経済に関する首脳会合（金融サミット）」 12・13 第一回日中韓首脳会談（大宰府）
二〇〇九	9・16 鳩山由紀夫	8・30 衆議院選挙で民主党が勝利 11・13～14 オバマ大統領来日 11・27 「いわゆる『密約』に関する有識者委員会」第一回会合	1・20 オバマ、大統領就任 4・5 北朝鮮、人工衛星打ち上げロケット（事実上の弾道ミサイル）「銀河2号」を発射 5・25 北朝鮮、第二回目の核実験 10・10 第二回日中韓首脳会談（北京）
二〇一〇	6・8 菅直人	3・9 「いわゆる『密約』に関する有識者委員会」報告書公表 5・20 「日豪物品役務相互提供協定（ACSA）」 8・10 菅首相、「日韓併合一〇〇年談話」発表 9・7 尖閣沖中国漁船衝突事件 9・21 中国、対日レアアース輸出制限措置 12・17 防衛計画大綱の改定	5・29～30 第三回日中韓首脳会談（済州島） 10・23 米国で初の慰安婦の碑設置 11・13～14 第一八回APEC首脳会議（横浜）
二〇一一	9・2 野田佳彦	3・11 東日本大震災発生 11・11 野田首相、TPP交渉参加をめぐる関係国協議を表明 12・18 日韓首脳会談、事実上決裂（京都） 12・27 藤村内閣官房長官、武器輸出三原則の緩和を発表	5・22 第四回日中韓首脳会談（東京） 8・30 韓国憲法裁判所、慰安婦問題解決に向けた韓国政府の不作為に違憲判決 12・14 ソウルの日本大使館前に慰安婦像設置 12・17 金正日死去
二〇一二		1・14 南スーダンに自衛隊施設部隊派遣 4・16 石原東京都知事、尖閣諸島の購入意思を表	4・11 金正恩、朝鮮労働党第一書記・国防委員会第一委員長就任

年	首相	日本関係	世界
	12・26 安倍晋三	明 5・8 「日韓軍事情報包括保護協定（GSOMIA）」交渉で妥結 6・29 GSOMIAの署名延期 9・11 尖閣諸島三島の所有権を国に移転 12・27 安倍首相、「アジアの民主的安全保障ダイヤモンド」発表	5・7 プーチン大統領再任 5・13 第五回日中韓首脳会談（北京） 8・10 李明博大統領、竹島上陸 11・15 習近平、中国共産党総書記就任
二〇一三		1・16〜18 安倍首相、ベトナム・タイ・インドネシア訪問 3・15 TPP交渉への参加表明 4・21 麻生副総理、靖国神社参拝 4・22 尹炳世韓国外交部長官の訪日延期を発表 6・1〜3 第五回アフリカ開発会議（TICAD V）（横浜） 12・26 安倍首相、靖国神社参拝	2・12 北朝鮮、第三回目の核実験 2・25 朴槿恵、大統領就任 3・14 習近平、国家主席就任 3・31 北朝鮮、「併進路線」公表 7・25 第一八回TPP交渉会合開催、日本初参加
二〇一四		5・26〜28 日朝政府間協議開催、日朝「ストックホルム合意」発表 7・1 「国の存位を全うし、国民を守るための切れ目のない安全保障法制の整備について」閣議決定 8・30 モディ首相来日、安倍・モディ首脳会談 9・1 「日印特別戦略的グローバル・パートナーシップに関する東京宣言」発表 11・7 日中間歴史認識・尖閣諸島をめぐる「四項目合意」成立 11・10 安倍・習近平首脳会談（北京）	3・18 ロシアによるクリミア編入 6・4〜5 第四〇回（G7）先進国首脳会議（ブリュッセル）、ロシアの参加資格停止により再びG7に 11・10 第二二回APEC首脳会議（北京）

年号	首相	日本の政治・外交・対外関係	国際情勢
二〇一五		7・16 「平和安全法制」関連二法、衆議院本会議で採択 8・14 戦後七〇年「総理大臣談話」 9・19 「平和安全法制」関連二法、参議院本会議で採択 11・2 安倍・朴槿恵首脳会談（ソウル） 12・28 日韓慰安婦合意成立、「日韓外相共同記者発表」	9・3 中国、抗日戦争勝利記念行事開催 11・1 第六回日中韓首脳会談（ソウル）
二〇一六		8・27〜28 第六回アフリカ開発会議（ＴＩＣＡＤ Ⅵ）（ナイロビ・ケニア） 9・7 安倍・朴槿恵首脳会談（ラオス） 11・10 衆議院本会議ＴＰＰ協定承認 12・9 参議院本会議ＴＰＰ協定承認	1・6 北朝鮮、第四回目の核実験 2・4 ＴＰＰ協定成立 5・25〜27 第四二回先進国首脳会議（志摩市） 5・27 オバマ大統領、広島訪問 9・9 北朝鮮、第五回目の核実験 12・9 朴槿恵大統領弾劾訴追案国会可決、朴槿恵大統領権限停止
二〇一七		3・10 南スーダンの自衛隊施設部隊の撤収表明 9・20 安倍首相、国連総会一般討論演説で北朝鮮への圧力を訴え	1・20 トランプ、大統領に就任、ＴＰＰからの離脱を表明 3・10 韓国憲法裁判所、朴槿恵大統領罷免決定 5・10 文在寅政権発足 9・3 北朝鮮、第六回目の核実験
二〇一八		9・20 安倍、石破茂を破り自民党総裁三選 9・25 安倍首相、国連総会一般討論演説で「金正恩委員長と直接向き合う用意」を表明 10・2 第四次改造安倍内閣発足	2・9〜25 韓国平昌冬季オリンピック 3・8 ＴＰＰ11協定（ＣＰＴＰＰ）調印 4・27 文在寅・金正恩、南北首脳会談（板門店、南側施設）

10・25〜27　安倍首相訪中、日中関係改善で合意
11・14　安倍・プーチン、二四回目の首脳会談（シンガポール）、「日ソ共同宣言（一九五六年）」を基礎に交渉継続で合意

5・9　第七回日中韓首脳会談（東京）
5・26　文在寅・金正恩、南北首脳会談（板門店、北側施設）
6・12　トランプ・金正恩、史上初の米朝首脳会談、米朝共同声明発表（シンガポール）
9・19〜20　文在寅大統領平壌訪問、南北首脳会談
10・30　韓国大法院（最高裁判所）、日本企業に元「徴用工」四人への損害賠償支払いを命じる判決
11・21　韓国、「和解・癒やし財団」の解散発表
12・30　ＴＰＰ11協定発効

添谷芳秀（そえや よしひで）

1955年生まれ。慶應義塾大学名誉教授。上智大学大学院国際関係論専攻博士前期課程修了、ミシガン大学大学院政治学専攻博士課程修了、Ph.D.（国際政治学）。外務省政策評価アドバイザリーグループ・メンバー（2003-2013）ほか。
専門：日本外交史、東アジアの国際関係、国際政治学。
主要著作：『日本外交と中国　1945～1972』（慶應通信、1995年）、*Japan's Economic Diplomacy with China, 1945-1978*（Oxford: Clarendon Press, 1999）、『米中の狭間を生きる（韓国知識人との対話 II）』（慶應義塾大学出版会、2015年）、『安全保障を問いなおす――「九条―安保体制」を越えて』（NHKブックス、2016年）、『日本の外交――「戦後」を読みとく』（ちくま学芸文庫、2017年）、『日中関係史』（共著、有斐閣アルマ、2013年）、『秩序変動と日本外交――拡大と収縮の七〇年』（編著、慶應義塾大学出版会、2016年）ほか。

入門講義　戦後日本外交史

2019 年 3 月 15 日　初版第 1 刷発行
2025 年 2 月 28 日　初版第 2 刷発行

著　者――――添谷芳秀
発行者――――大野友寛
発行所――――慶應義塾大学出版会株式会社
〒108-8346　東京都港区三田 2-19-30
TEL〔編集部〕03-3451-0931
〔営業部〕03-3451-3584〈ご注文〉
〔　〃　〕03-3451-6926
FAX〔営業部〕03-3451-3122
振替　00190-8-155497
https://www.keio-up.co.jp/
装　丁――――Boogie Design
印刷・製本――株式会社加藤文明社
カバー印刷――株式会社太平印刷社

Printed in Japan　ISBN 978-4-7664-2583-3

索　引

※中国人名は漢字の音読み，韓国・北朝鮮の人名はハングルの発音で表記している。

【人名】

ア行

カ行

ハ行

マ行

ヤ行

ラ行

ワ行

【事項】

ア行

カ行

サ行

タ行

ハ行